Jule Pieper

Das Buch deines Lebens

Umbruch

Das Buch deines Lebens
Umbruch

Roman

Jule Pieper

© 2019 Herstellung booksfactory
Bestellung und Vertrieb: Nova MD GmbH, Vachendorf.
ISBN: 978-3-96443-339-8
Das Buch deines Lebens – Umbruch
16. Auflage
Sandy Mercier, c/o autorenglück.de, Franz-Mehring-Str. 15, 01237 Dresden
@ Lektorat: Tanja Balg
@ Korrektorat: Jona Gellert
© Cover- und Umschlaggestaltung: Laura Newman – design.lauranewman.de
@ Buchsatz: Mary Kuniz

Wichtiger Hinweis:
Dieses Buch enthält Übungen, die tiefgehende Selbsterfahrungsprozesse in Gang bringen. Sie
setzen deshalb psychische Belastbarkeit voraus. Bei bestehender oder befürchteter psychischer
Labilität sollte ärztlicher oder psychologischer Rat eingeholt werden, bevor die Übungen durchgeführt werden. Sämtliche Übungen in diesem Buch werden von den Leserinnen und Lesern auf
eigene Verantwortung durchgeführt. Deshalb sind Haftungsansprüche gegenüber dem Autor
grundsätzlich ausgeschlossen.

Widmung

Für all jene,
die gern etwas verändern wollen

Deine Überraschung

am Ende des Buches nicht überlesen

1. Teil

Dienstag

Mein Wecker klingelt im Dauerlauf, doch ich vertröste ihn immer wieder auf weitere drei Minuten. Eigentlich wollte ich noch joggen, bevor ich ins Büro muss – wobei „wollen" übertrieben ist –, doch meine Mitbewohnerin schleicht noch durch die Wohnung, und was ich noch weniger will, als aufstehen, um zu joggen, ist ein morgendlicher Plausch mit ihr. Also warte ich ... oder etwas näher an der Wahrheit: Ich verstecke mich.

Katja klopft an meine Tür.

Mist.

„Jule, musst du nicht langsam aufstehen?"

Verdammte Axt, ich bin vierundzwanzig! Lebe ich jetzt wieder bei meinen Eltern?!

„Ich muss erst später ins Büro", knurre ich und schiebe noch schnell ein „Danke" hinterher.

„Oh, schade ... Na, dann hab einen schönen Tag, ich muss jetzt leider schon los. Vielleicht sehen wir uns ja später."

Da war sie wieder, die geflehte Bitte, Zeit mit ihr zu verbringen, der versteckte Vorwurf, dass ich die frühen Morgenstunden nicht einträchtig mit ihr beim Frühstück verbracht habe. *Ich könnte kotzen.*

Die Wohnungstür fällt ins Schloss, und ich lausche angestrengt, ob Madame auch wirklich weg ist und nicht nur so tut. Noch ein paar Anstandsminuten warten. Wäre unangenehm, wenn ich aufstehe und sie in dem Moment noch mal reinkommt, weil sie angeblich was vergessen hat – alles schon erlebt.

Als die Zeit langsam zu knapp wird, traue ich mich dann doch hinaus in die Gefilde der restlichen Wohnung. *Meiner* Wohnung. Ich rieche Toast und weiß schon jetzt, dass ich in der Küche gleich auf dem Boden verteilte Krümel und ein auf der Theke klebendes Marmeladenmesser finden werde. Hätte ich Probleme mit dem Blutdruck, würde der jetzt schon mal vorsorglich steigen. Wieso legt sie das Messer nicht einfach in den Geschirrspüler – dafür habe ich den schließlich angeschafft, ob man's glaubt oder nicht: Der ist nicht nur zur Dekoration da.

Ich husche direkt ins Bad, um mir den Anblick der Küche zu ersparen, doch auch hier: Chaos. Auf dem Boden und im Waschbecken liegen mehr Make-up-Krümel und blonde, lange Haare denn je. *Ich hasse Schminke* … Katjas Parfum hängt noch immer in der Luft und sorgt dafür, dass ich kaum atmen kann. Ich beginne den Tag mit Husten und Halsschmerzen. *Danke, geliebte Mitbewohnerin.* Jeden Morgen überlege ich aufs Neue, ihr süßliches Omaparfum in die Tonne zu hauen. Natürlich könnte ich es ihr auch einfach erklären: *„Geliebte Mitbewohnerin, ich bekomme Asthma von deinem Parfum, bitte benutz es nicht mehr in der Wohnung."* Aber dann wäre sie sauer, würde mir nicht glauben und es stattdessen als Angriff auf ihre Person werten – auch schon tausendfach erlebt.

Sie bricht ohnehin ständig in Tränen aus, weil ich angeblich zu unsensibel bin. Neulich brachte ich sie zum Beispiel mit einer ganz besonderen Gemeinheit zum Weinen. Sie hat leider auch nach sechs Monaten hier noch nicht verstanden, dass sie die Tür zum Wohnzimmer beim Öffnen leicht anheben muss, weil sie sonst unfassbar laut über den Boden schrappt. Man muss dazusagen, dass ich sehr schreckhaft bin, und so saß ich also in ein Buch vertieft auf dem Sofa, sie öffnete die Tür mit einem lauten Rumms, um ins Zimmer zu kommen, und ich schrie vor Schreck auf. Ihre Worte, untermalt mit einem betroffenen Gesicht: „Danke, so hässlich bin ich nun auch nicht!" Dann brach sie in Tränen aus, rannte in ihr Zimmer und knallte ihre Tür zu. Warum ich hinterherging, um sie auch noch zu trösten, statt zu fragen, ob sie nicht ganz dicht ist, verstehe ich selbst nicht. Helfersyndrom?

Zähneputzen, Haare kämmen und sie zu einem Zopf zusammenbinden – passt. *„Du siehst viel schöner aus, wenn du deine lange Mähne offen trägst"*, mahnt sie mich immer, deshalb löse ich meinen straßenköterblonden Zopf wieder und knote mir einen Dutt. Den schimpft sie als Alt-Weiber-Frisur ... und müffelt dabei nach Oma-Parfum.

Ich eile ins Wohnzimmer, nehme mir ein Shirt vom Wäscheständer und achte penibel genau darauf, dass es auch wirklich meins ist. Vor einiger Zeit schoss sie wie ein Aasgeier auf mich zu und riss mir ein Shirt aus der Hand. „Das ist meins!", brüllte sie. Ich war noch ganz perplex, als sie sich auch schon wenig glaubhaft entschuldigte. „Ups, doch nicht. Sorry, es sieht meinem Neuen nur verdammt ähnlich." Kein Wunder – sie hatte es mir schließlich kurz davor nachgekauft. *Als würde ich in eines ihrer Hungeroberteile passen. Meine Klamotten sind zwei Nummern größer als ihre.*

Boah, hab ich keine anderen Probleme? Doch, leider schon! Nämlich überall dieselben! Ich ertrage alles stillschweigend, (oder auch mal laut, wenn keiner zuhört,) doch ändere nichts. Meine Oma sagt immer, ich sei selbst verantwortlich für all meine Schlamassel, über die ich mich gern stundenlang aufrege. Ich solle die Energie stattdessen verwenden, um etwas dagegen zu tun. Meine Oma ist zwar allgemein garstig, aber manchmal (oder genauer gesagt: schon eine ganze Weile) beschleicht mich der Gedanke, sie könnte recht haben.

Also beschließe ich heute, alles anders zu machen. Ja okay, das versuche ich schon seit Wochen, aber heute mache ich ernst. Wirklich!

Ein Blick auf mein Smartphone zeigt mir, dass es schon viel zu spät ist, um direkt damit anzufangen. Während ich zur Kanzlei hetze, nehme ich mir vor: Heute werde ich nichts schlucken (außer natürlich Nahrung).

„Guten Morgen, Frau Pieper", begrüßt mich Frau Schuster und blickt auf ihre Armbanduhr, die genauso alt wirkt wie sie selbst.

„Guten Morgen", entgegne ich und überlege, was ich hätte Besseres sagen können.

Ihr stiller Vorwurf ist nach dem Blick auf die Uhr nun mal nicht so leicht abzuschmettern. Ich hätte zum Papierkorb gucken können, als Statement, dass ihre Worte für mich nichts weiter als Abfall sind, aber wer hätte das schon verstanden.

Als Erstes geht's in die Küche zum Kaffeekochen – meine Kollegin hat schließlich Wichtigeres zu tun und weiß, dass ich das schon erledige, wenn sie es nicht tut. Ich stelle mir vor, wie ich in die Kanne spucke (natürlich *nachdem* ich mir meine Ration abgefüllt habe), aber so eine bin ich nun wirklich nicht. Ich nehme meine Tasse und setze mich an den Schreibtisch, fahre den Rechner hoch und checke meine Mails.

Verdammt … Zahlreiche neue Arbeitsaufträge von den Chefs, die natürlich alle gleich heute Morgen auf deren Tischen liegen sollen.

„Oh, hier ist ja viel passiert", stelle ich laut fest. „Wer übernimmt was?"

„Also ich habe ja schon die ersten beiden Mails beantwortet. Vielleicht sollten Sie Ihre erst mal komplett lesen, anstatt Kaffee zu kochen … wenn Sie schon so spät hier erscheinen." Ihre pink lackierten Fingernägel klappern derweil auf ihrer Tastatur. Sie zeigt gern, wie gut sie gleichzeitig schreiben und reden kann. *Jede Wette, dass sie nur so tut und da kein einziger sinnvoller Satz auf dem Bildschirm steht.* Als das Klackern verstummt, nimmt sie einen großen Schluck Kaffee. Den ich gekocht habe, „statt erst mal meine E-Mails zu lesen". *Diese blöde Kuh.*

Mein Telefon klingelt. Auf dem Display steht der Name meines *Lieblingschefs.*

„Frau Pieper, bringen Sie mir einen aufgeschnittenen Apfel ins Büro." Kein Guten Morgen, kein Bitte – dafür direkt wieder aufgelegt. Mein Job kommt mir dieser Tage *besonders* wertvoll vor, und der Vormittag vergeht so beschissen langsam wie damals der Chemieunterricht. Nur mit dem

Unterschied, dass ich dort wenigstens nebenbei malen oder Briefe schreiben konnte – und ich bekam kein Geld für das, was ich tat. Heutzutage muss ich aufs Klo gehen, um heimlich auf WhatsApp zu schreiben, und erhalte von meiner Kollegin jedes Mal einen missbilligenden Blick in Richtung meiner Blase, wenn ich wieder in unser Büro komme. Aber eigentlich geht es mir gar nicht um mein Handy, sondern darum, mal kurz von da wegzukommen. Ich gehe während der Arbeitszeit wirklich oft aufs Klo – dort kann ich einfach besser atmen.

Mittagszeit. Ich muss mal wieder Essen besorgen. Nervt zwar, aber so muss ich wenigstens nicht arbeiten und kann einmal mehr kurz weg. Warum wir zusammen essen, obwohl ich Frau Schuster überhaupt nicht mag, verstehe ich selbst nicht. Der Smalltalk mit ihr zieht sich jedes Mal so furchtbar hin – es ist fast schlimmer als Arbeiten. Doch am Ende des Tages werde ich auch das geschafft haben (wieder einmal) und kann dann wenigstens zu meinem Freund. Erik und ich wollen heute Essen und ins Kino gehen – in einer anderen Welt versinken. Ich kann es kaum erwarten.

Nach Feierabend rufe ich ihn an, denn er wartet nicht wie verabredet vor dem Büro. „Erik, wo steckst du?" Ich weiß die Antwort natürlich.

„Oh, sag nicht, wir waren verabredet?!" Er gähnt.

„Waren wir. Hast du geschlafen?"

„Ja, ich hatte heute eine Vorlesung, die war so anstrengend, da brauchte ich erst mal einen Mittagsschlaf."

„Äh ... es ist halb sieben. Das war wohl eher ein Abendbrotsschlaf ... Wir wollten schließlich gerade Abendbrot essen gehen!" Auch ich kann vorwurfsvoll klingen.

„Puh, sorry, das schaff ich nicht. Ich muss erst mal duschen und so. Kannst du nicht was mitbringen, und wir machen einen gechillten Netflixabend?"

„Natürlich ...", seufze ich – wie jedes Mal, wenn wir uns treffen. Ich zahle das Essen, er muss nicht raus, und wir gucken irgendwelche Serien, die er gerade angefangen hat und von denen er nicht loskommt. Mein Part wird dann darin bestehen, neben ihm Löcher in die Luft zu starren, mein langweiliges Leben zu verfluchen und dazu noch alle Menschen, die ich kenne. Wunderbare Aussichten.

Als ich gegen Mitternacht nach Hause komme (es gab wenigstens noch mittelmäßigen Sex), sehe ich das Riesenchaos in der Küche. *Supertoll.* Aber zumindest ist Katja schon im Bett. Auf der klebrigen Küchentheke liegt ein Zettel für mich: „Wäre schön, wenn wir uns mal wieder unterhalten könnten! Seit ich hier wohne, verbringen wir gar keine Zeit mehr miteinander!" Mit zwei Ausrufezeichen. *Wow.* Nachdem meine letzte Mitbewohnerin vor einem halben Jahr ausgezogen ist, zog Katja hier ein. Wir waren früher gute Freundinnen, doch unterschiedliche Interessen trieben uns in verschiedene Welten, bis wir uns durch Zufall bei einem Geburtstag wiedergesehen hatten. Zu dem Zeitpunkt suchte ich gerade verzweifelt eine neue Mitbewohnerin, und sie brauchte eine neue Wohnung – und so passte das perfekt. Dachte ich zumindest damals. Aber manchmal sollte man über Entscheidungen wohl erst mal genauer nachdenken. Ich lasse meine Wut an der Küche aus und putze wie eine Irre. Dann ist mein Ärger hoffentlich kleiner, wenn ich morgen früh wieder hier reinkomme – sollte ich dafür noch Zeit haben. Ich bin ja nicht gerade ein Morgenmensch und schaffe es nur selten pünktlich zur Arbeit.

Aufgewühlt, wie ich bin, lasse ich mich auf dem Küchenboden nieder und logge mich bei Facebook ein, um meine „Freunde" abzuchecken. Vielleicht kann ich mich bei irgendwem auskotzen, ich brauche dringend Mitleid.

Emma postet Bilder von ihrem Liebsten, mit dem sie gerade ein Haus gebaut hat ... Mann, sind die glücklich ... Ekelhaft, wie die angeben. Wahrscheinlich alles nur Show, während sie sich gegenseitig betrügen. Jutta hat nur noch ihre Gören im Kopf. Sie nimmt an einer Veranstaltung teil: Kindertheater. Irina postet Bilder aus Thailand – natürlich, alle Leute reisen ja plötzlich, weil arbeiten nicht mehr wichtig ist. Schön, dass die alle genug Geld für so einen Quatsch haben. Ich könnte kotzen. Im Ernst, mir ist richtig speiübel, meine Magensäure droht mir schon den ganzen Tag ... ach, was rede ich da, seit *Wochen*. Tja, der Plan ging nach hinten los. Ich bin jetzt so wütend, dass ich damit rechne, jeden Moment zu explodieren. Da sehe ich eine Werbeanzeige aufblinken: „Sie haben Ihr Leben satt?"

„Ja ...", antworte ich lauter als geplant.

„Sie wollen Ihr Leben verändern?"

„Ja, verdammt!"

„Aber Sie wissen nicht, wie?"

„Ich habe nicht den blassesten Schimmer …",
flüstere ich nachdenklich.

„Dann wird dieses kostenlose E-Book Ihr
Leben verändern!"

Noch ehe ich mich versehe, klickt mein Finger
auf den Downloadbutton, und gleich darauf habe
ich mir das Buch auch schon auf meinen Kindle
gezogen. Dann verziehe ich mich aus der Küche
und lege mich mit meiner neuen Errungenschaft ins
Bett … nur für den Fall, dass Katja wach wird.

Lektion 1
Schreiben Sie alles und jeden auf, das/der Sie
nervt.
Handelt es sich um Personen (Freunde, Familien-
mitglieder, Kollegen etc.), schreiben Sie der
jeweiligen Person einen Brief, in dem Sie schildern,
was Sie an ihr stört. Tun Sie dies ohne Rücksicht
auf Verluste – der Brief bleibt bei Ihnen.

Ich schreibe an Erik, dass er mit seinem Leben
klarkommen und erwachsen werden soll. Formu-
liere meinen Brief an Frau Schuster, in dem ich
sie als hochnäsige Tussi beschimpfe, die sich ihren blöden Kaffee selbst machen soll. Mein
„Lieblingschef" (der bekloppte Baldoarsch) bekommt von mir zu lesen, dass er sich gefälligst
Obstsalat kaufen soll, wenn er Vitamine in
mundgroßen Stücken möchte und dass ich nicht
seine Schubse bin. „Ich bin Rechtsanwaltsfachangestellte und nicht Serviererin. Fehlt nur noch,
dass ich Ihnen den Arsch abwischen soll!". Der

letzte Brief geht natürlich an Katja. Ich fluche und beschimpfe sie, lasse meinen ganzen Hass raus. Formulierungen wie: „Bist du zu blöd, ein Messer in die Spüle zu legen?", gehören noch zu den harmloseren Sätzen. So, das reicht erst mal.

Lektion 2
Überlegen Sie, was Sie an den besagten Personen oder Situationen schätzen.
Schreiben Sie es in Stichpunkten auf und fügen Sie die Notizen den jeweiligen Briefen bei.

Erst überfordert mich diese Aufgabe, doch nachdem ich einen Anfang gefunden habe, fallen mir tatsächlich mehrere nette Dinge ein.

Zum Beispiel, dass Katja mir früher bei Dates geholfen hat. Dass sie da ist, wenn ich krank bin und Hilfe brauche, dass wir stundenlang über die gleichen Serien lachen können.

Frau Schuster hat mir immerhin mein bisheriges berufliches Wissen beigebracht (wenn das auch bei weitem nicht genug war), sie war eine gute Lehrerin.

Als ich bei Erik ankomme, bin ich jedoch ratlos. Mir fällt einfach nichts Gutes an ihm ein, und ich frage mich mal wieder, warum ich überhaupt mit ihm zusammen bin. Ich kann ihn eigentlich nicht mal leiden. Wir haben uns auf einer Party kennengelernt, geknutscht, sind im Bett gelandet und haben dort das ganze Wochenende verbracht. Und seitdem sind wir einfach zusammen. Wir haben nicht mal drüber gesprochen.

Es ist einfach so.

Lektion 3
Wie sieht Ihr Wunschleben aus?
Schreiben Sie sich selbst einen Brief, in dem Sie genau das beschreiben!

Oh weh, ich und träumen. Ich denke, für heute reicht es. Ist ja fast schon wieder Zeit zum Aufstehen. Aber nachdem das Licht aus ist und die Augen geschlossen sind, beginnt mein Kopf doch damit, sich das perfekte Leben auszumalen. *Ich wäre gern sportlicher, damit mir meine Klamotten wieder passen, ich hätte gern leidenschaftlichen Sex, ich wünsche mir einen Job, der mir Spaß macht. Ach, macht das Spaß ...* Ich sehe mich auf einer Bühne singen und, ... *Na gut, wenn ich hier so fröhlich vor mich hinträume, kann ich es genauso gut aufschreiben.* Ich schnappe mir meinen Laptop vom Nachttisch und lese mir, während er startet, noch mal die Aufgabe durch. Gleich darauf schreibe ich auch schon ... und schreibe ... und schreibe. Meine Wut von vor ein paar Stunden ist wie weggeblasen. In mir ist etwas passiert, denn ich fühle mich irgendwie ... schwer zu beschreiben – ich kenne dieses Gefühl noch nicht, aber ich glaube, es nennt sich „leicht glücklich" oder ist zumindest eine Vorstufe davon. Es fühlt sich ganz tief in mir so schön warm an, und ich stelle fest, all die Träume einmal aufzuschreiben und zuzulassen, macht mich irgendwie zufrieden.

Lektion 4
Überlegen Sie sich drei Dinge, die Sie tun könnten, um Ihrem aufgeschriebenen Traumleben ein Stück näher zu kommen!

Das klingt schwer, doch in meinem Kopf ist noch immer der Brainstormingmodus aktiviert, und siehe da: Spontan schreibe ich drei Stichpunkte auf:

- nicht zur Arbeit gehen
- endlich Joggen
- mich für eine Probestunde Gesangsunterricht anmelden (weil billiger als normale Stunden)

Das klingt gar nicht so schwer, und der Gedanke an diese Dinge macht mich irgendwie fröhlich.

Lektion 5
Erledigen Sie eine Sache davon sofort und den Rest im Laufe des Tages!
Lesen Sie erst am nächsten Abend hier weiter!

Eine Sache sofort ..., grüble ich. *Hm ... kann ich das wirklich tun?*

Zögerlich nehme ich mein Handy und schreibe der Schuster eine Nachricht. Sie wird sich wundern, es ist bereits vier Uhr, aber zumindest ist meine Krankmeldung so glaubhaft.

„Habe Magen-Darm, komme morgen nicht. LG."

Das muss reichen. Ich verkrieche mich unter der Decke, als mir noch ein Geistesblitz kommt. Ich greife erneut nach dem Handy und schreibe Katja: „Ich gehe morgen nicht zur Arbeit, bitte nicht wecken, danke."

So einfach kann Leben sein? Herrlich! Mit einem Lächeln auf den Lippen schlafe ich ein.

Mittwoch

Ich fühle mich richtig gut, als ich gegen elf aufwache. *Heute werde ich einen richtig tollen Tag haben – ohne Arbeit und ohne das morgendliche Katja-Problem.* Mein Körper kribbelt in jeder Faser, weil ich so aufgeregt bin. Auf dem Smartphone lese ich eine schnippische Antwort von Katja, und von Frau Schuster ist auch eine eingegangen, doch das prallt an mir ab. *Heute bin ich eine Kriegerin, mir kann niemand was,* denke ich grinsend. Ich kämpfe für mein tolles Leben. Noch bevor ich aufstehe, schaue ich auf meine Liste und setze einen Haken hinter den ersten Punkt. *Wahnsinn!*

Als Nächstes lese ich: „Joggen". Mein Körper fühlt sich irgendwie leicht an, wie schon lange nicht mehr, also springe ich aus dem Bett, ziehe mir mein Sportzeug an und darüber einen Kapuzenpulli, damit ich nicht erkannt werde. Ich bin schließlich krankgemeldet. Noch ehe ich es mir anders überlegen kann, jogge ich durch den Park. Ein wenig mulmig ist mir schon zumute. Was, wenn ich erwischt werde? Aber da um diese Zeit jeder normale Mensch bei der Arbeit ist, sollte mir eigentlich nichts passieren. Sicherheitshalber ziehe ich die Kapuze meines Pullovers tief ins Gesicht, auch wenn ich dadurch noch mehr schwitze. Langsam kämpfe ich mich voran, und zwischendurch gehe ich einfach nur schnell, aber ich muss ja nach so einer langen Pause nicht die beste Joggerin der Welt sein. Ich habe angefangen, darum geht es, und heute platze ich nicht vor Wut, sondern vor Stolz. Ich bin mir nicht sicher, ob ich dieses Gefühl überhaupt kenne. Nach meiner erfolgreichen Joggingsession komme ich wieder nach Hause, dusche ausgiebig und schlendere dann in die Küche. Katjas Marmeladenmesser juckt mich nicht, ich lege es in den Geschirrspüler und koche mir Kaffee. Nur für mich, für niemand anderen sonst. Dazu zaubere ich mir ein Nutellabrötchen, ehe ich mir mein Smartphone schnappe. Ein Punkt liegt noch vor mir, und ich bin ein bisschen aufgeregt. Ich durchforste das Internet nach Gesangsunterricht in meiner Nähe – billig und am liebsten heute noch, denn ich schließe nicht aus, dass ich morgen wieder ganz die Alte bin. Und tatsächlich, ich finde schließlich eine Frau, die mittwochs ihre Probestunden anbietet. Dazu ist die Adresse nur eine halbe Stunde Fußweg von hier entfernt und der Preis sogar halbwegs bezahlbar. *Ach komm, ich schreib ihr einfach mal … Sie hat bestimmt eh keine Zeit, und ich hab meine letzte Aufgabe erledigt.* Ich tippe eine Nachricht an die Gesangstrainerin, räume mein Frühstücksgeschirr weg und schalte meine Playlist an, um lauthals zu meiner Lieblingsmusik zu singen und dabei zu tanzen. *Irgendwie hab ich Lust auf Putzen. Ist das komisch? … Egal, ich hab Zeit, also putze ich.*

Mein Handy gibt ein *Bing!* von sich. Die Lehrerin schreibt, sie hätte heute um 19 Uhr Zeit. *Ach du meine Güte …* Es wird also ernst, und ich bin so aufgeregt – das kann sich niemand vorstellen.

Energisch putze ich weiter, um die Aufregung niederzukämpfen. Am liebsten würde ich das Buch weiterlesen, aber da stand ja, dass man erst abends weiterlesen soll. Also lasse ich brav die Finger davon und bereite mich stimmlich auf mein bevorstehendes Abenteuer vor. Ich übe meine Lieblingslieder und trällere vor mich hin, bis es Zeit wird, loszugehen (und um rechtzeitig weg zu sein, bevor Katja nach Hause kommt).

In der Nachricht stand, ich solle bei Dr. Joda klingeln. *Hä? Ohrenarztpraxis …* Doch so steht es in der Nachricht. Ich drücke die Klingel, gleich darauf surrt der Türöffner. Über das Tor komme ich zum Innenhof, der einen kleinen Spielplatz beherbergt. Ein paar kleine Frechdachse rutschen und schaukeln. Ganz schön spät, müssen die nicht ins Bett? Das hier ist eine Gegend, in der die Leute Geld und Kinder haben, und irgendwann würde ich auch gern hier wohnen. Ich bezweifle nur, dass ich mir das jemals leisten kann – ich kann ja nicht mal eine normale wöchentliche Gesangsunterrichtsstunde bezahlen. Am Ende des Innenhofs erreiche ich einen Hausflur, wo eine wunderhübsche Frau in der Tür steht: meine heutige Gesangslehrerin. *Wow, diese Frau strahlt eine Lebensfreude aus, die mir Schauer über den Rücken jagt.* Mein Herz klopft noch schneller.

„Hallo, schön, dass du da bist."

„Hallo." Ich bekomme keinen weiteren Ton raus. Was soll ich zu so einer schönen Frau schon sagen? Ich fühle mich so unwohl. *Was suche ich hier? Ich werde mich total blamieren. Jetzt noch schnell wegrennen?*

„Bist du aufgeregt?"

Ich nicke. Wie peinlich, ich kann tatsächlich nicht antworten. Bin zu überwältigt.

„Das ist normal. Ich hab uns Tee gemacht. Deine Jacke kannst du hier hinhängen." Sie schiebt mich sanft durch die Tür und führt mich in eines der Sprechzimmer. „Ich teile mir die Praxis mit einer Freundin. Sie hat sich damals gegen die Kunst und für einen *soliden* Job entschieden, und ich helfe ihr zwar ab und zu, verdiene mein Geld aber hauptsächlich mit Konzerten." Sie reicht mir eine Teetasse. „Ich bin übrigens Maxi."

Sogar ihr Name ist wunderschön.

„Die Bilder, die hier hängen, sind alle von Dr. Joda. Du kannst dich gern umgucken."

Ich nutze die Chance, meinen Blick von ihr abwenden zu können, und betrachte die Bilder an den Wänden. *Wow, ich bin von Kunst umgeben.* „Das ist wahnsinnig schön."

„Ja, sie ist wirklich fantastisch. Sie nimmt sich Urlaub, um von morgens bis abends ihre Leidenschaft zum Malen zu pflegen."

„Hat sie es bereut?"

„Was?"

„Ärztin geworden zu sein. Es war bestimmt keine leichte Entscheidung."

„Nein, ich glaube nicht … aber was ist schon leicht …" Maxi lacht und dreht sich zu einem Bild, sodass ich sie in Ruhe von der Seite betrachten kann. Sie trägt einen Bob in verschiedenen Blautönen. Diese Frisur finde ich spitze, doch das würde ich mich nie trauen. Erstens müsste ich sie dann jeden Tag zurechtmachen, was nicht mein Ding ist, und zweitens würde das sicher niemand in der Kanzlei gutheißen. Und was würde Erik wohl sagen, wenn seine Freundin mit blauen kurzen Haaren ankommt? Na ja, wahrscheinlich würde er es gar nicht bemerken. Maxi trägt bestimmt zwanzig silberne Armreifen am Handgelenk. Ihre Augen sind stark geschminkt, auf den Lippen liegt ein zartes Rosa. Ihr gebräuntes Gesicht sieht ganz weich aus. In dem Moment dreht sie sich zu mir und lächelt. Die grünen Augen strahlen etwas aus, das nur schwer in Worte zu fassen ist. Leidenschaft? Energie?

„Möchtest du mir ein bisschen von dir erzählen? Vielleicht, warum du hier bist?"

Meine Hände sind feucht, und ich trockne sie unauffällig an meiner Hose. „Eigentlich weiß ich es selbst nicht so genau."

„Das sagen alle, und dann wissen sie es sogar *sehr* genau. Trau dich ruhig. Der erste Schritt ist meist schwer, aber du hast Mut – du bist hier, obwohl du anscheinend eine Riesenangst hast."

„Aber ich weiß gar nicht, *warum* ich solche Angst habe."

„Vor Dingen, die Veränderung mit sich bringen, hat man doch immer etwas Angst. Aber ich glaube, eine Frau weiß innerlich ganz genau, welche die richtigen und welche die falschen Entscheidungen im Leben sind. Wir spüren das. Und auch wenn wir uns verlaufen haben, finden wir wieder auf den richtigen Weg."

„Und Singen gehört für dich zu dem richtigen Weg?"

Dumme Frage, Jule – sie ist professionelle Sängerin.

„Unbedingt. Ich denke, Kreativität ist ein Teil von uns. Schneiden wir sie von uns ab, weil wir nur noch an Geld oder Verpflichtungen denken, stirbt auch ein Teil von uns. Wir verlieren das Interesse am Leben, werden irgendwann depressiv, weil wir uns nur noch für die falschen Dinge entscheiden, und dann kommt der große Knall. Burnout nennen wir das heute … und während dieser Zeit kommen wir oft zur Kunst zurück. Da gibt es viele Wege. Maltherapie, wieder ein Instrument spielen, in einem Chor singen oder Gedichte schreiben. Und so finden wir ins Leben zurück. Schaffen wir es, diesen kreativen Teil zu integrieren, bleiben wir am Leben – ganz einfach. Vergessen und verdrängen wir ihn wieder, ist die Depression ganz schnell wieder zurück."

„Wow. So habe ich das noch gar nicht gesehen."

„Die meisten, die hierherkommen, wollten schon immer singen, aber haben sich nie getraut, weil zu seiner eigenen Kreativität zu stehen in unserer Gesellschaft als nicht normal angesehen wird – im Gegenteil zu Sport. Oder sie haben es vor sehr langer Zeit mal gemacht, dann hat jemand Kritik geübt, und sie haben sich so geschämt, dass sie lieber alles hingeworfen und aufgehört haben. Zu welchen von beiden gehörst du?"

„Ich glaube, eher zu Nummer eins."

„Es ist wirklich toll, dass du den Mut gefunden hast, herzukommen."

„Na ja … Mut?"

„Du willst dein ganzes Leben lang schon singen und hast gleich deine erste Probestunde, obwohl du superaufgeregt bist – das erfordert Mut."

Verlegen schaue ich wieder zu den gemalten Bildern und nippe gelegentlich an meinem Tee.

„Wir können auch gleich mit dem Aufwärmen anfangen. Dann wird sich die Aufregung ein wenig legen."

„Und du kannst wirklich davon leben?", schießt es aus mir heraus.

„Ja, man kann von allem leben. Man muss nur die Entscheidung dazu treffen, das zu wollen, und mit all seiner Liebe und Leidenschaft dabei sein. Es ist nicht immer leicht, aber es wird besser. Ich habe das Gefühl, man muss sich erst beweisen – dem Leben gegenüber und auch im Business – und nach ein paar Versuchen geht's bergauf." Sie nimmt einen Schluck von ihrem Tee und stellt ihre Tasse auf den großen Holzschreibtisch. „Der Klang hier im Altbau ist fantastisch. Es macht total viel Spaß, hier zu singen." Sie geht in die Mitte des Raums, schließt die Augen und wiegt sich sanft hin und her. „Wiederhole einfach, was du hörst", sagt sie.

Ich stelle meinen Tee ebenfalls auf den Tisch und beobachte sie. Zaghaft stelle ich mich ihr gegenüber.

„Summ, summ, summ, summ, summ", beginnt sie zu singen.

Okay, jetzt muss ich mich beweisen. Mut haben, einfach Nachsummen. Hab keine Angst, Jule, niemand außer ihr hört dich, und ein Sum-sum bekommst du hin. Ich schließe die Augen und versuche, mich auf mich selbst zu konzentrieren.

„Sum, sum, sum, sum, suuum." Klingt noch ein bisschen zögerlich.

„Sum, sum, sum, sum, suuum." Sie geht ein kleines Stück höher auf der Tonleiter.

Ich habe die Augen geschlossen und konzentriere mich voll und ganz auf ihren Klang und meine Töne. Auch ich bewege mich nun leicht hin und her, und so verbringen wir die nächsten Minuten. Maxi singt immer höher und höher, und ich folge ihr, bis meine Stimme plötzlich versagt. *Scheiße, ich kann das nicht!* Sofort werde ich rot und schäme mich. Panisch reiße ich die Augen auf, der Atem wird flacher, doch Maxi steht seelenruhig mit geschlossenen Augen im Raum und gibt erneut eine Tonfolge vor.

„Nüüüüüüüü", singt sie sehr hoch.

Ich versuche es, doch scheitere auch diesmal. Am liebsten würde ich sofort das Land verlassen. Wie konnte ich nur glauben, singen zu können? Zum Glück habe ich ihr nicht gesagt, dass ich gern Sängerin wäre.

„Versuch es einfach weiter. Spiel ein wenig mit der Stimme, wechsle mal zur Kopfstimme."

Das sagst du so leicht. Ich weiß nicht mal was das ist und will deine Ohren nicht noch mehr foltern. Wäre sicher eine gute Methode, um Menschen Geständnisse abzuringen. Och Menno … Ich will hier weg. Mir ist kalt, doch ich beginne zu schwitzen. *Okay, Jule. Du hast Kohle hierfür ausgegeben, du musst Maxi nie wiedersehen, wenn du dich jetzt total blamierst. Das ist deine Chance,* ermutige ich mich und konzentriere mich auf meinen Atem. Dann singe ich weiter, höre Maxi ganz genau zu. Es gibt nicht mehr sie und mich, sondern nur noch unsere Stimmen. Ich werde ruhiger, und beim nächsten Versuch klappt es. Ich könnte vor Freude in die Luft springen, doch ich bleibe, mich leicht hin- und herbewegend, stehen. Wir machen noch ein paar Durchgänge, und ich staune, wie hoch ich mit meiner Stimme komme, wenn ich die Kopfstimme nehme. Ich bringe diese Töne zwar nur leise heraus, aber immerhin.

„Die Grenze für den Stimmwechsel ist tagesabhängig. Wichtig ist, dass wir herausfinden, was geht und wie. Hast du ein Lieblingslied?", fragt sie.

Ich nicke. Bin noch völlig überwältigt davon, dass ich gerade Achtsamkeits- und Selbstbewusstseinstraining in einem hatte, dabei war das erst die Aufwärmübung.

„‚Manchmal' von Luca."

„Kenn ich gar nicht. Normalerweise kläre ich das vorher ab, aber das war ja heute sehr kurzfristig mit uns." Sie geht an den Rechner, sucht online nach dem Song und startet ihn. „Der?"

„Ja."

„Oh, ist das ein toller Song." Sie sucht auf einer anderen Seite, und gleich darauf spuckt der Drucker zwei Blätter aus. „Hier, der Text … zur Sicherheit." Sie drückt mir den Text in die Hand und schnappt sich die Gitarre. „Ich probier mal kurz", sagt sie.

Während Maxi spielt, trinke ich Tee und betrachte einmal mehr die Bilder an den Wänden. Sie begeistern mich immer mehr.

„So, ich hab's. Du kannst dich setzen, wenn du willst."

Aber ich bleibe lieber stehen, ich habe das Gefühl, dass ich dann besser singen kann.

„Fang doch einfach an, und ich steige dann mit ein", sagt Maxi.

Hat sie jetzt wirklich nach der kurzen Zeit raus, wie man das Lied spielt?! Ist das normal unter Musikern? Einfach so anzufangen? Ohne den Song im Hintergrund oder so? Wieder stellt sie mich auf die Probe. *Ob es deshalb Probestunde heißt?*

„Ich mag, wie du gehst ...", beginne ich und singe das Lied. Es ist merkwürdig, weil ich ganz auf mich allein gestellt bin. Nur die Gitarre zu hören und selbst den Ton anzugeben, lässt mich durch die erste Strophe hetzen, doch dann besinne ich mich. Ich bin doch hier, weil ich was lernen will ... und weil ich Spaß haben will. Ich nehme gerade wirklich Gesangsunterricht. Ich, Jule Pieper, das Mädchen, das nie etwas Verrücktes tut, sondern immer nur das, was es tun soll. Ich bin auf dem Weg, meine Träume zu erfüllen. Der zweite Durchgang des Songs klappt mit dieser Einstellung schon viel besser, und wieder habe ich das Gefühl, dass es hier nicht nur ums Singen geht. Ich habe gerade sehr viel gelernt, ohne zu verstehen, was genau.

Das Singen war fantastisch – ich habe mich noch nie so gut gefühlt. Aber wie soll ich mir das bei den Preisen regelmäßig leisten können? Ein bisschen entmutigt spaziere ich nach Hause. Einerseits habe ich mir heute den besten Tag meines Lebens geschenkt, andererseits ist er so gut wie vorbei, und morgen hat mich mein altes Leben wieder. Ich kann ja nicht ewig krank sein, zumal ich ja nicht mal krank bin. Das ist Betrug. Zu joggen ist kein großes Ding, wenn man Zeit hat, und die Gesangsstunden kann ich mir einfach nicht leisten. Je näher ich meinem Zuhause komme, umso näher rückt die Bedrohung der Mitbewohnerwohnung, und auch der Rest meiner Fröhlichkeit weicht. Daheim angekommen, öffne ich zaghaft die Tür, als würde ich erwarten, dass mich jeden Moment eine tollwütige Katze anspringt. Aber obwohl nicht abgeschlossen ist, ist keiner da. *Juhu, allein …* Die Stimmung steigt wieder, ich haste in mein kleines Reich und lasse mich mit dem Kindle ins Bett plumpsen. Für den Fall, dass Katja gleich nach Hause kommt und noch reden will, lösche ich schon mal das Licht und lese weiter.

Lektion 6
Glückwunsch, Sie sind Ihrem Traum ein paar Schritte nähergekommen. War doch gar nicht so schwer, oder?
Lesen Sie nun noch einmal Ihren Brief an sich selbst, den Sie in Lektion 3 verfasst haben!

Das klingt nach einer leichten Aufwärmübung, und beim Lesen des Briefs erwische ich mich, wie ich ein dickes Grinsen im Gesicht habe. Ich rufe mir ein Bild vor Augen: ich als sportliche Sängerin auf der Bühne, voller Leidenschaft und Liebe für das, was ich tue. Weiter zur nächsten Aufgabe.

Lektion 7
Ihre Träume fühlen sich heute schon eher wie etwas Erreichbares an, oder?
Erweitern Sie nun Ihre Wunschliste – trauen Sie sich, noch etwas mehr zu träumen!

Ich wundere mich, denn es stimmt. Es fühlt sich wirklich so an, als wäre ich meinem Traumleben etwas nähergekommen. *Okay, weiterträumen … Hmm …* Und schon schreibe ich:

- eine Beziehung mit jemanden, der mich liebt und den ich liebe
- mit dem Singen Geld verdienen
- mehr Zeit zum Lesen haben
- Freundinnen finden, die mich nicht in den Wahnsinn treiben

Lektion 8
Machen Sie sich Gedanken darüber, was Sie nicht brauchen, aber dennoch besitzen, und schreiben Sie es auf!
Gehen Sie Ihren Kleiderschrank durch! Was tragen Sie wirklich, und was kann weg? Durchstöbern Sie Ihr Bücherregal! Brauchen Sie wirklich jedes einzelne dieser Bücher? Besitzen Sie Küchengeräte, die Sie nie aus dem Schrank nehmen? Haben Sie schon mal Ihr Make-up aussortiert oder befinden sich in Ihrem Schminktäschchen Relikte aus grauer Vorzeit? Und was ist mit Ihrem Parfümvorrat?

Puh, ja, da findet sich sicher so einiges. Bereit, sofort in mein Zimmer zu rennen und mich schlafend zu stellen, wenn ich den Schlüssel in der Wohnungstür höre, schleiche ich mit einer Taschenlampe durch die Bude. Mein Bücherregal quillt tatsächlich über, ich habe eine große Schublade voller DVDs, eine voller CDs und sogar eine mit Wii-Spielen und Videokassetten samt Videorekorder – nichts davon habe ich in den letzten Jahren gebraucht. Die könnte ich also notieren. Ich durchforste jede Schublade. Aber ich soll ja erst mal nur aufschreiben. Zurück im Bett notiere ich all meinen Müll:

- Klamotten
- CDs und DVDs
- Videorekorder und -kassetten
- Wii-Spiele
- alte Brett- und Kartenspiele
- Briefe
- Bücher
- Parfum, geschenkt bekommen und nie benutzt
- Crêpes Maker
- Waffeleisen
- Eierkocher
- Zeitschriften

Lektion 9
Misten Sie aus!

Packen Sie eine Kiste mit den Sachen, die Sie spenden werden, eine mit Müll und eine mit Dingen, die Sie noch verkaufen können. Suchen Sie sich im nächsten Schritt Wege, wie Sie die Dinge loswerden können. Ein Tipp: Bücher und Kleidung sind gern gesehene Spenden, zum Verkauf eignet sich der nächste Flohmarkt, aber auch eBay. Es gibt viele Wege, diese Dinge loszuwerden, also los!

Fangen Sie am besten sofort an, und lesen Sie erst weiter, wenn Sie dieses Projekt zufrieden abgeschlossen haben.

„Wow … Tun Sie es", wiederhole ich. Und dann höre ich den Schlüssel im Schloss, schalte hektisch die Taschenlampe aus und lausche mit angehaltener Luft, wie sich Katja bettfertig macht. Ich kann erst weitermachen, als sie ihr Hörspiel eingeschaltet hat – ohne das kann sie nicht schlafen.

Ich will dieses Buch weiterlesen, also werde ich mit dem Projekt sofort starten. Es juckt mir regelrecht in den Fingern. *Zuerst der Kleiderschrank.* Ich richte die Taschenlampe darauf aus und stehe erst mal etwas überfordert vor dem offenen Schrank. Zögernd greife ich nach einer lilafarbenen Bluse für die Arbeit, die ich seit Monaten nicht mehr trage, weil sie mir nicht mehr passt. Jedes Mal, wenn ich sie sehe, ärgere ich mich, also kann ich sie auch genauso gut ausmisten. Okay, zugegeben, es macht mir von Minute zu Minute mehr Spaß. Ich überprüfe jedes Teil und stelle entsetzt fest, dass ich in die meisten Klamotten nicht mal mehr reinpasse und sie eigentlich auch gar nicht schön finde (oder jemals fand). Trotzdem fällt es mir schwer, sie einfach wegzugeben. Ich habe früher immer die alten Sachen von meinen Cousinen getragen. Sachen, die noch gut sind, gibt man nicht weg – schön alles für schlechte Zeiten bunkern. Das wurde mir als Kind so eingetrichtert, und ich hab es nie hinterfragt.

Ich schätze, ich trage nur zehn Prozent meiner Klamotten, aber ausgemistet habe ich nur neun Teile. Das ist definitiv zu wenig, also fange ich von vorn an und versuche, mir jedes Mal drei Fragen zu stellen, die ich mal in einem Buch gelesen habe: Passt es noch? Mag ich es? Hab ich es in letzter Zeit getragen? Wenn alle Antworten Nein lauten (was erschreckend oft passiert), dann kann es weg. Nach einer Weile liegt ein großer Kleiderhaufen auf dem Boden, und ich habe viel Platz in meinem Schrank. Es ist mittlerweile zwei Uhr nachts, ich bin angenehm erschöpft und entscheide, erst bei Tageslicht zu überlegen, was in welche Kiste kommt, beziehungsweise in welche Ecke, denn Kisten habe ich keine. Spontan notiere ich mir noch:

- Schuhe, Socken und Unterwäsche ausmisten!

Und jetzt? Gehe ich morgen wieder arbeiten? Wäre nicht sehr realistisch bei Magen-Darm, denke ich, also melde ich mich auch für Donnerstag bei Frau Schuster (und Katja) krank.

Kurz darauf träume ich von Elefanten, die in meiner Bettwäsche schlafen.

Donnerstag

Am nächsten Morgen setze ich mich auf mein Bett, von wo aus ich den Kleiderhaufen betrachte. Dann nehme ich mir meine Sockenschublade vor. Ich verbringe Stunden mit dem Ausmisten meines Krams, und so vergeht der Tag ungewohnt schnell. Am Nachmittag türmen sich in jeder Zimmerecke Sachen. Ich fühle mich eingeengt von dem ganzen Kram, der zudem noch für eine riesige Unordnung sorgt. Also setze ich mich gemütlich mit einem Kaffee auf die Couch und suche nach Möglichkeiten, das Zeug loszuwerden. Wenn Bücher nicht gerade brandaktuell sind, kann man nichts daran verdienen, deshalb entscheide ich mich, meine dreißig ausgemisteten einer ehrenamtlichen Bibliothek zu spenden. Ich packe die Bücher in einen großen Rucksack und stelle ihn schon mal an die Wohnungstür. Dann verpacke ich alles in Mülltüten, was ich als Müll deklariert habe – das ergibt zwei große Beutel.

Wo kommt das eigentlich alles her? Kaputte Klamotten, alte Zeitungen, Briefe aus der Schulzeit, kaputtes Spielzeug von früher. *Warum hab ich das denn aufgehoben?* Bettwäsche, olle zerfledderte Kissen und so weiter. Das möchte ich sofort loswerden, damit ich wieder Raum zum Atmen habe. Außerdem kommt Katja donnerstags immer früher nach

Hause, weil sie sich abends mit ihrem Typen trifft und bei ihm übernachtet – mein Lieblingstag, wie man sich denken kann. Bevor sie mir diesen also versaut, schnappe ich mir Müll und Bücherrucksack und verschwinde.

Als ich alles weggebracht habe, kaufe ich mir, um Zeit zu schinden, noch eine Chinabox und eine Coke, dann traue ich mich wieder nach Hause. Das Projekt kann weitergehen. Es fühlt sich richtig gut an, auch wenn mich der rumliegende Krempel bereits nervt. Aber zumindest sind es nur noch zwei Stapel.

Ich finde heraus, dass es auf eBay Kleinanzeigen genug Leute gibt, die ganz wild auf Küchengeräte sind, und hoffe, dass ich dort auch die nutzlosen Geschenke von Oma loswerde: Waffeleisen, Crêpes Maker, Eierkocher und einiges mehr. Die Anzeige ist noch nicht mal zehn Minuten online, da meldet sich tatsächlich schon jemand wegen des Waffeleisens. Ich bin begeistert – dafür bekomme ich immerhin fünf Euro. Ja, das ist nicht viel Geld, aber es *ist* Geld. Ich mache mit dem Typen aus, dass er das Teil morgen abholt. Während ich weiterrecherchiere, meldet er sich sogar noch einmal, weil er den Crêpes Maker auch noch kaufen will.

„Na, du hast ja was vor", scherze ich.

„Das ist nicht für mich. :-)"

„Oje … Na, ich hoffe, du schenkst das keiner Frau", witzle ich halb im Ernst.

„Wieso, ich dachte, das wären perfekte Geschenke für den Jahrestag?! Nee, Quatsch, meine Mutter hat Geburtstag und steht auf Küchenmaschinen. ;-)"

Ich muss lachen. *Lustiger Typ.* Irgendwie traurig, dass ich mit fremden eBay-Käufern rumblödle, statt mit echten Freunden. „Na, dann solltest du ihr am besten gleich noch selbst gemachte frische Waffeln dazu schenken."

„Super Idee, aber vermutlich hätte sie Angst, meine Kreationen zu kosten – ich bin nicht der Begabteste in der Küche. Zumindest nicht beim Backen. Grins."

Ich muss laut auflachen, da bingt mein Handy. Erik.

„Hey, was geht? Morgen Netflix und chill?"

Oh, wie originell … Ich lege das Handy genervt zur Seite. *Männer* …

Mein Ausmistprojekt ist nun weitestgehend durch. Am Sonntag werde ich mit dem Rest noch auf den Flohmarkt gehen und hoffen, dass viele Leute da sein werden, um meine Klamotten zu kaufen. Und vielleicht werde ich auch meine CD-Box los. Wozu CDs, wenn man das Internet hat, und für die Wii-Spiele bekomme ich sicher auch noch ein paar Euro. Jedenfalls denke ich, dass ich weiterlesen darf. Wieder durchflutet mich dieses wohlige Kribbeln. Aber sicherheitshalber gehe ich dafür schon mal ins Bett – nur für den Fall, dass Katja sich mal wieder mit ihrem Typen streitet und doch nach Hause kommt.

Lektion 10
Nun haben Sie Platz für neue Dinge in Ihrem Leben geschaffen, und Sie werden sehen, wie schnell sich Ihre Wohnung ab sofort mit angenehmen Sachen füllt, die Sie glücklich machen. Fühlen Sie sich schon leichter?

Bewahren Sie sich dieses Gefühl während der nächsten Aufgabe. Gehen Sie Ihre Kontoauszüge genau durch und überlegen Sie, wofür Sie Geld ausgeben und wo Sie es eigentlich sparen könnten. Sind wirklich alle Versicherungen nötig? Gibt es einen billigeren Telefon-, Internet- oder Stromanbieter? Muss Zeitungs-/ Zeitschriftenabo XY wirklich sein? Lesen Sie sie überhaupt? Könnten Sie sparen, indem Sie nicht mehr beim Lieferservice bestellen?

Uff, das ist in der Tat eine spannende Aufgabe, denn mehr Geld habe ich dringend nötig, und ich weiß gar nicht so genau, warum es nie reicht. Ich logge mich in mein Konto ein und schaue mir die Ausgaben genau an. *Ach ja, das Zeitungsabo … wann habe ich zuletzt irgendwas davon gelesen, statt die Zeitung gleich in die Ecke zu werfen? Das sind 80 Euro im Jahr, die ich sparen könnte.* Ich schreibe noch im selben Atemzug die Kündigung. *Das fühlt sich gut an, wow. So schnell kann das gehen. Wieso bin ich darauf nicht von allein gekommen?* Meinen Stromanbieter wollte ich schon lange wechseln, aber um ehrlich zu sein, war ich zu faul. So etwas gehört nicht unbedingt zu meinen Lieblingsaufgaben, doch nun bin ich motiviert, recherchiere und wechsele den Anbieter. Überraschenderweise ohne viel Aufwand, und ich habe fünf Euro mehr im Monat. *Vielleicht komme ich ja doch noch an meinen Gesangsunterricht.* Und so geht die nächste Stunde vorüber, und ich beschließe, kein Essen mehr zu bestellen, sondern selbst zu kochen. Ich war bisher auch hierfür oft zu faul und ausgelaugt, aber als ich zusammenrechne, wie viel Geld ich im Monat dafür ausgebe (allein schon in den Mittagspausen und auch oft abends), wird mir schwindelig. Da habe ich also das Leck gefunden, durch das meine Kohle rinnt. Ich bin mit meiner Bequemlichkeit selbst an der gähnenden Leere auf dem Konto schuld. Und wenn man bedenkt, dass das bestellte Zeug meistens nicht mal sonderlich lecker ist, fällt mir der Entschluss, ab sofort selbst zu kochen, auch gar nicht so schwer.

Ich schaue auf die Uhr. *Schon wieder Eins, verdammt.* Doch ich will noch nicht aufhören, bin viel zu gespannt, wie meine nächste Herausforderung aussieht – also her mit dem Buch.

Lektion 11
Gibt es einen Menschen in Ihrem Leben, auf den Sie verzichten können?

Überprüfen Sie Ihre Beziehungen zu anderen auf Herz und Nieren – gibt es Menschen, die Sie aus Ihrem Leben streichen können? Stellen Sie sich die Fragen: Tut er/sie mir gut? Mag ich ihn/sie? Verbringe ich gern Zeit mit ihm/ihr? Wann habe ich zuletzt mit ihm/ihr gelacht? Hat diese Freundschaft/Beziehung noch irgendeine Berechtigung? Wie fühlt sich der Gedanke an, ohne diese Person zu sein? Wenn es mehrere gibt, entscheiden Sie sich für den Menschen, den Sie am einfachsten aus Ihrem Leben streichen können, und denken Sie dabei an eine Person, die Sie stattdessen gern in Ihrem Leben hätten. Wie sollte diese sein? Die Leichtigkeit, die Sie wegen Ihrer ausgemisteten Wohnung fühlen, ist nichts im Vergleich zu der, nach einem ausgemisteten Freundeskreis.

Puh, alter Verwalter ... steht da ernsthaft, ich soll meine Freunde ausmisten? Und mit wem soll ich anfangen? Ich lese noch mal meinen Brief an mich selbst. Er berührt mein Herz besonders an der Stelle, an der ich von leidenschaftlichem Sex und echter Liebe schreibe. Habe ich nicht längst festgestellt, dass Erik und mich gar nichts verbindet? Der Sex ist scheiße, sein Schmarotzertum nervig, sein Lebensstil macht mich wütend, und hat er je was Nettes gesagt? Wann haben wir eigentlich zuletzt zusammen gelacht, haben wir das überhaupt schon mal? Wann hat er mal an mich gedacht? Ohne ihn hätte ich mehr Freizeit und würde mich weniger aufregen, zumindest über ihn. Ich könnte einen Freund haben, der sich ernsthaft für mich interessiert. Einen, der mich zum Lachen bringt, wie der Kerl vorhin bei eBay. Mutig greife ich nach meinem Handy. Ich habe Erik immer noch nicht geantwortet, doch jetzt werde ich es tun. *Hm ... wie beendet man eine Beziehung?* Ich habe mit so was keine Erfahrung. Ich habe mich noch nie von etwas oder jemandem getrennt, das ist nicht meine Art.

Ich schreibe eine megalange WhatsApp-Nachricht mit Erklärungen und lösche sie wieder. Mir fällt nichts Gutes ein, also überlege ich, mich mit einem einzigen Satz kurzzufassen. „Lieber Erik, ich denke, wir sollten uns nicht mehr sehen." *Versteht er dann, dass ich mich trenne? Wird er Erklärungen fordern? Oder ist es ihm egal? Wie würde ich auf so eine Nachricht reagieren? ... Ach egal, ich schick sie einfach ab ... Krass, ich hab auf Senden gedrückt. Ich habe es ernsthaft getan.*

Zwei blaue Haken. Er liest. Ich werde nervös. Mein Atem wird schwer. *Bin ich eigentlich vollkommen bescheuert?! Ich trenne mich von meinen Sachen und von meinem Freund, gehe nicht mehr ins Büro und lüge, und das alles nur wegen eines Buches! Scheiße, ich muss das schnell rückgängig machen!* Ich überlege, was ich schreiben könnte, doch es ist zu spät. Er antwortet bereits. Ich will ihn aufhalten, da erscheinen auch schon seine getippten Buchstaben.

„Du hast wahrscheinlich recht. Mach's gut."

Ich bin baff. *Ist das sein Ernst?! Was zum … Du hast wahrscheinlich recht. Mach's gut? Hallo?* Okay, wer so etwas antwortet, hat mich echt nicht verdient. *Das kann doch nicht wahr sein.* Wieder habe ich einen wütenden Feuerball in mir, mein Sodbrennen erinnert mich an den hohen Kaffeekonsum. *Fuck! Ich hab monatelang meine Zeit verschwendet! Wieso hab ich das so lange durchgezogen?!* Tränen laufen über mein Gesicht. Ich bin wütend auf Erik, aber noch wütender auf mich selbst. Und aus Wut wird Enttäuschung. Mein Leben verändert sich gerade, und ich bin nicht sicher, wie ich das finde. Es macht mir Angst. *Ich* mache mir Angst, *das Buch* macht mir Angst. *Ich werde es nicht weiterlesen! Aber jetzt melde ich mich auch für Freitag krank. Ich muss mich erst mal erholen.* Drei Tage darf ich das laut Arbeitsvertrag, ohne zum Arzt zu gehen – ein Glück. Und dann ist Wochenende. Den Kindle verbanne ich unter mein Kopfkissen und schlafe trotz der aufgewühlten Gefühle ein.

Freitag

Am nächsten Morgen bin ich früh wach und habe widersprüchliche Gedanken in meinem Kopf. Ich lese noch mal den knappen Nachrichtenverlauf zwischen Erik und mir.

Ist das gestern wirklich passiert? Oder habe ich das nur geträumt? Verdammt, da steht es ... schwarz auf weiß. Meine Wut brodelt erneut. *Vielleicht sollte ich versuchen, die Energie einfach loszuwerden?* Spontan ziehe ich mir meine Sportsachen an und starte meinen zweiten Joggingversuch mit Kapuzenpullover.

Heute läuft es schon ein wenig besser als am Mittwoch, und als ich später am Frühstückstisch sitze, bin ich stolz, dass ich es durchgezogen habe. Ansonsten fühle ich mich ein bisschen haltlos – einerseits habe ich Angst, weiterzulesen, bin aber gleichzeitig neugierig. Letztendlich mache ich es mir doch mit dem Kindle auf dem Sofa gemütlich.

Lektion 12
Ich hoffe, es geht Ihnen gut.

Stellen Sie sich vor, wie viele nervige Gespräche Sie nun nicht mehr führen müssen und wie viele tolle Unterhaltungen stattdessen in Ihr Leben kommen können. Tun Sie sich selbst einen Gefallen, und suchen Sie sich online eine geführte

Meditation mit dem Thema Loslassen. Hören Sie sich diese an und entspannen Sie.
   Lassen Sie los!

Hmm … na ja, ich spare mir jetzt zwar einen langweiligen, nervigen Netflixabend bei Erik, aber was soll ich stattdessen tun? Jetzt habe ich keine Ausrede mehr, Katja nicht zu sehen – also habe ich, statt eines nervigen Abends mit Erik, nun einen nervigen Abend mit Katja vor mir. Und keinen Sex mehr. Okay, es ist nicht so, dass der mit Erik wirklich vermissenswert war. Und jetzt kommen die auch noch mit Meditation. Also geht es jetzt in die Eso-Schiene? Dabei waren die Aufgaben bisher gar nicht schlecht, im Grunde haben sie mir sogar gutgetan. Ach, was soll's – was hab ich zu verlieren. Ich recherchiere ein wenig, höre mir verschiedene Stimmen an und entscheide mich für eine warme Frauenstimme. Bei der kann ich mir vorstellen, es wäre Franzi aus dem Copyshop, und ich kann mich leichter drauf einlassen.

Am Ende der geführten Meditation bin ich fix und fertig. Ich habe geheult wie ein Schlosshund – der unerwartete Emotionstsunami hat mich einfach weggespült. Doch es geht mir irgendwie gut. Erstaunlich, sonst weine ich nur, wenn ich wütend bin.

Lektion 13
Glückwunsch, Sie werden sich jetzt sicher um einiges leichter fühlen. Nun sind Sie bereit für die nächste Aufgabe.
Rechnen Sie zusammen, wie viel Geld Sie durch Ihr neues Leben im Monat sparen, und

überlegen Sie sich, wie Sie mit dem Geld Ihrem Traum näherkommen können.

Haben Sie eine Möglichkeit gefunden, tun Sie es!

Ich rechne sofort los und bin begeistert! Es ist exakt der Betrag, den ich für den Gesangsunterricht brauche, wenn ich einmal die Woche üben will. *Tun Sie es*, denke ich und rufe bei Maxi an, um einen neuen Termin zu vereinbaren. Sie freut sich, wieder von mir zu hören, und von nun an werde ich jeden Montag trällern und an meinem Traum arbeiten. Montag ist ab sofort kein Hasstag mehr, sondern kann sogar zum Lieblingstag werden. *Wie konnte ich nur so lange ohne dieses Buch leben?*

Lektion 14
Hand aufs Herz: Wie gesund leben Sie?
Sicher haben Sie schon mal den Spruch „Du bist was du isst" gehört, und sicher wissen Sie bereits, wie wichtig eine ausgewogene, vitaminreiche Ernährung für ein glückliches Leben ist. Also, bringen Sie gesunde Ernährung in Ihr Leben! Inspizieren Sie Ihren Kühlschrank! Was darin tut Ihrem Körper wirklich gut, und was könnten Sie durch gesündere Alternativen ersetzen?

Misten Sie Ihren Kühlschrank aus und kaufen Sie gesunde Lebensmittel!

Diese Autorin macht aber auch vor nichts Halt. Na gut, die Wahrheit wird keine schöne sein, aber es stimmt ja – ich bin in letzter Zeit viel zu ungesund unterwegs. Macht sich ja auch schon auf der Waage bemerkbar. Also tue ich, wie mir befohlen, lege alles in Katjas Kühlschrankfach und schreibe einen Zettel, dass ich ihr die Sachen schenke. Als Nächstes kaufe ich für mich neu ein, schnipple mir einen Obstsalat sowie Gemüse für eine Suppe und verbringe den Rest des Tages damit, mir gesunde Rezepte im Internet zu suchen.

Gegen fünf bekomme ich langsam Panik. Katja kommt gleich, und ich habe wirklich ganz ernsthaft keinen Nerv für sie. Ich überlege, den Abend einfach draußen zu verbringen, doch dafür ist es eigentlich zu kalt. *Bing!* Eine Nachricht von Katja. Als könnte sie meine Angst riechen. „Ich komme gleich nach Hause, bist du heute mal da?" Und schon habe ich mich warm angezogen und stehe unten vor der Tür, wo ich sehnsüchtig auf den eBay-Typen warte. Ich hoffe, ich komme noch schnell genug los.

Ein süßer Kerl mit dunkelbraunen Locken und dunklem Bart kommt auf mich zu, grüßt mich freundlich und schenkt mir ein warmes Lächeln. *Wow ... und diese Grübchen. Oh, supersüß, der würde mir gefallen – dieses Lächeln, Wahnsinn!* Ich sehe, wie er bei mir klingelt.

„Bist du der eBay-Typ?"

„Bist du das eBay-Mädchen?", fragt er zurück und grinst.

Ich lache. *Warum lache ich denn jetzt?!* Ich benehme mich auf einmal so komisch, dass ich es sogar selbst merke, und drücke ihm den Beutel mit den beiden Küchenmaschinen in die Hand. Dabei versuche ich, nicht auf seine vollen Lippen zu starren, die aussehen, als könnten sie wahnsinnig gut küssen. *Die sind bestimmt total weich ... Wahrscheinlich wäre ein Kuss mit ihm, als würde man mit einer Wolke tanzen.*

„Ach, bist du auch mal wieder da?!", flötet Katja, die gerade nach Hause kommt.

Kurzentschlossen hake ich mich beim eBay-Typen ein und trete die Flucht an. „Sorry, Katja, wir haben es eilig. Sind schon viel zu spät dran."

Verwirrt schaut sie mich an. Der Typ spielt zum Glück augenblicklich mit und tippt auf seine Armbanduhr. „Ja, es wird Zeit."

Ich winke, werfe Katja ein schiefes Lächeln zu, und schon sind wir weg. Als wir außer Hörweite sind, entschuldige ich mich bei ihm, und er lacht laut. Dann pruste auch ich los. *Was ist nur mit mir los? Ich benehme mich wirklich komisch.*

„Muss ich es erklären?", frage ich und hoffe auf ein Nein.

„Na ja, wenn du offenbar alles lieber tun würdest, als mit dieser Frau zu reden, kannst du mir auch helfen, Geschenkpapier zu besorgen und das Zeug einzupacken. Das wäre eine gute Entschädigung."

Inzwischen sind wir nicht mehr ineinander eingehakt, was ich schade finde. Aber ich stimme zu, und wir gehen zur Drogerie, die gleich bei mir um die Ecke ist. Auf dem Weg dorthin erzähle ich ihm von meiner Ausmistaktion und davon, dass mich ein Buch dazu gebracht hat. Er wirkt, als würde er zuhören und fragt sogar gelegentlich nach. Bin ich zwar absolut nicht gewohnt, gefällt mir aber. Ab und an betrachte ich ihn heimlich von der Seite. Er ist groß (das ist für mich allerdings fast jeder – ich bin nur 1,60 groß) und hat breite Schultern. In seinen Armen könnte ich mich beschützt fühlen …

„Ich bin übrigens Jakob, falls du irgendwann keine Lust mehr hast, mich eBay-Typ zu nennen."

„Ich bin Jule", stelle ich mich nun auch vor.

„Und was sagt dein Freund dazu, wenn du eng eingehakt mit einem anderen Kerl gesehen wirst?", wagt er sich vor.

Ziemlich plump, aber doch nett. „Mh … Den hab ich gestern Abend verlassen", antworte ich, während ich das kostenlose Geschenkpapier der Drogerie um meine alten Küchengeräte wickle.

„Oh, gehört das zu deiner Ausmistaktion?" Er wollte scherzen, doch als ich nicke, schaut er verwirrt drein.

„Der arme Kerl …", murmelt er.

„Oh, keine Sorge, dem geht's gut. Seine Antwort war: ‚Du hast wahrscheinlich recht. Mach's gut!'"

„Wie bitte?" Er ist sichtlich schockiert.

„Jep. Also wie ich ihn kenne, ist es ihm tatsächlich scheißegal."

„Und wie geht es dir damit?", fragt er und betrachtet mich von oben bis unten.

Ich bin unsicher, wann ich diese Frage das letzte Mal gestellt bekommen habe, ernsthaft gemeint zumindest. Es ist schön, dass sich jemand dafür interessiert.

„Ich bin nur traurig, dass ich jetzt *gar keine* Möglichkeit mehr habe, um meiner Mitbewohnerin zu entkommen." Mir ist klar, dass das schräg klingt, aber das ist tatsächlich gerade meine einzige Sorge.

„Na, wenn das so ist, dann … Magst du mir vielleicht bei noch einer Sache helfen? Du hast ja anscheinend heute Abend Zeit." Er streicht sich eine Locke hinters Ohr, die ihm immer wieder ins Gesicht fällt.

„Ähm … Tja, also, ich habe zumindest keine Ausrede, denke ich", stottere ich vor mich hin. *Ach, warum eigentlich nicht – schlimmer als zu Hause kann es nicht werden.*

Und schon eine Stunde später sitze ich mit elf anderen Leuten an einem großen Esstisch, um mich herum viel Lachen, Essen und noch mehr Lachen. Er hat mich tatsächlich zum Geburtstag seiner Mutter mitgenommen! Angeblich als Verstärkung, damit ihm seine Verwandten nicht wieder in den Ohren liegen, warum er mit seinen vierunddreißig Jahren noch immer solo ist, und dass er sich endlich eine Freundin suchen soll.

Seine Mum, Jana, ist einfach ein Goldstück. Sie hat so ein Leuchten in den Augen und niedliche Pausbäckchen. Wenn man sie lachen sieht, fühlt man sich sofort wohl. Ab und an merke ich, wie sie mich heimlich betrachtet, stets mit einem Lächeln auf den Lippen und zu unaufdringlich, um neugierig zu wirken. Wenn ich da an meine Familie denke – die hätten Jakob wahrscheinlich sofort ausgefragt und seine Kontoauszüge verlangt. Jana hat ein paar Pfund zu viel auf den Rippen, was sie aber irgendwie noch natürlicher wirken lässt. Nicht wie meine Oma, die nur aus Haut und Knochen besteht und sich schon ihr ganzes Leben lang jegliche Leckerei versagt. Jakobs Mutter scheint das Leben zu genießen und ist warmherzig und offen. Ich werde einfach so aufgenommen und akzeptiert, obwohl ich niemanden hier kenne und auch niemand etwas von mir weiß. *So fühlt sich also eine intakte Familie an.*

Lachend und leicht beschwipst schlendern wir in der Nacht nach Hause. Eingehakt. Als wir vor meiner Tür stehen, schaut er mir lange in die Augen. In meinem Bauch kribbelt es, und ich fühle mich wie ein Magnet von ihm angezogen.

„War ein sehr schöner Abend … Danke, dass du mitgekommen bist", sagt er leise.

„Ich fand's auch toll – also danke, dass du mich mitgenommen hast, Jakob." Ich spreche zum ersten Mal seinen Namen aus … fühlt sich weich an. Ich könnte diesen Namen die ganze Nacht lang sagen, und wer weiß? Vielleicht mache ich das einfach. Und schon wieder grinse ich. *Habe ich seit er herkam überhaupt mal damit aufgehört?* Wir umarmen uns, ich drehe mich weg und schließe die Tür auf. *Schade, ein Kuss wäre so toll gewesen.*

„Warte", sagt er.

Traut er sich doch?

„Das Geld …" Er hält mir einen Zehneuroschein entgegen.

Ich bin etwas enttäuscht, doch anständige Männer sind sicher nicht verkehrt.

„Stimmt so", antworte ich, ohne es zu nehmen, grinse wieder wie ein Honigkuchenpferd und gehe rein.

Ich habe Glück. Obwohl ich hochtorkle und es nicht schaffe, sonderlich leise zu sein, kommt Katja nicht aus ihrem Zimmer. *Sie schläft wohl schon oder ist unterwegs.* Beim Zähneputzen betrachte ich mich im Spiegel. *Okay, ich bin nicht ganz bei Verstand … aber bin ich irgendwie hübscher geworden? Ich glaube ja.*

Merkwürdig … Ach, Quatsch. Natürlich bin ich hübscher mit dem ganzen Sekt intus.

Ich krieche ins Bett, küsse meinen Kindle und lege ihn wieder unter mein Kopfkissen. „Jakob", flüstere ich noch ein paarmal, sehe seine haselnussbraunen Augen vor mir und schlafe mit dem Nachhall seines Lachens im Ohr ein.

Samstag

Ich wache mit leichten Kopfschmerzen auf – aber die nehme ich für den tollen Abend gern in Kauf. Ich lausche … und höre nichts. Katja ist sicher unterwegs, also stehe ich auf, mache mir Kaffee und gehe mit der vollen Tasse und meinem Obstsalat zurück ins Bett. Es wird Zeit für die nächste Lektion.

Lektion 15
Welche Baustellen gibt es noch in Ihrem Leben?
Gibt es Menschen, die Ihnen Ihre Kraft kosten, die Sie aber gernhaben? Man muss Menschen nicht immer gleich aus seinem Leben verbannen – manchmal hilft auch ein klärendes Gespräch, in dem Sie dem anderen deutlich machen, was Sie stört. Stehen Sie einfach zu sich selbst, zeigen Sie klar Ihre Grenzen auf und definieren Sie Ihren Umgang miteinander neu – das kann wahre Wunder bewirken.

Wie soll das denn gehen, frage ich mich, dann höre ich den Schlüssel. *Scheiße*, wenn die Lektion vom Teufel schreibt. Ich höre, wie Katja Schuhe und Jacke auszieht. Ich würde mich den Tag hier im Bett verkriechen, aber eigentlich will ich mich gar nicht ständig in meinem Zimmer verstecken. Es

ist unsere Wohnung. Wir stehen beide im Mietvertrag, also sollten wir hier auch beide tun und
lassen können, was wir wollen. Ich atme tief
durch und steige aus dem Bett. Noch einmal tief
Luft holen, dann öffne ich meine Tür.

„Hi Katja."

Sie sieht überrascht aus. Ich lächle verlegen, sie
lächelt zurück.

„Wir müssen reden", sage ich und biete an, uns
eine Kanne Tee zu kochen. Ich weiß zwar noch gar
nicht, was ich genau sagen soll, aber mir wird schon
was einfallen. Was mich alles stört, habe ich schließlich erst vor kurzem aufgeschrieben. Ich sollte es
nur etwas netter verpacken, und das fällt mir nach
dem gestrigen Abend leichter. Ich setze mich zu ihr
ins Wohnzimmer und bereite gedanklich meine
kleine Rede vor.

„Also, ich habe eine Menge zu sagen und hoffe,
dass du mich einfach aussprechen lässt, denn das
fällt mir jetzt echt schwer. Ich hab so was noch nie
gemacht."

Sie nickt und sieht ganz blass aus. Sie ist wahrscheinlich genauso aufgeregt wie ich, wenn nicht
sogar mehr, was mir leid tut.

„In letzter Zeit hat mich mein Leben sehr ange-
kotzt, und viele Dinge haben mich genervt. Das hat
zum Teil mit mir selbst zu tun und zum Teil mit
Dingen, die du tust. Ich habe mich vorgestern von
Erik getrennt, weil er mir nie wirklich was bedeutet
oder mir gutgetan hat, aber du hast das schon. Wir
waren mal so gute Freundinnen, ich habe dich gern,
aber in letzter Zeit könnte ich mich über so viele
Kleinigkeiten nur noch aufregen. Ich verstehe das

selbst nicht so ganz. Ich möchte dir jetzt sagen, was ich mir von dir wünsche, und hoffe, dass wir eine Einigung finden, denn ich will dich ungern verlieren. Aber ich will mich auch nicht mehr unwohl in meinen eigenen vier Wänden fühlen. Wenn du mich danach hasst, ist das aber dein gutes Recht …" Ich rede und rede und zähle alle Störfaktoren auf, dabei wechselt Katjas Gesichtsfarbe von Rot zu Weiß. Als eine Träne über ihre Wange rinnt, beende ich meinen Monolog. Das muss nur schwer auszuhalten sein.

„Darf ich jetzt auch was sagen?"

Entsetzt gucke ich sie an, doch ich kann es ihr schlecht verwehren, also nicke ich und hoffe, dass sie sich beim Verpacken ihrer Wörter ebenfalls Mühe gibt. Und sie gibt sich Mühe – zum Glück. Auch ich bin mal wütend, mal erschüttert, peinlich berührt, dann traurig. So lang fressen wir diese Sachen schon in uns rein – ist es vielleicht längst zu spät, um diese Freundschaft noch zu retten? Für Katja ist es nicht leicht, dass ich ständig schlechte Laune habe. Sie kann nicht verstehen, dass wir früher so viel Zeit zusammen verbracht haben und ich ihr jetzt nur noch aus dem Weg gehe. Außerdem sei ich penibel, wenn es um das Thema Sauberkeit geht. Na ja, ich kann mir schon vorstellen, dass das nicht einfach ist, und es stimmt ja … momentan stört mich einfach alles. Wenn ich nur an das Marmeladenmesser denke, könnte ich ausrasten, und eigentlich ist das ja nun wirklich nicht so wild, oder?

„Wollen wir versuchen, an uns zu arbeiten und Kompromisse zu finden?", frage ich vorsichtig. Vielleicht will sie mich ja gar nicht mehr als

Freundin – eine sonderlich gute war ich in der letzten Zeit ja nicht.

„Du hast recht … Ich würde es gern versuchen und mir Mühe geben, mehr im Haushalt zu machen", stimmt sie zu.

„Und ich werde versuchen, weniger schlechte Laune zu haben. Mich nervt das ja selbst."

„Aber weißt du, Jule, ich würde wirklich gern mehr Zeit mit dir verbringen, so wie früher." Katja schaut mich an, als hätte sie Angst, dass ich das ablehnen könnte.

„Lass uns das machen", sage ich und meine es in diesem Moment auch wirklich so. Ich bin erleichtert. „Ich will meine Ernährung umstellen. Was meinst du? Hast du Lust, bei meinem Projekt ‚Gesund essen' mitzumachen? Ich lese nämlich gerade ein Buch …", beginne ich und erzähle von dem „Buch deines Lebens."

Wir verbringen den ganzen Tag zusammen, stellen einen Haushaltsplan auf, und ich erzähle ihr vom Buch und meinem neuen Plan der gesunden Ernährung. Sie will mitmachen, und so haben wir wieder eine Gemeinsamkeit. Ich helfe ihr beim Ausmisten, wir suchen zusammen ein Rezept für den Abend aus, kaufen ein, kochen und essen zusammen, dazu eine Flasche Wein, fast wie in alten Tagen. Kann es wirklich so einfach sein? Beim Essen erzähle ich von Jakob und sie von ihrem ätzenden Freund Jörn. Wir nähern uns einander langsam wieder an, sodass ich beinahe vergesse, was hier in den letzten Wochen los war. Vor dem Schlafengehen beschließen wir, morgen zusammen auf den Flohmarkt zu gehen, und ich habe Jakob schon geschrieben, dass ich dann wieder Küchengeräte verkaufen werde. Er will uns besuchen kommen – schließlich braucht er noch Ostergeschenke. Ich freue mich an diesem Abend sehr, die nächste Lektion zu lesen, auch wenn ich glaube, das Wichtigste geschafft zu haben. Ich denke, ich bin den ersten Schritt in eine bessere Richtung gegangen, auch wenn noch eine Menge vor mir liegt.

Lektion 16
Sagen Sie sich in den kommenden Tagen immer wieder folgenden Satz:
Ich habe es verdient, glücklich zu sein!

Eine Träne rollt über mein Gesicht, und ich lächle. Ich bin glücklich – und ich habe es verdammt noch mal verdient, glücklich zu sein!

2. Teil

Mittwoch

Wie das Leben so spielt, habe ich ein paar Monate lang nicht mehr an das Buch gedacht. Das Leben hat mich ganz schön abgelenkt – frisch verliebt, die Gesangsstunden und das Üben in jeder freien Minute – doch ganz langsam hat sich der alte Trott wieder eingeschlichen. Ich bin zwar nicht mehr so unzufrieden wie damals, doch es gibt noch immer genug Baustellen, die bearbeitet werden wollen. Ich habe allerdings kaum noch Zeit, weil ich mich ständig mit Jakob treffe. Und ich will mich auch gar nicht beschweren – er ist großartig, und ich weiß, dass ich großes Glück hatte, ihn kennenzulernen. Er hört mir zu und interessiert sich für mich und mein Leben, für meine Gedanken und Wünsche. Wir lachen viel, und ständig überrascht er mich mit schönen Sachen. Er ist mein absoluter Traummann (auch wenn ich immer noch nicht weiß, wie ich an ein so wertvolles Exemplar Mann geraten bin, das mich anscheinend auch noch genauso gern hat wie ich es). Nur auf einmal war er irgendwie *immer* da.

Mit Katja lief es nur zwei Wochen richtig gut, aber weil ich auch danach noch mit Jakob auf rosa Wolken rumhüpfte, war mir diese negative Entwicklung die meiste Zeit egal. Es war, als umhüllten mich die Wolken mit einer Schutzschicht, die mich vor der Realität beschützte, sodass Katjas Aktionen einfach an mir abprallten.

Trotzdem habe ich das Gefühl, mich wieder selbst verloren oder immer noch nicht gefunden zu haben. Ich war aber in der Woche, in der ich das Buch gelesen, oder vielmehr das Buch gelebt habe, auf jeden Fall schon dabei mich zu finden. Dann sollte ich mir ein paar Tage lang sagen, dass ich es verdient habe, glücklich zu sein, und irgendwann dachte ich nicht mehr an den Satz. Ich war mit dem zufrieden, was ich bis dahin erreicht hatte, und ich habe mich wahrscheinlich auch zu sicher gefühlt. Ich dachte, jetzt, wo ich einen Teil des Buchs durchgearbeitet habe, müsste ich nicht weiter an mir arbeiten. Doch mit dem Erledigen einiger Aufgaben ist es eben nicht getan. Sobald man nicht mehr an sich arbeitet, entwickelt man sich auch nicht mehr weiter. Im Gegenteil – manchmal entwickelt man sich sogar wieder zurück. Blöd, dass es nicht ausreicht, das Buch zu lesen und danach ist alles gut. Aber wahrscheinlich wäre das zu einfach. Ich habe in den letzten Tagen nachgedacht und erkannt: Nicht das Buch muss mein Leben schöner machen, sondern ich. *So ein Mist …*

Nun sitze ich im Büro, Frau Schuster trinkt meinen Kaffee und grinst debil in ihren Bildschirm. Für gewöhnlich verheißt das nichts Gutes für mich.

„Frau Pieper!“

Ich wusste es. Sicher erfahre ich gleich den Grund für ihre Freude. Ich blicke von meinem Bildschirm auf und versuche mich an einem höflichen Lächeln, mein Gesicht ist jedoch steif wie nach einer Botoxbehandlung.

„Es tut mir wirklich sehr leid …", setzt Frau Schuster an.

Na, das kann ja heiter werden, wenn es dir schon „wirklich sehr leid" tut … Ich versuche, ganz normal zu wirken. *Keine Schwäche zeigen, Jule,* ermahne ich mich.

„Wir haben soeben die Zusage bekommen, dass wir die Ermittlungsakten des Falls Günzel gegen Yüksel abholen können. Wir dürfen sie jedoch nur für drei Tage behalten, und es sind ein paar mehr als angenommen."

Ich gucke sie an und warte auf eine konkrete Anweisung (nicht, dass ich nicht wüsste, was nun meine Aufgabe ist, aber ich will, dass sie es ausspricht).

„Herr Baldo bittet Sie, die Akten abzuholen und sofort mit dem Kopieren zu beginnen. Alle anderen Aufgaben können Sie mir übergeben – ich erledige in der Zeit Ihrer Abwesenheit das Wichtigste."

Ja, ich weiß, weil du das ja eh besser hinbekommst als ich.

„Sie dürfen das Auto von Herrn Baldo nehmen, und im Copyshop ist schon ein Platz für Sie reserviert." Sie schüttelt den Schlüssel vor meiner Nase, als wäre ich ein Hund und das mein Leckerli.

Dumme Kuh. Was sie jedoch nicht weiß, ist, dass ich eigentlich nichts lieber mache als stumpf zu kopieren – denn das muss ich bei Helmuth und Franzi tun, und das bedeutet, ich bin nicht hier. Mich wundert aber schon, dass sie so nett ist und ich auch noch mit dem Auto fahren darf. Aber ich stelle lieber keine Fragen, leite ihr meine Arbeitsaufträge weiter, schnappe mir Schlüssel und

Handtasche und verschwinde. *So kann gern jeder Morgen beginnen.* Ich lasse mir so viel Zeit, wie ich kann, schließlich will ich so wenig Zeit wie möglich in der Kanzlei verbringen. Ich kam beim Kopieren schon mal auf vier Stunden! Das war der Hammer. Da bleibt kaum noch Zeit für die nervigen Sachen. Das Beste aber ist, dass Frau Schuster denkt, sie schadet mir damit, dabei tut sie mir sogar einen Gefallen. *Herrlich.*

Das Auto vom Baldoarsch bin ich schon mal gefahren (ich sollte ein Weihnachtsgeschenk für seine Freundin abholen – ich hoffe, das steht später in meinem Arbeitszeugnis). Ach, nein, sogar zweimal (einmal sollte ich ihn und seine damalige Freundin zum Flughafen bringen und das Auto wieder mit zur Kanzlei nehmen). Jedenfalls ist mir der Mercedes nicht ganz unbekannt. *Sich einmal fühlen wie ein reicher Arsch …* Ich suche nach dem Auto. *Warum habe ich nicht nachgefragt, wo er geparkt hat, verdammt?!* Ich gehe die Straße hoch und wieder runter, bis ich den Schatz in einer Seitenstraße stehen sehe. Als ich davorstehe, ist mir schon ein bisschen mulmig. Ich habe seit einem Jahr kaum noch Gelegenheit zu fahren, weil ich kein Auto mehr habe. Der Unterhalt war zu teuer, einen Parkplatz findet man eh nie … (und ja, ich gebe es zu, ich hatte einen Unfall, sodass mein Lupo verschrottet werden musste. Es war ein Auffahrunfall, und mich traf keine Schuld, doch das sah die Polizei leider anders.)

Ich öffne das Auto mit einem angenehmen Piep, setze mich rein und stelle alles auf mich ein. Dann drehe ich das Radio auf und wechsle zu meinem Berliner Lieblingskanal „Fritz". *Hip-Hop muss ja nun wirklich nicht sein* … Endlich entspanne ich mich ein wenig. Mein aktuelles Lieblingslied läuft und erinnert mich an Jakob. Eine angenehme Frauenstimme singt von ihrem Lieblingsmenschen, bei dem sie sich bedankt, weil er sie so gut kennt. Ich singe lautstark mit und strahle über das ganze Gesicht. Meine Stimme ist viel schöner geworden, ich treffe die Töne besser und kann höher singen als früher. *Und all das dank eines kostenlosen Buchs, ohne das ich niemals zum Gesangsunterricht gegangen wäre.*

An das Buch muss ich seit heute Morgen immer wieder denken. Seit ich gesehen habe, wie der Baldoarsch für längere Zeit mit einer Akte auf der Toilette verschwand und dann tatsächlich die Frechheit besaß, sie mir danach auf den Tisch zu legen! Ich komme ja mit vielem klar, werde oft grundlos beschimpft, für Fehler angeklagt, die Lappalien sind, und so weiter, aber *das* ging wirklich zu weit. Er geht sein großes Geschäft machen (ich meine, was soll er da drin sonst so lang getrieben haben?!) und nimmt sich Akten mit, die ich danach anfassen muss? Da hätte ich am liebsten sofort gekündigt.

Ich gebe ins Navi das Amtsgericht Torstraße ein und parke aus. Schnell wieder mitsingen, bevor ich mich weiter aufrege. Morgen habe ich sicher vor lauter Ekel Herpes.

Als ich angekommen bin und aussteige, dröhnt mir ein Hupkonzert entgegen. Da hat wohl jemand geheiratet – nicht unüblich, dass die dann durch diese Gegend fahren. Es stinkt nach Abgasen, auf den Straßen liegt überall Dreck. Kippen, Kaugummis, Coladosen, McDonalds-Tüten … ein bunter Blumenstrauß aus Müll. Müllkonfetti.

Ich renne über die Straße, und ein ätzender Mercedesfahrer meint es nicht besonders gut mit mir – aber ich überlebe gerade so. Im Amtsgericht angekommen läuft mir ein Schauder über den Rücken. So oft ich schon hier war, mich überkommt jedes Mal aufs Neue Ehrfurcht, wenn ich das Gebäude betrete. Ich habe mir sogar fast dieselbe Lampe in den Wohnungsflur gehängt. Sie erinnert mich daran, dass ich *wirklich* Rechtsanwaltsfachangestellte bin, was mich schon ein klein wenig stolz macht. Eine runde, weiße Lampe ohne Schnickschnack – einfach nur eine Lampe. Ob die hier im Gericht auch von Ikea stammt? Etwas außer Atem durch meinen lebensrettenden Sprint muss ich erst mal zur Ruhe kommen. Ich krame in meiner Tasche. Noch mal versichern, dass ich auch wirklich meinen Ausweis dabeihabe. Dann gehe ich zu dem süßen Sicherheitsbeamten mit Glatze. Vor ein paar Monaten hat mir der gefallen, aber seit ich Jakob habe, achte ich kaum noch auf andere Männer. Nicht dass mir süße Typen nicht auffallen, aber sie interessieren mich nicht mehr. Trotzdem: er lächelt, ich werde rot. Er sagt, dass er meine Augen schön findet, ich will kotzen. *So einer bist du also ... schnell weitergehen.* Ich laufe mit noch immer erhitztem Gesicht die Treppen hoch, wodurch mir noch heißer wird. Ich will meine Jacke ausziehen, doch es ist zu spät: Meine Bluse ist unter den Armen nassgeschwitzt, und man kann es besonders gut erkennen – dunkelblaue Flecken auf Hellblau. Ich suche nach dem richtigen Raum, laufe weiter nach oben, bis mir ganz schwindelig wird. *Wie im Haus, das Verrückte macht, bei Asterix und Obelix.* Doch ich habe mehr Glück als meine Kinderhelden und finde das richtige Büro dann doch recht schnell.

„Sin' Sie die von Müller, Maier un' Baldo?"

Klingt wie eine Anklage, und ich überlege kurz, zu verneinen, komme aber noch rechtzeitig zur Besinnung.

„Ja, Pieper mein Name. Ich bin hier wegen der Akten zum Fall Günzel gegen Yüksel."

„Ja, und wie wär et mit 'n Wagn?"

„Mit was?" Ich bin doch mit dem Auto gekommen, aber was geht sie das an?

„Mit 'n Wagn. Wie wolln 'Se denn dit allet wechkriejn?" Die Frau im grauen Faltenrock und mit den rosa Lippen verdreht die Augen und zeigt neben mich.

Ich trete einen Schritt weiter in das Büro und halte den Atem an. Für gewöhnlich sind diese Zimmer mit Akten überfüllt, Ordnung ist hier ein Fremdwort, deshalb habe ich die riesen Ordnerstapel nicht wirklich registriert.

„Ach Jottchen, man hats Ihnen nich' jesacht? Schweinerei. Sie sin' wohl die neue Azubine da, wa'?"

Aufsteigende Tränen zeugen von meiner Wut, doch ich dränge sie zurück. *Azubine … tja, haben wir leider keine, was sich des Öfteren ungünstig auf mich auswirkt.* Aber das hier?! Das ist bisher die Krönung. Auf den ersten Blick kann ich nicht mal zählen, wie viele Ordner sich hier stapeln. Als hätte jemand eine Festung bauen wollen. Dass ich das kopieren muss, ist die eine Sache, aber dass mir Frau Schuster nicht mal Bescheid gesagt hat, was auf mich zukommt …
Wieder steigt Hitze in mir auf, ich bekomme keinen

Ton heraus und versuche mit aller Kraft, meine Fassung zurückzuerlangen.

„Na warten 'Se ma', ick such Ihnen 'nen Wagn, un' Sie bringn mir den dann einfach in drei Tagen wieder, ja? Wir kriejn dat schon hin."

Ich bin gerührt von der Hilfsbereitschaft dieser Frau, die im selben Moment den Raum verlässt. Schnell hole ich ein Taschentuch aus meiner Jeanstasche und schnäuze mich, als sie auch schon wieder hereinstürmt.

„Na, sehn 'Se, ick hab wat jefundn." Sie schiebt mir den Aktenwagen vor die Nase und setzt sich wieder an den Schreibtisch. Ein letzter mitleidiger Blick, und ich bin wieder auf mich allein gestellt. Tastaturklappern füllt den Raum, Frau Hilfsbereitschaft ist wieder tranceähnlich in ihre Arbeit vertieft.

Nützt ja nichts ... Also fange ich an, den Wagen mit Ordnern zu bestücken. So wie ich das abschätzen kann, muss ich das noch dreimal machen. *Aber wenigstens habe ich jetzt überhaupt einen Wagen,* versuche ich mich aufzumuntern. Als ich den Raum verlasse, stehe ich dann recht schnell ratlos vor den Treppen.

„Ach, warten Sie! Ich helfe Ihnen!" Eine junge Dame im schwarzen Hosenanzug nimmt mich mit dem Fahrstuhl mit (den können natürlich nur Angestellte nutzen), und dann eile ich mit den Akten hinaus. Ich stehe bestimmt fünf Minuten an der riesigen Kreuzung, in der Hoffnung, ohne Aktenchaos über die Straße zu kommen. *Würde mich jetzt jemand anfahren, wäre die Straße übersät von Blut und Papier. Blutpapierkonfetti ... Was bringt mein Hirn bloß für komische Gedanken zustande?!*

Endlich auf der anderen Straßenseite angekommen, räume ich alles ins Auto. Dann stehe ich erneut eine gefühlte Ewigkeit wartend rum, in der Hoffnung, bald die Straße überqueren zu können und am besten lebend auf der anderen Seite anzukommen. *Das wäre ein guter Zeitpunkt, um mit dem Rauchen anzufangen. Warum hab ich eigentlich nie angefangen? Dann könnte ich das hier als tolle Gelegenheit sehen, um der Sucht zu frönen ...*

Ich renne, schwitze und komme daraufhin samt Wagen erneut an dem Typen vorbei, der meine Augen so sexy findet.

„Kannst wohl nicht genug von mir bekommen, was Kleine?"

Ich unterdrücke meinen natürlichen Würgereflex und finde keinen netten Mitarbeiter, der mich samt Wagen hochfährt. *So bescheuert, dass man hier für den Fahrstuhl eine Schlüsselkarte braucht ...* Also hieve ich mich samt Wagen mühsam die Treppen hinauf. Und es sind viele Treppen. Muss wieder an Asterix und Obelix denken. Die Ehrfurcht ist verpufft. Dafür sind da Wut, und auch Verzweiflung setzt langsam ein. Um es mal ein wenig abzukürzen: Ich befülle den Wagen erneut, bin zu erschöpft, um gezielt auf die Suche nach jemanden zu gehen, der mich runterfährt, also warte ich zwölf Minuten, bis jemand vorbeikommt. Ich überlebe die Straße einmal mehr, auch auf dem Rückweg, komme wieder am sexy Glatzkopf vorbei (diesmal spart er sich einen Spruch und guckt nur noch blöd). *Ob er gecheckt hat, dass seine Flirtmethoden ganz und gar nicht mein Ding sind?* Ich fahre mit dem Fahrstuhl nach oben, danke dem netten Mitarbeiter (okay, so nett nun auch wieder nicht, ich habe gebettelt und ein Augenrollen hinnehmen müssen), belade oben den Wagen, fahre mit einem anderen Angestellten wieder runter. Als ich aus dem Fahrstuhl eile, als würde mein Leben davon abhängen, stellt sich mir der Glatzkopf in den Weg. *Was denn nun schon wieder?* Er drückt mir einen Zettel in die Hand und grinst dabei debil vor sich hin.

„Tschüss …", murmle ich nur und verschwinde. Draußen angekommen sehe ich, dass er mir seine Nummer und seinen Namen auf den Zettel geschrieben hat. *Tja, Thomas … das wird leider nichts mit uns.* Ich will den Gehweg aber nicht noch mehr verschmutzen, also werde ich den Zettel später im Copyshop wegschmeißen.

Als ich endlich im Auto sitze, atme ich auf. *Geschafft.* Ich bin völlig verschwitzt, mit den Nerven am Ende und zu müde, um mir einen Racheplan auszudenken. Aber das Grauen erfasst mich schnell wieder – als mir einfällt, dass der Stress jetzt erst so richtig losgeht. Drei Tage Dauerkopieren, inklusive Überstunden, Kopfschmerzen und Rachegedanken.

Der Copyshop ist in der Straße, in der das Baldo-Auto geparkt war. Der Mercedes platzt aus allen Nähten, in „Tetris" war ich noch nie gut. Aber dafür bin ich eigentlich ganz stolz auf mein Meisterwerk. Die Frage ist nur: Wie soll ich jetzt anfangen? Zum Glück habe ich den klappbaren Aktenwagen, sodass ich die erste Ladung wenig später zum Copyshop rolle. Ich liebe diesen Laden, vor allem die Mitarbeiter Franzi und Helmuth.

„Hey, Jule. Schön, dass du da bist", werde ich freundlich begrüßt.

Es ist hier ein bisschen wie in einem Waschsalon. Man kann die lustigsten Menschen treffen, aber auch die tiefgründigsten Gespräche führen. Neben Helmuth und Franzi, die ich so motivierend finde, arbeitet hier noch Klaus, der Chef, der eigentlich auch ganz nett ist. Eigentlich. Er ist Alkoholiker und kann wegen eines Magengeschwürs keinen Kaffee mehr trinken. Also mischt er seinen Wodka jetzt mit Kamillentee. Wäre er nicht der Chef, hätte man ihn wahrscheinlich längst gefeuert. Ich bin immer wieder erstaunt, wie Menschen sich durch Alkohol verändern können. Je mehr er intus hat, desto öfter habe ich eine Hand auf dem Arsch. Ekelhaft. Lieber würde ich eine Nacktschnecke essen, als so etwas ertragen zu müssen. Doch was will man machen, man kann ja fremden Menschen schlecht sagen, dass sie mal ihren Alkoholkonsum überdenken sollten, oder? *Hoffentlich ist er nicht da.*

Franzi und Helmuth umarmen mich, als wären wir seit Kindestagen befreundet, was ich immer ein wenig komisch finde, aber irgendwie auch nett.

„Wir haben schon von deinem Schicksal gehört", sagt Franzi, und meine Laune sinkt wieder um ein paar Etagen.

„Du kannst an die Fünf, Joseph erwartet dich schon." Sie zeigt auf einen Kopierer in der linken Ecke – dort hat man mehr Ruhe und einen Stuhl. Lieb, dass sie den für mich reserviert haben. Joseph ist übrigens der Kopierer – die haben hier alle einen Namen. Ja, der Laden ist auf eine liebenswürdige Art komisch.

„Boah, das musst du alles kopieren?", fragt Franzi entsetzt, als sie zu mir kommt.

„Haha … rechne noch zwei Ladungen drauf, und du kennst mein Pensum."

„Im Ernst?" Franzi stemmt ihre bunt tätowierten Arme in die Hüften.

Ich habe Frauen mit Tattoos schon immer bewundert, denn ich finde diese Art von Körperverzierung wunderschön und auch mutig. Sie lassen eine Frau so stark erscheinen, aber ich selbst bin viel zu unkreativ. Mir fällt kein Motiv ein, das mir auch zwei Tage später noch gefallen würde. Franzis gesamten linken Arm zieren blaue, rote und grüne Blumen, die Ranken winden sich bis unter den T-Shirt-Ärmel. Dazu trägt sie eine weiße, kurzärmelige Bluse – eine rattenscharfe Kombi. Weil sie Hotpants trägt, kann ich auf ihrem rechten Bein einen riesigen Baum bewundern. Das ist wirklich das schönste Tattoo, das ich je gesehen habe, und das sage ich ihr auch jedes Mal, wenn ich es sehe. So viel Mut muss man erst mal haben. Ich hätte viel zu viel Angst vor den Schmerzen, und doch frage ich mich, warum ich so was damals nicht als einen meiner Wünsche/Träume aufgeschrieben habe. *Hätte ich bloß den Mut und eine schöne Idee für ein Tattoo … und natürlich auch das Geld.*

„Ich bring dir erst mal einen Kaffee."

Ein Service, den hier kein anderer Kunde bekommt, soweit ich weiß. Darauf bin ich fast so stolz wie auf mein Abitur. Okay, ich gebe zu, ich neige zu Übertreibungen, aber meine Stimmung hebt sich tatsächlich wieder etwas. *So, jetzt muss ich aber endlich anfangen,* mahne ich mich und räume alle Akten in eine Ecke. Ich brauche ein System, also werde ich alle kopierten Sachen in den Wagen legen, damit ich meinen Erfolg direkt sehen und dann rausschieben kann. Nur doof, dass dort gerade noch gähnende Leere herrscht. Ich füge mich meinem Schicksal und beginne zu kopieren. Es hat am Anfang fast etwas Meditatives. Das Surren und Fiepen der Kopierer und das Geräusch, wenn die Blätter aus dem Drucker schießen, ist genauso beruhigend für mich wie das Rauschen von Geschirrspülern und Waschmaschinen.

Aber nach den ersten drei dicken Ordnern habe ich das Gefühl, dass mein Hirn nur noch eine matschige Masse ist. Das Schlimmste ist, dass es wirklich ewig dauert. Man kann nicht einfach alle Blätter in den Kopierer legen, warten und wieder einheften, nein, man muss jedes Blatt einzeln einlegen, weil ständig Seiten zusammengetackert sind oder Knicke und Risse haben, die einen Papierstau nach dem anderen provozieren würden.

Ich finde es immer wieder spannend, welche Menschen hier in den Laden kommen. Eben war ein perfekt gestylter Geschäftsmann da, der seine Bewerbungen kopiert hat. Nun ja, ich konnte auf seinen Lebenslauf spicken, und wenn er diese Bewerbungen wirklich abgibt, wird er den Job wohl nicht bekommen. Er hat acht Jahre BWL studiert, sechs Monate ein Freiwilligenjahr im Ausland absolviert und war dann ein Jahr zur „Findungsphase" in Australien. Er bewirbt sich bei SAP, einem riesigen Softwarehersteller, hat keinerlei berufliche Erfahrung, außer auf dem Himbeerfeld in seinem Auslandsjahr und ein Schulpraktikum in einer Apotheke. *Lieber Herr Businessman, wie ich Sie einschätze, rechnen Sie es sich auch noch hoch an, wenn*

Sie es schaffen, pünktlich zu sein und mal eine Überstunde zu machen. Schon witzig. Aber genug über andere gelästert. Was mache ich denn mit meinem Leben? Ich kopiere Akten. Und um ehrlich zu sein, bin ich einfach bloß neidisch. Ich habe mich nie getraut, mich für ein Studium zu bewerben. Ich komme aus der Arbeiterschicht, also habe ich mir einen anständigen Ausbildungsplatz gesucht, und im Ausland war ich bisher auch noch nie, wenn man Mallorca und Italien mal außen vor lässt. Ich habe einfach nicht den Mut (geschweige denn das Geld), und nun sitze ich hier, mit meinem anständigen Brotjob, kopiere Akten und bin gefrustet. Und der Typ hat sein ganzes Leben lang nur gechillt und trotzdem Kohle für so einen schicken Anzug. *Was mache ich nur verkehrt?*

„Jule, wo bist du denn mit deinen Gedanken?" Helmuth steht vor mir, und ich schreie auf vor Schreck (ich sagte ja, dass ich sehr schreckhaft bin).

„Ich hab geträumt, sorry." *Warum entschuldige ich mich schon wieder? Ich muss damit aufhören. Warum sage ich schon wieder* muss? *Ich will das Wort „muss" aus meinem Wortschatz streichen.*

„Das hab ich gemerkt. Wovon träumst du denn?"

Ich betrachte Helmuth und überlege, ob ich ihm die Wahrheit sagen kann. Ich möchte nicht neidisch oder missmutig klingen, aber er hat schon die ein oder andere spirituelle Weisheit rausgehauen, die mich zum Nachdenken brachte. Wenn ich mich mit ihm unterhalte, habe ich danach oft einen anderen Blickwinkel auf die Dinge.

„Na ja, ich habe mich gefragt, wieso die einen ein tolles Leben führen und die anderen nicht?

Wieso verdienen die einen einen Haufen Schotter und die anderen arbeiten zum Beispiel in einem Copyshop?" Als ich es ausgesprochen habe, werde ich auch schon rot. *Ich habe ihn gerade degradiert, nur weil er in einem Kopierladen arbeitet. Scheiße!* Mir wird noch heißer, doch ich kann nicht noch mehr ausziehen. „Tut mir leid", schiebe ich schnell hinterher.

„Ist schon gut", beruhigt er mich. „Du denkst also, ein tolles Leben bedeutet, einen Haufen Schotter zu verdienen?" Er streicht sich seine grauen Dreadlocks hinters Ohr.

Ach Mist, so hab ich das natürlich nicht gemeint. Geld ist nicht alles. Das weiß ich doch. Hätte ich bloß nichts gesagt.

„Ich meine eigentlich … Also was ich damit sagen wollte …" Ich wedle mit meinen Händen und suche nach Worten.

Helmuth kommt einen Schritt näher.

„Jule, mach mal die Augen zu und atme zehnmal tief ein und aus."

Das kenne ich schon, so hat er mich schon oft dazu gebracht, wieder klarer zu denken. Ich schließe also die Augen, er hält meine Hände und atmet mit mir. *Was die Leute jetzt wohl denken?* Aber nachdem wir bis zehn gezählt haben, geht es mir wirklich ein wenig besser, und ich bin nicht mehr so durcheinander. Ich staune immer wieder darüber und nehme mir zum hundertsten Mal vor, das in meinen Alltag zu integrieren.

„Besser?"

„Ja."

„Magst du mir, oder besser gesagt *dir selbst*, ein paar Fragen beantworten?"

„Klar", sage ich, ohne nachzudenken. Helmuth schafft es fast immer, mir etwas vor Augen zu führen, was ich wochenlang lieber verdrängt habe.

„Was genau läuft in deinem Leben denn gerade falsch? Was möchtest du verändern?"

Ich kratze mich nervös am Hals und überlege, was ich darauf antworten könnte.

„Na ja, warum muss ich denn immer diese dämlichen Akten kopieren?"

„Dir macht es Spaß, und du bist gern hier."

„Ja, aber es geht ums Prinzip. Und ich kopiere gern mal ein paar Akten, aber nicht gleich ein paar Millionen."

„Na, so viele sind es ja nun auch nicht. Würdest du gerade lieber in der Kanzlei sitzen?"

„Nein", gebe ich kleinlaut zu.

„Warum nicht?"

Ich starre auf seine braune, flauschige Stoffhose und sein bequemes T-Shirt und bin schon wieder neidisch, weil ich so eine dämliche Bluse tragen muss.

„Weil ich da auch immer nur bescheuerte Aufgaben bekomme. Ich muss die Post machen, Schriftsätze nach Diktat tippen und dabei das Geschmatze der blöden Anwälte ausblenden. Ich muss ständig irgendwelche Privatsachen erledigen, wie Flüge buchen, und einfach nur stumpf Kopien an Mandanten schicken. Ah, und ich muss ans Telefon gehen, damit Frau Schuster in Ruhe arbeiten kann. Das nervt doch. Wieso traut mir denn keiner was zu?" Da war es wieder, ganz viel „Muss". *Wollte ich das nicht noch vor wenigen Minuten aus meinem Sprachschatz streichen?*

„Gib mir ein konkretes Beispiel!"

Ich überlege. „Letzte Woche zum Beispiel, da wollte Herr Müller, dass ich einen Schriftsatz fertig mache. Er meinte, ich wäre schon lang genug da, und Frau Schuster hätte so viel zu tun, dass ich es mal versuchen sollte."

„Und was ist dann passiert?"

„Ich habe angefangen, und dann kam er nach ein paar Stunden und meinte, Frau Schuster habe jetzt doch Zeit, sie solle es machen."

„Was glaubst du, warum er das gemacht hat?"

„Weil er denkt, sie macht es besser ... keine Ahnung – weil ich ihm zu langsam war? Weil ich es nicht gut genug kann."

„Und stimmt es?"

„Natürlich stimmt es, ich habe es ja nie wirklich gelernt."

„Aber du möchtest?"

„Na klar! Ich hab keine Lust, nur die Lehrlingsaufgaben zu machen. Ich bin ausgelernt!" Meine Stimme wird lauter.

„Und warum forderst du es dann nicht ein?"

Verblüfft starre ich ihn an.

„Wie meinst du das?"

„Warum gehst du nicht zu Frau Schuster und bittest sie um Hilfe?"

„Weil sie mich nicht leiden kann."

„Oder zu einem deiner Chefs? Die haben doch auch was davon, wenn du das kannst und sie dir mehr Aufgaben geben können."

„Ich kann doch nicht zu meinen Chefs gehen und sagen, dass sie mir was beibringen sollen. Die haben doch Besseres zu tun."

„Deine Chefs hätten dir das sogar längst beibringen sollen, aber vielleicht wissen sie nicht, dass du das willst, weil du immer nur mies gelaunt durchs Büro marschierst und dich still und leise mit den Lehrlingsaufgaben zufriedengibst."

„Aber dann bekommen sie ja mit, dass ich das alles nicht kann, was ich längst können sollte."

„Ja, aber besser jetzt, als in zwei Jahren. Außerdem liegt der Fehler nicht bei dir. Sie wären dafür verantwortlich gewesen, dir alles beizubringen, was zu deiner Ausbildung gehört. Da haben sie es versäumt. Doch manchmal muss man eben selbst den ersten Schritt machen und signalisieren, dass man eine Veränderung möchte. Deine Chefs sind ja schließlich keine Unmenschen."

Hast du 'ne Ahnung. Wenn du sie kennenlernen würdest, würdest du das ganz schnell wieder zurücknehmen. Damit lässt er mich stehen und geht zu einer in Panik geratenen Studentin, die mit einem Papierstau kämpft.

Ich weiß nicht so recht, was ich davon halten soll. Und wieso glaubt er, dass ich miesgelaunt durchs Büro marschiere? Ich lasse die letzten Wochen und Monate Revue passieren und sehe ein, dass da schon etwas dran sein könnte. *Ich bin jetzt schon ein Jahr ausgelernt und habe wirklich nie erwähnt, dass ich gern mehr können würde. Vielleicht würden sie dann sogar eine neue Auszubildende einstellen? Davon hätten ja wirklich alle etwas … vor allem weniger Stress. Aber zuzugeben, dass ich keine Ahnung von meinem Job habe, ist mir viel zu peinlich. Am Ende feuern sie mich noch. Wobei das vielleicht auch nicht das größte Problem der Welt wäre … Andererseits, wie soll ich denn woanders*

einen Job finden, wenn ich ihn gar nicht richtig kann?
Ach Menno.

„Ich mach Pause, kommst du mit?" Franzi steht hinter mir und grinst mich an.

„Nee, sonst werde ich hier nie fertig."

„Ach komm schon, deine Frau Schuster macht sicher auch mal eine Pause, wenn viel zu tun ist." Sie weiß genau, welche Hebel zu drücken sind. „Und ohne Pause kopierst du am Ende noch falsch. Nicht, dass du von vorne anfangen musst." Sie zwinkert.

Ich gebe mich geschlagen, schnappe mir meine Tasche und gehe mit ihr aus dem Laden.

Weil Franzi keine tierischen Produkte isst, gehen wir vegane Burger essen. Hätte ich mir denken können – irgendwie passt das zu ihr. Noch etwas, das ich an anderen bewundere, aber selbst nie könnte. Ein Leben ohne Käse? Niemals! Doch die Burger schmecken erstaunlich gut, und ich bin beeindruckt.

„Was ist denn eigentlich aus diesem geheimnisvollen Buch geworden?"

Das Buch. Da war es wieder. Ist doch irgendwie gruselig, dass ich heute schon den ganzen Tag daran denke, und jetzt fragt Franzi auch noch danach.

„Nun ja …" Ich räuspere mich. Es ist mir irgendwie unangenehm, dass ich etwas, von dem ich eine ganze Woche superbegeistert war, von heute auf morgen nicht mehr angesehen habe. „Ich hab es irgendwie aus den Augen verloren. Mit Katja lief es ganz okay, dann ist da noch Jakob, und ich gehe einmal die Woche zum Gesangsunterricht. Das hat mir irgendwie gereicht."

„Aber wie ist es jetzt?"

„Jetzt bin ich schon wieder irgendwie unzufrieden."

„Das ist alles Chemie. Der erste verliebte Rausch lässt einen auch die anderen Lebensbereiche durch die rosarote Brille sehen. Und jetzt ist der erste intensive Rausch vorbei, und die alten Probleme kommen wieder zum Vorschein."

„Ich habe heute auch schon den ganzen Tag an das Buch gedacht, dabei hatte ich es wochenlang vergessen."

„Na, dann weißt du ja, was du zu tun hast."

„Ja, aber wann soll ich das denn lesen? Ich werde heute sicher bis acht bei euch sitzen, um auch nur ansatzweise fertig zu werden, und danach bin ich mit Jakob verabredet."

Franzi beißt in ihren Burger und schaut mir nachdenklich in die Augen. Ich weiß nicht, ob sie nach einer Antwort sucht, oder ob ich von selbst darauf kommen soll. Nachdem sie den Bissen runtergeschluckt hat, sagt sie: „Du musst wissen, was du willst."

„Ja, ich möchte in dem Buch lesen … Ich möchte aber auch Jakob sehen. Das ist gar nicht so einfach. Und ich möchte definitiv *nicht* bis um acht im Kopierladen stehen und arbeiten."

„Es steht nirgendwo geschrieben, dass du Überstunden machen musst, um zu kopieren. Wenn deine Anwälte wollen, dass du das schaffst, müssen sie dir eben helfen. Doch dafür musst du um Hilfe bitten."

Schon wieder so ein Lebensratschlag. Manchmal frage ich mich, ob die Kopiermannschaft nicht eigentlich eine Inkognito-Therapeutengruppe ist.

„Und wer erledigt dann die Aufgaben im Büro?" Ich bin mir sicher, jetzt hat sie keine kluge Antwort parat.

„Jule, das ist doch nicht dein Problem. Wenn sie nicht genug Leute angestellt haben, müssen sie das eben nachholen. Und wenn es nicht so schnell geht, müssen sie selbst dazukommen und mitkopieren. Sie sind die Chefs und werden dementsprechend bezahlt, also hör auf, deren Job zu übernehmen."

Mist. Das klingt wirklich überzeugend. Aber Frau Schuster um Hilfe zu bitten, kommt mir wirklich etwas albern vor.

„Ich denke darüber nach. Was ist eigentlich mit Klaus? Wieso ist der nicht da?" Ich lenke ab, habe keine Lust mehr auf das Thema. Über solche Sachen muss ich in Ruhe nachdenken.

„Ach ja …", seufzt sie. „Es wurde immer schlimmer mit ihm im Laden. Er war von Tag zu Tag etwas früher nicht mehr zu gebrauchen. Und als seine Frau ihn verlassen hat, ist er einfach durchgedreht … er hat die Kontrolle verloren. Eines Morgens haben wir ihn splitterfasernackt auf dem Boden im Laden gefunden. Überall lagen Kopien von seinem Hintern und seinem Penis rum. Auf einen der Kopierer hatte er draufgekotzt und das dann auch kopiert. Du glaubst gar nicht, wie brutal das gestunken hat. Helmuth wollte ihm seine Sachen geben, aber sie waren nirgends zu finden. Wir mussten später öffnen, sehr zum Ärger der Kunden, aber so hätten wir niemanden reinlassen können. Wir haben ihn erst mal in eine Decke gewickelt, und zum Glück hatte Helmuth noch ein paar Sachen von sich im Auto, weil er bei Jens übernachtet hatte. Wir haben Klaus ausnüchtern lassen und derweil den Laden geschrubbt. Den vollgekotzten Kopierer mussten wir natürlich entsorgen." Franzis Stimme klingt belegt. Sie schiebt ihren Teller von sich. Das Thema hat ihr wohl den Appetit verdorben. „Na ja, und als er wach wurde, haben wir mit ihm geredet. Wir haben ihm gesagt, wie wir ihn gefunden haben. War ihm alles total peinlich. Aber er hat gar nicht mehr versucht, etwas runterzuspielen, wie er das sonst getan hat, wenn wir seinen Alkoholkonsum angesprochen hatten. Er hat geweint wie ein Baby, und wir haben ihn zusammen zur Entgiftung gebracht. Helmuths Partner ist trockener Alkoholiker, von daher weiß Helmuth ziemlich gut Bescheid, wie das alles funktioniert."

„Und da kann man einfach ohne Anmeldung hin?"

„Jens hat ein paar Knöpfe gedrückt, sodass Klaus auf die beste Entgiftungsstation in Berlin konnte, aber ja, das geht auch so – nur eben woanders. Es gibt welche, die schon an die sechzig Mal in so einer Entgiftung waren. Die nehmen das nicht ernst genug, wollen nur eine warme Bleibe und was zu essen. Oft haben die ja kein Geld mehr."

„Aber ich denke, das ist eine Krankheit. Vielleicht *schaffen* sie es auch einfach nicht."

„Jule, ganz ehrlich. Wer sechzig Mal in einer Entgiftung war, der hatte nie ernsthaft vor, es zu schaffen. Ist die gleiche Kategorie wie Menschen, die ständig jammern, aber nichts ändern."

Ich schweige.

„Jedenfalls ist er nach der Entgiftung direkt in eine Entwöhnungseinrichtung gekommen. Dort bleibt er erst mal eine Weile."

„Und wie geht es ihm?" Ich habe nun doch großes Mitleid. *Erst verlässt ihn seine Frau ... Wobei, wenn er so viel trinkt, auch kein Wunder, und dann so ein Tiefpunkt vor den Angestellten. Zum Glück ist er der Chef und kann sich nicht selbst feuern.*

„Ganz gut. Er ist endlich wieder der Alte, der immer einen lustigen Spruch auf den Lippen hat. Seine Frau gibt ihm auch noch eine Chance. Neulich hat er gesagt, er ist froh, dort zu sein. Wir haben ihn schon zweimal besucht."

Das wäre für mich undenkbar. Wenn einer meiner Chefs krank wäre, würde ich ihn nicht besuchen. Aber Klaus hat viel für die beiden getan. Franzi hatte damals keinen Job, war aus Halle nach Berlin von ihren Eltern abgehauen, frische siebzehn, und keinen Cent in der Tasche. Da ist sie Klaus über den Weg gelaufen, und der hat sie unter seine Fittiche genommen. Eine Weile hat sie bei ihm und seiner Frau gewohnt, die Schule nachgeholt und bei ihm im Laden angefangen. Jetzt studiert sie sogar und wohnt in einer WG. Franzi steht auf eigenen Beinen und führt ein mutiges Leben, und für das hat ihr Klaus viel Selbstvertrauen mit auf den Weg gegeben. Auch Helmuth hat ihr mit seinen spirituellen Lehren viel beigebracht. Also um ehrlich zu sein: So ein enges Verhältnis möchte ich zu meinen Chefs gar nicht haben.

„Wenn du willst, kannst du mitkommen. Wir fahren Samstag mal vorbei."

„Ähm ... und was soll ich da?" Ihre Frage hat mich aus dem Konzept gebracht.

„Na, ihn besuchen, schauen, wie es ihm so geht. Er freut sich bestimmt über dich. Vielleicht erzählst du ihm von deinem Buch."

Die Bedienung räumt unseren Tisch ab, und ich schaue auf die Uhr.

„Kannst ja mal drüber nachdenken."

Damit ist das Thema beendet, und wir machen uns auf den Weg zurück.

Beim Kopieren denke ich noch mal über Franzis und Helmuths Worte nach. *Jammere ich viel? Laufe ich missgelaunt durchs Leben? Und wenn ich so schlimm bin, warum mögen sie mich dann ... oder tun sie nur so? Es ist als Außenstehende schließlich leicht, mir zu raten, dass ich mich bei meinen Chefs beschweren oder um Hilfe bitten soll. Von heute auf morgen kann ich so was jedenfalls nicht ändern, auch wenn ich es noch so gern wollte.*

Das Klingeln meines Handys reißt mich aus meinen Gedanken. Jakob.

„Wo bleibst du denn?", wundert er sich.

Mist, ich habe doch tatsächlich die Zeit vergessen. Ich war hin- und hergerissen, ob ich jetzt Überstunden mache oder nicht, und beim Grübeln hat sich die Frage wohl von selbst erledigt. Es ist schon kurz nach 19 Uhr – eigentlich waren wir um halb sieben bei mir zum Kochen verabredet. Mit Katja und ihrem Freund. Jakob kann Katjas Partner überhaupt nicht ausstehen, und es war harte Arbeit, ihn dazu zu überreden. Um ehrlich zu sein, mag ich den Typen auch nicht, aber ich wollte Katja einen Gefallen tun. Ihr ist es wichtig, dass ich Jörn mag –

wieder so eine Sache, die ich mache, nur weil ich nicht Nein sagen kann.

„Jule?", erinnert mich seine Frage daran, dass ich noch keinen Ton gesprochen habe.

„Tut mir leid, ich weiß nicht, wie das passieren konnte, aber ich mache jetzt sofort Feierabend", stammle ich.

„Du bist noch im Büro?!"

„Nicht so ganz. Ich bin im Copyshop, erzähl dir alles später."

„Ich hab sooo Hunger! Können wir nicht endlich anfangen?", höre ich Katja im Hintergrund jammern.

„Tja, also Katja will nicht länger warten."

„Ja, fangt ruhig schon an. Ich komme sofort." Was so viel bedeutet wie, dass ich in einer halben Stunde da bin. Ich lege auf.

„Frau Pieper."

Was denn jetzt schon wieder? Erschrocken drehe ich mich um und blicke in Herrn Baldos Gesicht.

„Wann wollten Sie mir eigentlich meinen Autoschlüssel zurückgeben?"

Mist. Wie konnte ich das denn vergessen?

„Stattdessen telefonieren Sie während der Arbeitszeit?"

Um genau zu sein, ist meine Arbeitszeit seit über einer Stunde vorbei, doch die Antwort klemm ich mir lieber.

„Tut mir leid", stammle ich schon wieder und verfluche mich dafür. Ich krame in meiner Handtasche nach dem Schlüssel und überreiche ihm diesen mit hochrotem Kopf. Meckernd verlässt er den Copyshop, und ich spüre Franzis und Helmuths

Blicke förmlich. *Ja, da könnt ihr mal sehen, wen ich hier um Hilfe bitten soll. Den hat nicht mal interessiert, dass ich hier immer noch mit einem Riesenberg Akten stehe.* Und dann wird mir klar, dass ich nun gar keinen Lagerort für die Akten habe, denn das Auto ist ja jetzt weg. Glücklicherweise bietet mir Helmuth an, sie hier im Copyshop zu lassen, und zum Glück macht der Laden nicht vor neun Uhr auf, sodass ich gar nicht erst auf die Idee kommen kann, früher anzufangen, um fertig zu werden. Ich mache Feierabend und hetze nach Hause. Natürlich verpasse ich die Tram, und natürlich trudle ich deshalb erst kurz nach Acht zu Hause ein. Jakobs Laune ist nicht die beste. Er ist eigentlich ein sehr gelassener Typ, aber Jörn scheint ihn an den Rand der Verzweiflung getrieben zu haben.

„Hey Schatz", begrüße ich ihn mit einem Kuss und drücke ihm seine Lieblingsschokolade in die Hand. Eine kleine Entschuldigung, die ich teuer im Späti gekauft habe, um nicht noch einen Umweg machen zu müssen – das hätte sich ja wieder auf die Zeit ausgewirkt. „Tut mir wirklich total leid." Ich erzähle den Dreien von meinem Tag und schnappe mir dabei einen Lappen, um den Saustall in der Küche zu beseitigen. Ich war ja gleich für Tiefkühlpizza, weil Pizza selbst zu machen einfach ein Riesenaufwand ist, aber mit meinem schlechten Gewissen sage ich einfach nichts. Schließlich haben sie alles allein gemacht, und ich komme nur noch rechtzeitig zum Essen. Ist auch nicht die feine Art.

Während des Essens sehen wir uns gemeinsam einen Film an. Da Katja und Jörn den Streifen ausgesucht haben, ist es eine Komödie. Es geht um

Männer und ihren Kater – kein Tiefsinn. Ich höre gar nicht hin und nutze die Zeit, um mit Jakob zu kuscheln, der ebenfalls nicht sonderlich begeistert von dem Film ist und nach dem Essen einschläft. Ich bekomme gar nicht genug von seinem leisen Schnarchen, ganz anders als bei Erik damals. Der hatte so eklig geschnarcht, dass ich nie zur Ruhe kam, total genervt und morgens übelst gerädert war. Wie oft habe ich damals nachts wach gelegen, über uns nachgedacht und mich verflucht. Aber jetzt: Wenn ich abends nicht schlafen kann, hilft mir Jakobs Atem, mich zu beruhigen, und ich bin glücklich, dass er neben mir liegt. Mir glaubt das immer keiner, aber wenn ich ihn schnarchen höre, weiß ich, dass er da ist und ich nicht mehr allein bin.

Jörn und Katja haben viel Spaß. Sie passen schon gut zusammen. Jörn hat ein kleines Bäuchlein, redet den halben Tag von irgendwelchen Abnehmshakes und reißt einen Sexwitz nach dem anderen. Katja sieht aus wie ein Supermodel und lacht über seine Witze. Ich weiß nicht, ob sie sie wirklich versteht – sie lacht eigentlich bei allem, was er sagt. Also entweder ist ihre Brille dunkelrosa oder sie hat in irgendeinem Ratgeber gelesen: Willst du einen Mann beeindrucken, lach über seine Witze. Und weil sie nicht versteht, was er sagt, muss sie einfach über alles lachen.

„Boah, der Film war ja wohl mal der absolute Kracher!" Jörn steht auf und geht in die Küche. „Wir haben noch eine Überraschung für euch. Bärchen hilfst du mir?"

Hat er eben wirklich und ganz echt Bärchen gesagt? Offenbar, denn Bärchen springt auf und rennt ihm hinterher. Jakob, der inzwischen wieder wach ist, flüstert mir ins Ohr: „Kommen wir hier irgendwie wieder weg? Wir sollten besser bei mir schlafen."

Ich habe eigentlich gehofft, allein zu schlafen, damit ich später noch das Buch lesen kann. Doch nachdem er diesen ganzen Scheißabend für mich ertragen hat, sage ich lieber nichts und stimme ihm zu. Er küsst mich und knabbert an meinem Ohr. So was hat Erik nie getan. Und ganz ehrlich, ich wäre auch nicht sonderlich scharf darauf gewesen, seine Zunge an meinem Ohr zu fühlen. Bei uns gab es kein richtiges Vorspiel, und geküsst haben wir uns auch selten. Es ging eher um den Akt an sich, und der war recht schnell vorbei. Jetzt, mit Jakob, ist es anders. Er berührt mich auf eine Weise, die Schmetterlinge durch meinen Körper scheucht. Es kribbelt, wenn wir uns küssen, was wir manchmal stundenlang tun. Bevor wir miteinander schlafen, gucken wir uns ewig verliebt in die Augen und streicheln uns. Ich zeichne die Konturen seiner Grübchen nach, er wandert mit seinen Fingern Zentimeter für Zentimeter über meinen Körper. Wir können von einer Sekunde auf die nächste verschmust und dann wieder ganz wild aufeinander sein. Ich liebe das so sehr.

Jörn und Katja kommen zurück, jeder zwei Gläser in der Hand.

„Was ist das denn?" Noch ehe ich die Frage zu Ende gesprochen habe, bin ich mir schon nicht mehr sicher, ob ich die Antwort wirklich hören will.

„Meine neue Cocktailkreation." Jörn ist stolz wie Oskar. „Probiert mal."

Ich hatte bereits ein Bier zum Essen und bin nicht sonderlich scharf darauf, noch mehr Alkohol zu trinken (besonders nach dem Gespräch über Klaus). Aber zu den beiden zu sagen, dass man nichts trinken möchte, gleicht einer Todsünde. Da sie ständig betrunken sind, können sie das mit ihrem begrenzten Horizont auch einfach nicht begreifen.

Wir stoßen gemeinsam an, ich nippe, und sofort wird mir heiß. Ich weiß ja nicht, was da drin ist, aber es ist viel Alkohol. Extrem viel.

„Ist da auch noch was Alkoholfreies drin?", fragt Jakob.

„Wenig." Jörn lacht sich schlapp, warum auch immer. Katja tut es ihm nach.

„Geil, oder? Ich will die Jörntails auf meiner fetten Party am Samstag anbieten. Jeder muss einen trinken, wenn er zur Tür reinkommt – dann sind alle von Anfang an voll, und wir haben Spaß." Wieder lacht er mit Katja im Chor und freut sich über seine Intelligenz.

„Und was ist, wenn jemand trockener Alkoholiker ist, fahren muss oder eben einfach nicht will?"

Er schaut mich irritiert an.

„Mensch Jule, die sollen sich halt nicht so anstellen, es ist doch nur *ein* Glas. Außerdem, wie viele Alkoholiker kennst du denn bitte?"

„Du meinst trockene Alkoholiker?" Ich kann es mir einfach nicht verkneifen, ihn auf seinen Fehler hinzuweisen.

„Ja, dann eben trockene."

„Ich kenne tatsächlich einen."

„Na, dann soll der eben nicht auf eine Party gehen."

Ich nippe noch mal an meinem Glas. Der Alkohol lockert meine Zunge.

„Ach?! Und nur, weil sie ein Problem mit Alkohol hatten und sich endlich davon befreit haben, sollen sie keinen Spaß mehr haben dürfen? Haben sie kein Recht mehr auf eine Party?"

„Boah, Jule, ey … Ohne Alkohol auf 'ne Party. Was soll das denn für 'n Mist werden? Das ist doch für alle nur anstrengend. Er muss sich das besoffene Gelaber anhören, und die anderen fühlen sich unwohl, weil einer nüchtern ist und sich am nächsten Tag an alles erinnern kann."

„Also kann man deiner Meinung nach nur Spaß mit Alkohol und Filmriss haben?"

„Beim Feiern auf jeden Fall. Ist doch ohne nicht lustig. Oder warst du schon mal auf einer Party und hast nichts getrunken?"

Leider kann ich das nicht mal abstreiten, und wieder verfluche ich mich.

„Na, ich werde zumindest am Samstag nichts trinken und dir beweisen, was für einen Spaß ich ohne haben kann." Ich stelle das Glas auf den Couchtisch, um meine Aussage zu unterstreichen.

„Das ist doch nicht dein Ernst?! Mensch, Jule, komm mal zur Besinnung! Fang mit so einem Mist nicht auf meiner Party an!"

„Wieso? Lädst du mich sonst wieder aus? Was ist denn die Strafe auf Nicht-Trinken? Lässt du die Leute erst rein, wenn sie den Drink ausgetrunken haben?"

„Pfff, dann mach halt – du wirst schon sehen, wie bescheuert das ist, allein nüchtern zu sein." Er verzieht sichtlich verärgert das Gesicht.

Jakob greift ein: „Sie wird nicht allein sein, ich trinke auch nicht." Er nimmt meine Hand und küsst mich auf die Wange.

Wow. So viel Unterstützung von einem Mann, ich bin noch begeisterter von ihm.

„Ihr seid doch bescheuert."

„Wir können wenigstens ohne Alkohol Spaß haben!", zische ich.

„Das wird sich noch zeigen, Jule." Er nimmt mein Glas und ext es. Seine Wangen glühen rot. Als er in die Küche geht, um Nachschub zu holen, torkelt er bereits.

„Musste das sein?" Katja ist ganz und gar nicht begeistert.

„Sorry, aber er bringt mich einfach zur Weiß-glut."

„Ich wollte nur einen schönen Abend verbringen, und wieder machst du alles kaputt!", lallt sie. Auch ihr ist der Drink schon zu Kopf gestiegen.

„Wieso denn ich?", kreische ich jetzt los.

„Komm, Schatz. Wir müssen los. Pack deine Sachen." Jakob steht auf und zieht mich hoch. Er hat ja recht – wenn Besoffene streiten, endet das nie gut. Man kann sich eigentlich jedes Wort schenken. Ich schlucke meinen Ärger runter, bin auch irgendwie sauer auf Jakob. Jetzt habe ich endlich mal was gesagt, und dann zieht er mich weg.

Ich packe meine Sachen, und wir verschwinden. Die frische Luft tut mir gut. Eigentlich wollte ich Jakob noch von den Gesprächen mit Helmuth und Franzi erzählen, aber meine Laune ist am Tiefpunkt.

„Ich finde es gut, dass wir nicht trinken." Seine Stimme klingt belegt.

Wir laufen Hand in Hand durch die dunklen Straßen, und ich blicke zu ihm hinüber.

„Danke, dass du mich dabei unterstützt."

„Ich tu das nicht nur für dich."

Ich gucke ihn weiterhin an und warte darauf, dass er weiterspricht.

„Ich hab dir doch erzählt, dass mein Vater bei einem Autounfall gestorben ist …"

Ich nicke und drücke seine Hand fester.

„Er war stockbesoffen. Ist von einer Party nach Hause gefahren", erzählt er mit zittriger Stimme. Monoton spult er die ganze Geschichte ab, dann kommen ihm die Tränen.

Ich halte an und ziehe ihn an mich, halte ihn ganz fest und lasse ihn weinen. Das ist das erste Mal, dass er vor mir weint, und ich habe das Gefühl, dass wir soeben ein Stückchen enger zusammengewachsen sind. Ein Meilenstein in unserer Beziehung. Ich weiß nicht so richtig, wie ich mich gerade fühle. Das kam alles sehr überraschend, aber dass er mir so sehr vertraut, dass er mir diese furchtbare Geschichte erzählt und in meinen Armen weint, ist schön. *Wie lange ihn das wohl schon quält? Hat sein Vater oft getrunken oder war das eine Ausnahme? Eigentlich weiß ich immer noch so vieles nicht von ihm.* Das Thema Vater tauchte bisher nie auf, und ich bin gar nicht auf die Idee gekommen, das mal zu hinterfragen.

„Danke", flüstert er mir nach einer Weile ins Ohr, küsst meine Wange, und wir gehen weiter.

Wow, allein für diesen einen Moment hat sich der bescheuerte Abend gelohnt. Ich habe wieder ein Puzzleteil aufgedeckt und Jakob ein großes Stück mehr kennengelernt. Ich habe seine verletzbare Seite gesehen und bin auch in diese überwältigend verliebt. *Und ich wollte den Abend ernsthaft allein mit einem Buch verbringen* ... Stattdessen schwebe ich nun auf einer vertrauten Jakobwolke.

Donnerstag

Ich erwache mit Kopfschmerzen, Jakob ist schon weg, aber ein liebevoll gedecktes Frühstückstablett steht neben mir. Er hat mir einen Apfel geschält und Toast mit Marmelade beschmiert. *Mann, wie konnte ich nur an so einen tollen Typen geraten?* Er überrascht mich immer wieder mit Kleinigkeiten, die für mich riesig sind. Er hört mir zu, wir lachen, er vertraut mir, und vor allem wertschätzt er mich und zeigt mir, wie sehr er mich mag – und das jeden Tag. *Ich hatte echt Glück. Hoffentlich versau ich das nicht.*

„Danke", tippe ich in mein Handy.

Ich genieße es, Zeit zum Frühstücken zu haben. Irgendwie schaffe ich es zu Hause nie, aber hier immer. Ich schnappe mir eine Kopfschmerztablette und hoffe, dass sie schnell wirkt. Schon mit Kopfschmerzen zum Kopieren zu fahren, wäre keine gute Idee.

Ich hatte gestern noch schnell meinen E-Book-Reader eingepackt, weil ich heute Morgen wenigstens kurz ins Buch schauen wollte. Ein aufregendes Kribbeln krabbelt durch meinen ganzen Körper, als ich mich wieder daran erinnere. Als ich zuletzt in das Buch geschaut habe, hat sich kurz darauf alles verändert, und ich habe ein wenig Angst, dass sich nun wieder vieles von heute auf morgen verändert. Ich hole mir schnell einen Kaffee, beiße in den

Marmeladentoast und lese los. Eigentlich wollte ich erst mal nur die Überschriften überfliegen, um mich wieder zu erinnern, was ich bisher schon gelesen habe – aber dann beginne ich, laut vorzulesen:

Lektion 1
Schreiben Sie alles und jeden auf, das/der Sie nervt.
Handelt es sich um Personen (Freunde, Familienmitglieder, Kollegen etc.), schreiben Sie der jeweiligen Person einen Brief, in dem Sie schildern, was Sie an ihr stört. Tun Sie dies ohne Rücksicht auf Verluste – der Brief bleibt bei Ihnen.

Hm. Was nervt mich denn? Eigentlich ist es momentan nur die Arbeit. Und ich nerve mich selbst, weil ich nie Nein sagen kann. Na ja, und Katja geht mir irgendwie auch schon wieder gehörig auf den Geist und dass ich keine Zeit hab. Also doch mehr als nur die Arbeit. Vielleicht schreibe ich es doch mal auf. Ich schnappe mir Zettel und Stift. Wenn ich aufs Haarewaschen verzichte, dürfte ich diese Übung auf jeden Fall noch vor der Arbeit schaffen. Also schreibe und schreibe ich und kann kaum aufhören. Ich habe mich richtig in Fahrt geschrieben. Am Ende steht da doch einiges mehr, als ich erwartet habe. Wahrscheinlich sollte man das Buch zweimal im Jahr durcharbeiten.

Ich gehe mit meinem Kindle ins Badezimmer und beginne, mich fertig zu machen. Muss mich etwas beeilen, weil ich beim Schreiben die Zeit aus den Augen verloren habe. Nebenbei lese ich meine zweite Aufgabe.

Lektion 2
Überlegen Sie, was Sie an den besagten
Personen oder Situationen schätzen.
Schreiben Sie es in Stichpunkten auf und fügen
Sie die Notizen den jeweiligen Briefen bei.

Das fand ich beim letzten Mal schon beein-
druckend, denn dabei wird einem klar, dass gar
nicht *alles* schlecht ist. Ich denke darüber nach,
während ich zur Bahn eile, und als ich einen Sitzplatz ergattert habe, notiere ich zu den Ober-
themen und Menschen, die mich nerven, jeweils
etwas Positives:

- Ich bin von mir genervt, weil ich zu wenig
Zeit für mich habe, aber ich lese endlich
wieder dieses Buch.
- Ich bin von Katja genervt, aber sie hat mich
gern. Sie war für mich wie eine Schwester,
und wir haben viele gute Zeiten gehabt.
- Ich mache mir ständig Gedanken um Geld,
und das nervt mich. Aber wenigstens habe
ich genug, um zu überleben und um singen
zu gehen.
- Alles an meiner Arbeit nervt! Na ja, nicht alles.
Der Kaffee schmeckt, und ich bin froh, nicht
arbeitslos zu sein, sondern Geld zu verdienen.

Okay, so richtig gut ist meine Ausbeute nicht, aber
stimmt schon – andere finden gar keinen Job, und
ich verdiene jeden Monat genug, damit ich meine
Miete zahlen und mir etwas zu essen kaufen kann.
Sogar einmal die Woche Gesangsunterricht ist

noch drin. Das ist fantastisch und mehr als noch vor einem halben Jahr. Meine Laune ist gut, und ich steige summend aus der Bahn. Mich stört nicht mal der Gedanke daran, dass ich den ganzen Tag kopieren muss und wahrscheinlich niemals damit fertig werde.

„Hallöchen Helmuth, hallöchen Franzi!", begrüße ich die beiden freudestrahlend.

Sie gucken mich etwas verwirrt an, grinsen jedoch zurück.

„Auf in den Kampf!", sage ich und beginne mit der Arbeit. Franzi bringt mir wie immer Kaffee, und auch das hebt meine Laune. Im Büro macht mir nie jemand welchen, und der Gedanke daran, dass Frau Schuster sich ihren heute selbst machen muss, lässt mich strahlen. Schadenfreude ist eben doch die schönste Freude.

„Na, was grinst du so?" Helmuth steht neben mir. Er trägt eine orange Stoffhose, die total bequem aussieht. Doch heute muss ich nicht mehr neidisch sein, denn auch ich habe mir flauschige Klamotten angezogen. Ich erzähle ihm von meinem Triumph und warte auf Applaus, doch er bringt meine Ansichten (mal wieder) ins Wanken.

„Hast du schon mal überlegt, dass Frau Schuster einfach nicht weiß, wie die Maschine funktioniert?"

„Was? Wieso sollte sie das nicht können?"

„Hast du nicht mal erzählt, dass das eine total angesagte Kaffeemaschine ist, die es sonst nur in Cafés gibt? Und dass du eine Woche gebraucht hast, um zu verstehen, wie sie funktioniert?"

Ich schaue ihn an und überlege, ob er recht haben kann.

„Sie ist doch schon etwas älter, oder?" Damit lässt er mich stehen und begrüßt einen Stammkunden, der soeben in den Laden kommt.

Das kann doch wohl nicht sein Ernst sein?! Hm ... vielleicht sollte ich das Thema Arbeit in mehrere Bereiche gliedern. Ich nehme meinen Positiv-Zettel und ergänze: „Frau Schuster:"

Doch mir fällt partout nichts Gutes an ihr ein. Deshalb lasse ich das erst mal so stehen und werde später noch mal darüber nachdenken. Fürs Erste sollte die Aufgabe erfüllt sein, und ich gucke mir schnell Lektion 3 an, damit ich über etwas Neues nachdenken kann, während ich hier stehe, schwitze und kopiere. In der nächsten Aufgabe soll ich mir überlegen, wie ich mein Leben gerne hätte, und mir selbst einen Brief schreiben. Ich habe meinen alten Brief noch miniklein zusammengefaltet im Portemonnaie und nehme mir vor, ihn in der Pause zu lesen. Bis dahin überlege ich mir, was ich jetzt schreiben würde.

Eine hysterische Frau Mitte vierzig betritt den Raum und schreit in ihr Telefon: „Du kannst mich mal kreuzweise!"

Sie trägt ein schwarzes Kleid mit weißen Punkten und sieht ziemlich bescheuert darin aus. Ihre Pumps hält sie in der Hand. Ihr einst geschminktes Gesicht ist aufgequollen und total verheult. Sie sieht ein wenig aus wie ein gruseliger Clown. *Wow, immer diese Verrückten,* denke ich und unterdrücke ein Grinsen. Nicht, dass die Frau gleich noch auf mich losgeht. Ich kenne diese irren Berliner Weiber.

„Ich hasse dich!", brüllt sie.

Der arme Kerl. Zum Glück ist der nur am Telefon und nicht hier.

Sie starrt entsetzt auf ihr Handy. „Er hat einfach aufgelegt! Er hat einfach aufgelegt!"

Ja, wen wunderts?! Oh Mann …

Helmuth nähert sich der Dame. Sie sieht zu ihm auf, und Tränen schießen aus ihren Augen, ehe er seine Arme ausbreitet und sie ihren Kopf auf seine Schultern legt. Er lässt sie weinen, so wie ich gestern Jakob getröstet habe. Die beiden wirken dabei sehr vertraut. Ich staune immer wieder, wie sich Helmuth und auch Franzi um Fremde kümmern und für jeden ein offenes Ohr haben, während ich von ihnen genervt bin und in Gedanken über sie lache. Einen Moment später verlassen sie gemeinsam den Copyshop.

Zum Glück muss ich mich heute Abend nicht mit so was befassen. Donnerstags schläft Katja immer bei Jörn.

Franzi bringt mir den Kaffee.

„Was war das denn für eine Irre?", frage ich.

„Das war Klaus' Frau."

Ich verschütte vor Schreck etwas von meinem Getränk und laufe mal wieder rot an.

„Tut mir leid …", murmle ich.

„Schon gut, konntest du ja nicht wissen."

„Aber was hat sie denn?"

„Klaus hatte einen Rückfall."

„Oh …" Mehr fällt mir dazu partout nicht ein.

„Ja, *oh*. Das passiert. Kann man nicht ändern."

Dabei haben wir gestern noch über Rückfälle gesprochen. Hat Franzi nicht gestern erst gesagt, manche würden eben einfach nicht wollen? Na ja, aber da sprach sie von

Menschen, die an die sechzigmal auf Entzug waren, nicht von einem Rückfall.

„Und wieso ist seine Frau so wütend? Wegen des Rückfalls?"

„Wenn ich das richtig mitbekommen habe, hat er ihr die ganze Nacht betrunken den Anrufbeantworter vollgequatscht. Er hat sie wohl übel beschimpft und gesagt, sie wäre an allem Schuld." Franzi starrt nach draußen und verliert sich in Gedanken.

„So kenn ich ihn gar nicht." Ich kann mir das nur schwer vorstellen.

Franzi seufzt.

„Weißt du, Jule, das kann der Alkohol aus einem machen."

„Ja, aber man kann doch nicht den Alkohol vorschieben. Es heißt doch, Kinder und Besoffene sagen immer die Wahrheit."

Verwundert schaut sie mich an.

„Hast du im betrunkenen Zustand noch nie etwas gesagt, das du am nächsten Tag bereut hast, und dich gewundert, wieso du so etwas *überhaupt* gesagt hast?"

Wenn ich mir es recht überlege, habe ich das tatsächlich schon getan. Andererseits trau ich mich dann auch endlich mal, den Mund aufzumachen, werde mutiger. Ich weiß keine richtige Antwort auf Franzis Frage. „Also glaubst du, an dem Spruch ist nichts dran?"

„Ich denke, betrunken ist man nie ganz man selbst. Man sagt vielleicht, was man gerade denkt, aber du bist nicht *du*. Verstehst du, was ich meine?"

Ich nicke.

„Deshalb trinken viele Menschen – sie wollen lieber jemand anderes sein."

„Hm. Ich habe mir auch schon mal Mut angetrunken."

Eine aufgeregte junge Frau, wahrscheinlich eine Studentin, betritt den Laden. Sie lässt ihre Blätter fallen, und Franzi eilt ihr zur Hilfe. Ich widme mich wieder meinen Ordnern. So genau hab ich über all das noch nie nachgedacht. Ich habe mich generell noch nie so viel mit dem Thema Alkohol befasst wie in den letzten beiden Tagen. Erst Klaus, der jetzt trocken ist (oder es zumindest versucht, es zu werden), dann Jörn, bei dem sich irgendwie alles nur ums Saufen dreht, und auch noch Jakobs Vater. Ich bin froh, dass ich angekündigt habe, am Samstag nichts zu trinken, und irgendwie hat mich das Gespräch mit Franzi gerade noch mehr darin bestärkt. Ob Klaus jetzt wieder nach Hause muss?

Stunden später qualmt mein Kopf, und ich komme mehr schlecht als recht voran. Es sind einfach zu viele Akten, und ich weiß jetzt schon, dass ich es nicht rechtzeitig schaffen werde. *Verdammt* ... Die morgendliche Euphorie ist verschwunden, meine Laune liegt mittlerweile auf einer eingestaubten Couch im Keller.

„Hey Jule, wieder mal mies gelaunt?", scherzt Helmuth.

Er hat genau gemerkt, dass mich seine Worte zu meiner Stimmung gestern getroffen haben, und nun will er mir beweisen, dass er recht hat, oder was? Mich ärgert das, aber ich möchte mir nichts anmerken lassen.

„Ich möchte dich mal sehen, wenn du eine Million Akten kopieren musst."

„Gib mir mal einen Ordner rüber. Ich brauch eh 'ne Pause."

„Du willst mir helfen?"

„Ja, wieso nicht? Ich mach das zwar eher in der Hoffnung, dir ein Lächeln auf die Lippen zu zaubern, statt dieses verdatterte Gesicht zu sehen, aber vielleicht komm ich ja noch in den Genuss."

Ich muss lachen, was ihn zufrieden stimmt.

Wir kopieren ein wenig vor uns hin, und ich überlege, ob ich ihn auf Klaus anspreche. Irgendwie beschäftigt mich das Thema – vielleicht wegen Jakobs Geschichte gestern.

„Muss Klaus jetzt wieder nach Hause?"

„Nein, er hat Glück und darf weitermachen."

„Hast du schon mit ihm gesprochen?"

„Ja, wir haben telefoniert, nachdem seine Frau wieder weg war. Es geht ihm nicht sonderlich gut, wie du dir sicher denken kannst."

„Und wird seine Frau ihn jetzt wieder verlassen?"

„Sie hat schon weit mehr mitgemacht als das. Am Wochenende starten sie ein Partnerprogramm. Sie machen gemeinsam eine Therapie, ein paar Schulungen über Alkohol und haben Zeit, sich einander nüchtern anzunähern."

Ich halte einen Moment inne. „Hoffentlich bleiben sie zusammen."

„Warum? Wenn sie sich nicht mehr guttun, sollten sie lieber weise handeln und sich trennen. Meinst du nicht?"

„Ja, aber dann ist er ja völlig allein?!" Ich bin entsetzt von Helmuths harter Aussage.

„Was ist am Alleinsein so schlimm? Vielleicht liegt genau da das Problem, und er muss erst mal wieder *lernen,* allein zu sein und mit sich selbst auszukommen. Allein zu sein bedeutet schließlich nicht, einsam zu sein."

Beim besten Willen, darauf weiß ich keine Antwort und belasse es bei einem „Hm."

Ich versuche das Thema zu wechseln, denn auch ihn scheint das Ganze sehr mitzunehmen.

„Helmuth, was sagst du dazu: Ich hab letzte Nacht geträumt, dass ich in den Schlamm falle und von oben bis unten vollgesaut bin." Ich weiß von früheren Gesprächen, dass Traumdeutung zu seinen Lieblingsthemen gehört, und erhoffe mir ein Lachen von ihm. Doch da kommt keines. Er hört mit dem Kopieren auf und betrachtet mich ganz genau

„Weißt du, Jule, das Gefühl hab ich auch."

„Hä? Welches Gefühl denn jetzt?"

„Das du im Schlamm steckengeblieben bist."

Ich verstehe nur Bahnhof.

„Na ja, dir fehlt das innere Gleichgewicht. Dir fehlt eine Richtung. Du bist unzufrieden, weißt aber selbst nicht, was du willst. Du bist oft damit beschäftigt, dich über negative Sachen zu beschweren, anstatt etwas zu ändern und dich an den schönen Dingen des Lebens zu erfreuen. Du bist steckengeblieben."

Wow, das ist mal eine Ansage. Ich will wütend auf ihn sein, merke aber, wie eine große Welle Traurigkeit über mir zusammenschlägt und mir gleich darauf eine Träne über die Wange läuft. Er nimmt mich in den Arm.

„Verdräng sie nicht, lass sie raus. Tränen sind gut. Sie waschen unsere Gefühle rein und helfen, wieder klar zu sehen. Sieh es als Reinigung an."

Kann er nicht mal jetzt aufhören mit diesem Gequatsche? Viele seiner Weisheiten verstehe ich nicht hundertprozentig. Manchmal sind sie nicht richtig greifbar für mich. Auch jetzt weiß ich nicht so genau, was er meint, dennoch tun mir seine Worte irgendwie gut. Und so weine ich in seinen Armen. Mir ist das sehr unangenehm, aber ich kann auch nicht aufhören. Auch das fühlt sich irgendwie gut an. Es ist eine väterliche Umarmung. *Wann hab ich eigentlich meinen Vater das letzte Mal umarmt?* Dieser Gedanke stimmt mich noch trauriger, und eine neue heftige Welle von Traurigkeit ergreift meinen Körper. Ich lasse es zu. Es ist eh zu spät, um es noch aufzuhalten.

Als ich mich wieder beruhigt habe, sagt Helmuth noch ein paar liebevolle Worte und lässt mich mit trockenem Hals und klopfendem Herzen allein an meinem Kopierer. Aber trotz der Enge in der Brust fühle ich mich irgendwie befreit, kann aber nicht definieren, wovon. Stumm kopiere ich die angefangene Akte zu Ende, und Helmuth sagt auch nichts mehr. Als ich damit durch bin, verabschiede ich mich in die Mittagspause. Allein eile ich aus dem Laden und atme erst draußen auf.

Ich muss zwar jetzt nicht mehr weinen, aber das beklemmende Gefühl in der Brust sitzt tief. *Hat er recht? Und war das von Anfang an sein Plan? Hat er mir deshalb beim Kopieren geholfen?* Wiederholt frage ich mich, ob die beiden Psychotherapeuten sind. Ich hole mir beim Bäcker ein belegtes Brötchen und Couscous-Salat und setze mich draußen auf eine Bank. Dann schlage ich auf meinem Block eine neue Seite auf und notiere mir all die Hinweise, die ich von Franzi und Helmuth in den letzten zwei Tagen bekommen habe:

- sagen, dass ich mehr lernen möchte
- Frau Schuster fragen, ob sie keinen Kaffee kochen kann
- auf Arbeit Hilfe einfordern
- Prioritäten setzen (also keine Überstunden, sondern Zeit für mich)
- wichtig, allein sein zu können
- Alkohol macht jemand anderes aus dir
- nicht nur beschweren, sondern Richtung ändern und über das Wesentliche freuen
- steckengeblieben im Leben; Schlamm

Helmuth und Franzi könnten auch ein Buch schreiben. Würde mich nicht wundern, wenn das „Buch deines Lebens" von ihnen wäre. Das Buch und Helmuth haben mich jedenfalls vor dieselbe Aufgabe gestellt, wie ich in Lektion 3 lese.

Lektion 3
Wie sieht Ihr Wunschleben aus?
Schreiben Sie sich selbst einen Brief, in dem Sie genau das beschreiben!

Ich muss mir überlegen, was ich vom Leben will. Was erwarte ich? Was wünsche ich mir? Irgendwie fällt mir eine Antwort darauf schwer, doch ich setze trotzdem den Stift an und schreibe.

Nachdem ich mit dem Brief fertig bin, vergleiche ich ihn mit dem alten. Es ist schon auffallend, dass ich eigentlich keine Ahnung hab, was ich will, aber sobald ich schreibe doch so viele Worte für mein Wunschleben finde. Damals wie heute. Ich sitze auf der Bank, lausche dem Vogelgezwitscher und den Autos in der Ferne. Langsam kaue ich im Wechsel Brötchen und Couscous, denke nach, ohne auch nur einen Gedanken greifen zu können. *Damals habe ich geschrieben, dass ich eine berühmte Sängerin werden möchte, aber ich glaube, wenn ich das wäre, hätte ich daran auch etwas auszusetzen.*

Diese Erkenntnis trifft mich wie ein Schlag. Ich dachte die ganze Zeit, wenn irgendetwas anders wäre, wäre ich glücklicher, doch mir wird bewusst: Das stimmt nicht. *Wäre ich eine erfolgreiche Sängerin, hätte ich im Prinzip dieselben Probleme wie jetzt – ich wäre unzufrieden, weil ich nicht Nein sagen kann, vermutlich viel zu viele Aufträge annehmen und mich unter Wert verkaufen würde, und so weiter.* Ich weiß nicht, woher diese Erkenntnis gerade kam. Ein Moment der inneren Stille und *bäm*. Mir laufen wieder ein paar Tränen über die Wangen. Ich fühle mich traurig, bin aber gleichzeitig froh, erkannt zu haben, dass ich an mir arbeiten muss, um etwas zu verändern – nur so kann es besser werden. Das heißt aber jetzt für mich, dass ich wirklich an mir arbeiten muss. Also nicht nur ausmisten und gesund essen, sondern eben auch meine Meinung vertreten. Mir wird ein wenig übel, denn der Gedanke jagt mir große Angst ein.

Die Pause ist zu Ende, es wird Zeit zurückzugehen, doch dieser Moment ist besonders. Ich allein auf dieser Bank, ein Stückchen weiser als je zuvor, sodass ich ihn gern noch hinauszögern möchte. Also zücke ich meinen E-Book-Reader und lese die nächste Lektion.

Lektion 4
Überlegen Sie sich drei Dinge, die Sie tun könnten, um Ihrem aufgeschriebenen Traumleben ein Stück näher zu kommen!

Oh shit … Vielleicht hätte ich nicht so übermütig sein sollen, denn jetzt muss ich Nägel mit Köpfen machen. Aber gut, erst mal soll ich ja nur überlegen.

Ich hole meine Liste hervor, die mit den Tipps von Helmuth und Franzi. Ziemlich wahrscheinlich finde ich da meine Antwort.

Ich würde gern den Punkt: „Prioritäten setzen (also keine Überstunden, sondern Zeit für mich nehmen)" wählen, unangenehmerweise ist mir aber auch klar, dass ich dann den Punkt: „auf Arbeit Hilfe einfordern" ebenfalls umsetzen muss. Denn wenn ich die Aktengeschichte fertigbekommen möchte, dann muss ich mir helfen lassen, und zwar nicht von Helmuth und Franzi, sondern von den Verantwortlichen. Prioritäten zu setzen bedeutet also gleichzeitig, Zeit für mich einzufordern. Aber wenn ich mir von der Arbeit mehr Zeit für mich erkämpfe, muss ich das auch bei Jakob tun. So sehr ich ihn liebe, ich kann mich nicht jeden Abend mit ihm treffen. Ich brauche mehr Zeit allein. Die einzigen Abende, an denen ich ihn nicht sehe, sind die, wenn ich was anderes vorhabe oder zur Probe gehe. Ich möchte endlich die Zeit haben, mich auf meine

Gesangsstunden besser vorzubereiten, ich möchte endlich mal wieder ein Buch lesen, einfach nur allein zu Hause sein und nichts tun oder im Internet surfen … oder etwas Neues lernen. *Okay, gut. Ich werde mit Jakob reden, dass wir uns weniger sehen müssen, ich weiß nur noch nicht, wie.* Ich notiere:

1. mit Jakob reden, mehr Zeit für mich allein
2. mit der Arbeit reden, ich schaff das Kopierprojekt nicht allein
3. pünktlich Feierabend machen, damit ich 1. umsetzen kann

Boah, das reicht dann aber auch. Die altbekannte Aufregung macht sich in meinem Körper breit. Es kribbelt, und ich spüre, dass sich nun wieder etwas verändern wird. Dieses Buch macht süchtig, ich will nur noch einmal kurz reinschauen, was mich als Nächstes erwartet.

Lektion 5
Erledigen Sie eine Sache davon sofort und den Rest im Laufe des Tages!
Lesen Sie erst am nächsten Abend hier weiter!

Ist doch nicht wahr! Da 1. und 3. gerade nicht möglich sind, bleibt mir nur 2.: „mit der Arbeit reden." Nun wird mir doch ganz anders, und sofort ist mir schlecht. *Okay, es ist Donnerstag, 15 Uhr, und ich werde jetzt einen Meilenstein setzen. Ich werde sagen, dass ich Hilfe brauche. Aaah!* Ich bilde mir ein, mein Smartphone lächelt mir wohlwollend zu. Ich könnte auch hoch ins Büro gehen, aber dafür reicht mein Mut nicht. Also wähle ich die Nummer der Kanzlei, und Frau Schuster summt mir direkt fröhlich ins Ohr. *Die genießt es wahrscheinlich, allein im Büro zu sitzen und die Kontrolle über alles zu haben. Na ja, aber gestresst scheint sie nicht zu sein, dann kann sie mir ja auch helfen kommen.* Wieder dieser Groll in mir, den ich doch ablegen wollte.

„Frau Schuster, hier ist Frau Pieper."

„Oh, ja, ich habe mich schon gefragt, wie Sie wohl vorankommen. Wird es denn noch lange dauern? Hier ist wirklich viel zu tun, und ich könnte Sie gut gebrauchen."

Sie braucht mich?

„Ich komme mit den Mandantenbriefen nicht hinterher."

Ja, na klar, das kann ich mir denken. Arbeit unter ihrer Würde, dafür bin ich gut genug.

„Nun ja, Frau Schuster, die Sache ist die", druckse ich rum, „ich brauche Ihre Hilfe auch." Raus ist es. Ich hab's gesagt.

„Sie brauchen meine Hilfe? Beim Kopieren?" Das Tastengeklapper im Hintergrund endet abrupt.

„Ja, ich schaffe es nicht allein." Ich finde ein wenig Freude daran, als ich merke, dass ich sie damit schockiere.

„Na, dann machen Sie halt mal etwas länger."

„Frau Schuster, selbst wenn ich noch einen Tag mehr hätte, würde es knapp – da helfen mir ein paar Überstunden gar nichts. Außerdem hat der Copyshop Öffnungszeiten."

„Ja, und was soll ich da jetzt machen?"

Mir fallen Helmuths Worte wieder ein. *Es ist nicht unsere Aufgabe, die Chefs bekommen nicht umsonst so viel Geld.* „Frau Schuster, fragen Sie doch die Anwälte. Ich sehe nur zwei Möglichkeiten: Entweder jemand hilft mir oder wir schaffen es nicht rechtzeitig. Ich habe die erste von drei Ladungen beendet und komme mir gleich den Autoschlüssel holen. Bis gleich." Ich lege auf, ohne eine Antwort abzuwarten, und feiere mich total. Das war gar nicht so schlimm, im Gegenteil, das war richtig lustig. Leider muss ich da jetzt hoch, um neue Akten aus dem Auto holen zu können, ich habe ohnehin schon bis zur letzten Minute gewartet.

Als ich den Fahrstuhl nach oben nehme, bemerke ich ein inneres Zittern. Ich hoffe, mich spricht keiner der Anwälte direkt an. Ich steige aus und schließe mit zittrigen Händen die Tür auf. *Wovor hab ich eigentlich solche Angst, verdammt?!* Das Ganze macht mich schon wieder wütend.

„Frau Pieper, da sind Sie ja schon." Natürlich laufe ich direkt dem Baldoarsch in die Arme.

Er macht mir schon immer ein wenig Angst, aber ich kann nicht genau sagen, wieso. Er ist groß, hat markante Gesichtszüge, bereits graue Haare und ist um die fünfundfünfzig. Er hat ständig neue Frauen am Start, die natürlich alle bildhübsch und viel jünger sind als er. Sein Gesicht ist irgendwie düster. Der Typ Mann, der einer Frau mit Vaterkomplex gefährlich werden kann (zum Glück ist mit meinem Dad alles prima). Er hat etwas Unheimliches an sich und irgendwie auch etwas Ekliges. Ich kann aber nicht sagen, was mich zu dem Gedanken führt. Seine grauen Augen sind leer, und er tut immer so, als wäre er der größte Checker, der beste Anwalt überhaupt. Ich glaube, dass er eigentlich ein sehr einsamer, unglücklicher Mann ist. Er vertritt die schlimmsten Typen. Was hier manchmal für Gestalten ein und aus gehen, würde ich eigentlich selbst lieber nicht wissen. Leider sehe ich immer wieder mal in eine dieser speziellen Akten (auch wenn er es mir verboten hat, mir bestimmte Fälle anzusehen). Ich hätte allerdings auf ihn hören sollen. Schnell verdränge ich die Bilder, die sich wohl für immer in meinen Kopf eingebrannt haben.

„Herr Baldo, ich komme, um mir Ihren Schlüssel zu holen."

„Na, da haben Sie aber Glück, dass ich noch da bin. Ich wollte soeben fahren. Sie müssen so was rechtzeitig ankündigen, das ist Ihnen schon klar, oder? Ich meine, Sie wollen etwas von mir, da renne ich Ihnen doch nicht hinterher."

Wie ich ihn hasse. *Also um genau zu sein, mache ich etwas für Sie!* Ich schlucke die Antwort mal wieder runter.

„Ich brauche nur zehn Minuten."

Ungeduldig guckt er auf seine Uhr und seufzt.

„So lange? Kein Wunder, dass Sie nicht hinterherkommen, wenn Sie schon für das Aktenaustauschen ewig brauchen."

„Du könntest ihr ja dabei helfen", mischt sich Herr Maier wohlwollend ein. Er ist mein wirklicher Lieblingsanwalt. Ich glaube auch, dass ich ihm den Job überhaupt erst zu verdanken hab. Ich weiß nicht, warum, aber irgendwie hat er schon immer an mich geglaubt, mehr in mir gesehen. Er ist leider nicht so oft im Haus, da er mit seinen sechzig Jahren mehr mit seinen Enkeln beschäftigt ist als mit der Arbeit, aber er ist in der Anwaltswelt hoch angesehen. Er sieht ein wenig aus wie mein Opa – groß, schlank und seine Haare sind schon eher weiß als grau. Er trägt eine Brille ohne Rahmen, so wie das vor langer Zeit eben mal Mode war, und kommt immer in einem Anzug in die Kanzlei, der etwas zu groß ist. Meistens in einem marineblauen. Ich habe ihn auch noch nie ohne Krawatte und unbequeme Schuhe gesehen. Zumindest sehen diese schnieken Männerschuhe total unbequem aus.

Obwohl Herr Maiers Name erst als zweites bei unserer Anwaltskanzlei kommt, ist er das Alphatier. Was er sagt, ist Gesetz, auch wenn er das nie raushängen lässt und nicht oft nutzt, doch manchmal, so wie jetzt, zeigt er, dass er das ranghöhere Anwaltstier ist.

„Ich kann mir denken, dass Frau Pieper nicht umsonst um Hilfe bittet. Und wenn du sowieso losmusst, kannst du auch gleich mitgehen, damit sich Frau Pieper den Weg nach oben spart. So kannst du doch auch schneller los."

Oh scheiße, das ist, als würde sich dein Freund mit einem anderen prügeln, und das alles deinetwegen. Eine Mischung aus *„Juhuu, jemand verteidigt mich, und oh nein, alles nur meinetwegen".*

„Ist schon gut, ich beeil mich und komm gleich wieder", murmle ich, schnappe mir den Schlüssel und will mich verkrümeln, mein Gesicht schon wieder rot wie eine Cocktailtomate.

„Frau Pieper, warten Sie einen Moment. Ich hole eben meine Sachen und begleite Sie. Und ich schlage vor, du machst das auch!" Ein scharfer Blick trifft den Baldo.

Beide Männer verschwinden, und ich stehe da, völlig überfordert, und warte. Frau Schuster hat das Ganze beobachtet und schüttelt den Kopf. Aus welchen Gründen, bin ich mir jedoch unschlüssig. Sie kann wahrscheinlich genauso wenig fassen wie ich, was hier gerade passiert ist. Also wenn das jedes Mal so abläuft, wenn ich um Hilfe bitte, klau ich mir doch lieber den Schlüssel des Copyshops und kopiere die ganze Nacht durch.

Im Büro klingelt permanent das Telefon. Frau Schuster hat einen großen Aktenberg neben ihrem Schreibtisch liegen, die Post ist noch nicht erledigt, und es ist schon nach Drei. Sowas geht eigentlich gar nicht. Würde ich sie mögen, täte sie mir leid. Und da setzt es wieder ein, das Klackern ihrer pinken Fingernägel auf der Tastatur.

„Kommen Sie!" Herr Maier und Herr Baldo kommen zurück in den Eingangsbereich, und wir verlassen gemeinsam das Büro. Ich möchte auf gar keinen Fall mit ihnen im Fahrstuhl stehen und Smalltalk halten, daher nehme ich die Treppen. Herr Maier schwört ebenfalls auf Treppen und begleitet mich. Mir ist das alles *echt* sehr unangenehm und genauso *echt* hasse ich Smalltalk. Auch wenn ich Herrn Maier mag, fühle ich mich unwohl in seiner Nähe. Ich glaube, er sieht mehr in mir, als da eigentlich ist, und ich weiß nie, worüber ich mit ihm sprechen soll. Zum Glück übernimmt er das Ruder und erzählt ein wenig von einer Mandantin, die er auf dem Spielplatz beim Eis essen getroffen hat.

Unten angekommen, redet sich der Baldoarsch raus, von wegen er müsse noch telefonieren, aber Herr Maier begleitet mich in den Copyshop. Ich sage ihm, dass er draußen warten kann, doch er kommt mit rein. Ich bemerke, wie ein eigentümliches Leuchten in seine Augen tritt, und wundere mich kurz. Als dann auch noch Helmuth freudestrahlend auf meinen Chef zuläuft und sie sich herzlich umarmen, komme ich aus dem Staunen nicht mehr raus.

„Helmuth!", ruft Herr Maier.

Woher kennen die sich denn?

„Mann … Na, dich hab ich ja lange nicht mehr gesehen. Was machst du denn hier?"

„Ich wollt mir mal angucken, was die arme Frau Pieper alles zu tun hat."

„Ja, das ist mal 'ne amtliche Ladung Akten. So was habe ich hier bisher auch noch nicht erlebt. Ich hab sogar schon einen Ordner mitkopiert, das schafft doch kein Mensch allein."

„Ja, sie hat vorhin Hilfe angefordert, aber du weißt ja, wie der Baldo ist – bloß keinen Finger rühren, vor allem nicht, wenn es Arbeit unter seiner Würde ist."

Beide lachen. Sie reden über alte Zeiten. Ich komme mir schon wieder ziemlich bescheuert vor, zumal ich Helmuth alles Mögliche von der Arbeit erzählt hab, da hätte er ja mal erwähnen können, dass er meinen Chef kennt.

Ich hole schnell den Aktenwagen mit den bereits kopierten Unterlagen neben Joseph und schiebe ihn an den Männern vorbei. Herr Maier eilt voraus, um mir die Tür aufzuhalten. Zum Glück nimmt er mir nicht den Wagen ab, das wäre mir sehr peinlich gewesen. Alter gegen Frau, den Kampf hätte ich nicht ausfechten wollen.

„Ich trau mich ja gar nicht zu fragen, aber wie viele haben Sie denn noch vor sich?", fragt er.

„Noch zweimal so viel."

„Ach du meine Güte!"

Am Mercedes angekommen sitzt Herr Baldo schon am Steuer und trommelt ungeduldig mit den Fingern aufs Lenkrad. Herr Maier hilft mir, die Akten umzupacken. Wir markieren die bereits kopierten, damit wir nicht durcheinanderkommen.

„Christian, das ist dein Fall. Wenn du willst, dass du alle Akten hast, solltest du nach deinem Termin zurückkommen und helfen. Wir brauchen jemanden, der die fertig kopierten Akten hochträgt. Und wir brauchen beim Kopieren jede Hilfe, die wir nur bekommen können. Dann wollen wir mal sehen, ob du schneller bist."

Herr Baldo sagt keinen Ton, doch begeistert ist er nicht. Ich allerdings auch nicht. *Ich soll allein mit dem Typen Akten kopieren? Ist ja schrecklich.* Doch ich sage natürlich nichts.

„Frau Pieper, ich muss jetzt meine Enkel von der Kita abholen, aber ich komme nachher noch mal vorbei und versuche zu helfen. Lassen Sie sich nicht unterkriegen. Ich organisiere Hilfe."

Wow. So was hab ich noch nie erlebt. Leichte Gänsehaut zeigt sich auf meinen Armen, und ich schaue zu, wie sich der Baldo von dannen macht. *Herr Maier, ich glaube, ich liebe Sie!,* möchte ich rufen, doch stattdessen gehe ich mit meinen Akten zurück in den Copyshop.

Es ist deprimierend, zu wissen, dass ich erst die zweite Ladung beginne, statt damit fertig zu sein, doch ein wenig Hoffnung hat mir Herr Maier schon gemacht. Ich kopiere also fleißig vor mich hin und denke über die komische Situation nach. Während es mir vorhin noch unmöglich erschien, um Hilfe zu bitten, ist es jetzt nicht vorstellbar, pünktlich Feierabend zu machen, besonders, wenn ich Hilfe bekommen soll. Dann kommen die Rechtsanwälte zum Kopieren, der minderbemitteltsten Tätigkeit überhaupt, und ich gehe pünktlich? Aber für mein Buch möchte ich das eigentlich unbedingt machen – ein innerer Konflikt, der mich wahnsinnig macht. Doch noch ist es nicht Sechs, und ich versuche, ruhig zu bleiben und an etwas anderes zu denken.

Ein bisschen sauer bin ich ja schon auf Helmuth, der mir die ganze Zeit verschwiegen hat, dass er meinen Chef kennt, deshalb hoffe ich, heute nicht mehr mit ihm reden zu müssen. Es kommt mir wie ein Vertrauensbruch vor. *Er sagt dem Maier doch wohl nicht, was ich ihm erzählt habe? Und woher kennen sie sich eigentlich? Gut, sie sind ungefähr im gleichen Alter, aber ihre Lebenssituationen sind doch total verschieden.*

Der Laden ist voll. Es ist schließlich Donnerstag. Ich weiß nicht, woran das liegt, aber Donnerstag ist immer der schlimmste Arbeitstag. Viele haben wahrscheinlich Freitag frei oder früher Schluss, und ich glaube, den Leuten fällt Donnerstag ein, dass die Woche ja schon wieder so gut wie vorbei ist, und sie ja noch dies und das erledigen müssen. Deshalb steht das Telefon in der Kanzlei donnerstags nie still, und auch hier im Copyshop ist Daueralarm. Donnerstags ticken die Uhren anders.

Kurz nach fünf kommt Herr Maier mit seinen drei Enkeln zurück.

„Frau Pieper", begrüßt er mich, „Timmy hat etwas für Sie."

Timmy ist sein jüngster Enkel, der mir freudestrahlend ein Eis überreicht.

„Bitte schön", murmelt er.

Wie süß.

„Wir hoffen, Schoko schmeckt Ihnen. Aber damit macht man ja eigentlich nie etwas falsch, nicht?"

Wieder laufe ich rot an.

„Danke", murmle auch ich.

„Leider kommen wir mit schlechten Nachrichten." Herr Maier hat stets ein Auge auf seine Jungs gerichtet, die sich im Laden verteilt haben. Franzi zeigt ihnen alles und lässt sie kopieren. Man sieht, die Kinder sind Herrn Maiers ganzer Stolz, und ich bekomme Lust, mich mal wieder bei *meinen* Großeltern zu melden. Mein Opa ist auch immer stolz auf mich und hat meine komplette Kindheit mitbestimmt. Ich habe immer zu ihm aufgeschaut. Vielleicht rufe ich heute mal an, oder besser noch, ich fahre am Wochenende vorbei. Keine Ahnung, wann ich sie zuletzt besucht habe.

„Herrn Baldo ist noch etwas dazwischengekommen, er schafft es heute nicht mehr. Aber ich bitte Sie, keine Überstunden zu machen. Es ist nicht Ihr Problem, wenn wir das nicht rechtzeitig fertigstellen. Sie hätten vielleicht ein wenig früher Bescheid geben können, andererseits gibt es Menschen, die das gar nicht erst getan hätten, deshalb bin ich schon mal froh, dass Sie uns heute informiert haben. Kommunikation ist eine wichtige Eigenschaft im Berufs- und auch im Privatleben."

Er klingt ein wenig, als wollte er seine Erfahrungen weitergeben. *Wie ein Opa-Enkelinnen-Gespräch.* Ich muss schmunzeln.

„Ich werde versuchen, Hilfe zu organisieren. Für morgen. Heute essen Sie Ihr Eis, kopieren die Akte zu Ende, und dann gehen Sie pünktlich, ja?" Er blickt mir prüfend in die Augen. „Es ist nur Arbeit und noch nicht mal eine besonders dankbare. Ich habe hier früher so viel Zeit verbracht – Sie können es sich nicht vorstellen. Ich liebe es, hier zu sein, aber ich weiß auch, wie es sich nach zwei Tagen anfühlt, deshalb gehen Sie pünktlich und kon-zentrieren Sie sich auf das Wesentliche!"

Ich will etwas sagen, weiß aber absolut keine passende Antwort.

„Das ist eine Arbeitsanweisung." Er zwinkert mir zu und geht rüber zu Helmuth. Sie plaudern und zeigen den Kindern Quatsch. Herr Maier nimmt seine Brille ab und legt sein Gesicht auf den Kopierer. Alle um ihn herum lachen, und auch ich kann nicht an mich halten. So habe ich ihn noch nie gesehen. Ich kann nur immer wieder sagen: Ich lie-be ihn. Die ganze Zeit beschwere ich mich, wie scheiße meine Arbeit und meine Chefs sind, aber mal ehrlich, es sind nicht alle im Büro schlecht, im Gegenteil. Herr Maier ist richtig klasse. Alles eine Frage des Blickwinkels – ich beginne zu verstehen.

Und so gehe ich pünktlich nach Hause. Ich kann kaum glauben, dass ich wirklich schon zwei Punkte von meiner Liste erledigt habe. Bleibt eigentlich nur noch, Jakob zu sagen, dass ich mehr Zeit für mich brauche. Ich weiß nur noch nicht, wie ich das an-stellen soll. Besonders, nachdem wir uns gestern wieder ein Stück nähergekommen sind. Heute wollen wir uns bei mir treffen, um zusammen Lasagne zu kochen, weil ich sturmfrei hab. Ich renne zur Tram, doch sie fährt natürlich mal wieder vor meinen Augen davon. Ätzend. Ich sehe zwei kleine Jungs, die mich auslachen. *Na ja, wer kann es ihnen verübeln.* Zum Glück muss ich nur ein paar Minuten bis zur nächsten warten und nutze die Zeit, um die Zeilen meines heutigen Briefes noch mal zu überfliegen. In der Tram werfe ich noch einmal einen prüfenden Blick in den alten Brief. Wenn ich die beiden jetzt so lese, komme ich mir ein bisschen doof vor. Irgendwie klingen sie, als hätte ein Kind sie verfasst, das zu viele Seifenblasen geschluckt hat. *Aber die Aufgabe war ja zu schreiben, was ich mir wünsche, und auch wenn es kindisch ist: Das sind nun mal meine Wünsche. Ich will eben ein Leben ohne Wecker führen, ob das geht, ist eine ganz andere Sache, aber erst mal ist das mein Wunsch, verdammt ... Und vor wem rechtfertige ich mich eigentlich schon wieder? Vor mir selbst ... schrecklich. Wie soll ich anderen gegenüber selbstbewusst auftreten, wenn ich alles, was ich mache, infrage stelle?*

Ich packe die Briefe weg, stelle fest, dass ich eine Station zu weit gefahren bin, und springe noch schnell aus der Bahn, bevor sie weiterfährt. *So ein Mist.* Doch dann spüre ich die letzten warmen Sonnenstrahlen auf meinem Gesicht. Es wird langsam wieder kälter, der Herbst ist da. Meine Lieblingsjahreszeit. Am liebsten würde ich jetzt im Park spazieren gehen. Einfach so. Doch auch diese Spontanität bleibt mir nicht vergönnt, denn ich bin mal wieder verabredet. Ich laufe also weiter zum Supermarkt, besorge die nötigen Lasagnezutaten und gehe nach

Hause. Meine Laune ist schon wieder gesunken, weil ich wirklich so gern spazieren gegangen wäre, stattdessen räume ich jetzt die Lebensmittel auf die Arbeitsfläche und hole die nötigen Küchengeräte hervor. Es klingelt. Jakob ist da.

„Hey Schatz", begrüßt er mich und überreicht mir einen Strauß Gerbera. *Oh, wie süß er ist. Und ich Arsch bin schlecht gelaunt, weil ich Zeit für mich allein will. Ich bin doch nicht normal,* verfluche ich mich. Er beugt sich zu mir und küsst mich leidenschaftlich.

„Die sind als Dankeschön für gestern. Weil du für mich da warst." Manchmal glaube ich, dass seine Exfreundin so ein Miststück war, dass ich dabei im Ranking nur gewinnen kann. Egal was ich tue, er ist jedes Mal total glücklich darüber und irgendwie so dankbar. Aber nicht auf diese bedrängende Art, die manche Partner ausüben, sondern auf eine liebevolle Weise. Er weiß mich eben zu schätzen, und das hilft wiederum mir, mich mit anderen Augen zu sehen. Auch wenn ich wirklich denke, dass es, wie zum Beispiel gestern, selbstverständlich war, dass ich ihm zuhöre und ihn in den Arm nehme.

„Hey", säusle ich ihm ins Ohr und strahle wie ein Honigkuchenpferd.

„Ich habe uns alkoholfreien Wein besorgt." Er holt eine Flasche aus seinem Beutel.

„Hä? Wieso das denn? Für die Party?"

„Also ich habe gedacht, ich faste jetzt einfach mal vierzig Tage. Also was Alkohol angeht. Ich hab viel nachgedacht und finde, dass ich doch mehr trinke, als mir lieb ist. Hier mal ein Glas Wein, da mal ein Bier, das schleicht sich eben so ein. Und ich will mir beweisen, dass es auch anders geht."

Ich gucke wahrscheinlich ziemlich verdattert.

„Und wieso trinken wir dann keinen Orangensaft, sondern alkoholfreien Wein?"

„Hm. Ich weiß nicht, ich dachte, damit das Weingefühl bleibt? Hm … vielleicht war das eine doofe Idee."

„Nein, nein. Ich wusste nur gar nicht, dass es so etwas gibt. Du willst eben alles austesten, ich finde das toll." Nun habe ich mich wieder gefangen. Vierzig Tage ohne Alkohol – sollte ja wohl kein Problem sein. Ich schaue auf den Kalender neben dem Kühlschrank. *Mist, da ist der Geburtstag meines Opas … Und da bin ich zum Junggesellenabschied verabredet … und hier ist doch die Hochzeit.* Ich schaue den Kalender bis zum Ende des Jahres durch und stelle fest, dass es innerhalb von vierzig Tagen immer Anlässe gibt, zu denen ich normalerweise trinken würde. Scheißegal wann, ich werde immer eine Ausrede haben, wenn ich was nicht richtig will.

„Was machst du?" Jakob steht hinter mir und umarmt mich. Er küsst meinen Hals.

Hach, wie ich das liebe.

„Ich mach mit."

Er dreht mich um, sodass er mich angucken kann. „Im Ernst? Das musst du nicht. Wirklich."

„Ich weiß, dass ich nichts muss, aber ich bin trotzdem dabei." Ich küsse ihn sanft auf die Lippen.

Er erwidert den Kuss etwas leidenschaftlicher. Binnen weniger Sekunden haben wir keine Klamotten mehr an und lieben uns auf der Theke. Ja, so habe ich mir mein Liebesleben gewünscht. Danach ziehen wir unsere Unterwäsche wieder an und beginnen zu kochen. Jakob erzählt lustige Geschichten von der Arbeit. Seit er seine neue Ausbildung bei der Berliner Stadtreinigung in der Gastro angefangen hat, was ich immer noch für eine komische Kombi halte, strahlt er jeden Tag, wenn er nach Hause kommt.

„Da kam doch tatsächlich die Frau von gestern wieder. Diesmal hatte sie ihre Tasche unter einem Mantel. Es wäre ja nicht mal aufgefallen, wenn es nicht so warm gewesen wäre. Die Frau hat so geschwitzt, die Suppe ist ihr nur so übers Gesicht gelaufen. Sie hat versucht, ganz cool zu tun, aber der Chef hat sie natürlich sofort ertappt. Er hat sie die ganze Zeit beobachtet und ist dann wie ein Tiger auf sie zugestürmt, als sie sich das Brot in die Tasche gesteckt hat." Er lacht und hält sich den Bauch dabei.

„Och man, die arme Frau, sie hatte wahrscheinlich einfach nur Hunger."

„Ja, sie kann ja auch essen, wir rechnen ihr schon immer nur die Hälfte ab, was der Chef natürlich nicht wissen darf, aber trotzdem versucht sie jeden Tag aufs Neue, was zu klauen. Sie kann anscheinend nicht anders."

„Hm. Vielleicht ist das so eine Art Spiel für sie, weil sie nichts anderes hat im Leben."

„Na, du bist heut aber tiefsinnig." Er gibt mir einen Kuss und rührt die Béchamelsoße am Herd.

„Ja, kann sein."

„Jedenfalls hat er ihr jetzt Hausverbot erteilt."

„Hat er das nicht schon letzte Woche?"

„Ja, aber er hat halt auch Mitleid."

„Und jetzt? Sie kommt doch morgen bestimmt wieder, oder?"

„Ziemlich sicher, ja." Jakob kann nicht an sich halten und lacht wieder, bekommt sich kaum noch ein. „Du hättest ihn sehen müssen, wie er sie die ganze Zeit beobachtet hat und dann entrüstet losgerannt ist."

„So wie Katja wahrscheinlich, als sie dachte, dass ich ihr Shirt von der Leine nehme." Nun muss auch ich lachen. Wie sie vor Monaten auf mich zugestürzt ist, werde ich nie vergessen.

Jakob schüttet die Soße über die Lasagneplatten, bedeckt sie mit Käse und stellt die Auflaufform in den Ofen. Dann umarmt er mich wieder.

„Es ist so schön, endlich mal allein zu sein. Gestern war einfach schrecklich." Er knabbert an meinem Ohr. „Ich bekomm niemals genug von dir."

Ich genieße seine Umarmung und schmiege mich an ihn. Es gibt nur ihn und mich, und ich bin überglücklich.

Ein Geräusch aus dem Flur lässt uns beide hochschrecken.

„Was war das?" Jakob schaut angestrengt Richtung Flur.

Eine Tür knallt.

„Scheiße!" Er schnappt sich seine Sachen, versucht, in seine Hose zu hüpfen, fällt der Länge nach hin und liegt wie ein Klecks Keksteig auf dem Boden. Ich würde mich ja auch anziehen, aber sein entsetzter Gesichtsausdruck und seine komischen Verrenkungen bringen mich dermaßen aus der Fassung, dass ich mich krümme vor Lachen.

Katja betritt das Wohnzimmer und schaut zu uns in die Küche.

„Na, schön, dass ihr euren Spaß habt." Dann dreht sie sich um, rennt heulend in ihr Zimmer und knallt die Tür.

Mist. Jetzt ist auch mir das Lachen vergangen.

„Scheiße!" Ich suche meine Sachen zusammen, ziehe mir was über und bin im Begriff, die Küche zu verlassen.

„Musst du jetzt wirklich zu ihr?"

„Du weißt doch, dass ich das muss."

„Um ehrlich zu sein, nicht. Vielleicht will sie allein sein? Außerdem kannst du nichts dafür, dass es bei ihr gerade schlecht läuft. Immer, wenn es dir gut geht, macht sie es kaputt."

Wow. Was sind das denn für harte Worte?

„Jakob, wir sind Freundinnen. Da ist man nun mal füreinander da." Aber so ganz glauben kann ich mir selbst nicht. Es stimmt schon irgendwie. Sie ist eifersüchtig auf mich. Ich hätte an ihrer Stelle nicht so einen Aufriss gemacht und ihren Abend versaut. Ob das daran liegt, weil sie Einzelkind ist? Aber man kann ja nicht immer alles auf die nicht vorhandenen Geschwister schieben – ich hab schließlich auch keine und benehme mich nicht so. Ist auch egal. Ich fühle mich verpflichtet, für sie da zu sein, klopfe an ihre Tür und trete ein.

„Du bist an allem Schuld. Hau ab!", brüllt sie mich verheult an.

„Ich?"

„Ja, weil du Jörns Party sabotieren willst! Kannst du nicht einmal akzeptieren, wenn ich glücklich bin, und dich zusammenreißen? Nur weil du ihn nicht magst und er dir nicht klug genug ist, musst du ihn mir nicht vergraulen! Meine Ansprüche sind eben nicht so unerfüllbar wie deine!" Sie steht auf und kreischt hysterisch: „Raus!"

Erschrocken mache ich einen Schritt zurück, und im nächsten Augenblick schlägt sie mir die Tür vor der Nase zu.

Ist das gerade wirklich passiert?

Jetzt verstehe ich die Redewendung des begossenen Pudels, denn genauso fühle ich mich. Ich trotte zurück in Richtung Wohnzimmer. Jakob kommt mir entgegen und nimmt mich wortlos in den Arm.

„Sie sagt, ich sabotiere Jörns Party und sei an allem schuld."

„Ich hab's gehört … War ja nicht zu überhören. Sie redet Unsinn, und das weißt du."

Ich fange an zu weinen, und er hält mich einfach nur fest. *Hoffentlich kommt Katja jetzt nicht und sieht uns so.*

„Was hältst du davon, wenn wir die Lasagne noch mal rausholen, sie erst morgen machen und dafür jetzt im Park picknicken? Wir könnten uns doch einen Döner holen. Das Wetter ist viel zu schön, um hier oben zu sitzen. Wir sind doch eh nur hier, weil wir dachten, dass wir sturmfrei haben."

Ich heule noch stärker, als ich das höre. *Wieso ist er nur so perfekt? Ich weiß gar nicht, womit ich das verdient hab.*

„Hey, wenn du die Idee doof findest, müssen wir nicht."

Ich lächle verheult, putze mir die Nase und schau ihn an.

„Die Idee ist perfekt."

Er gibt mir einen sanften Kuss auf die Wange, holt das Essen aus dem Ofen und stellt es in den Kühlschrank.

„Schlafen wir bei mir?", fragt er.

Ich nicke und gehe meine Sachen packen. So langsam vermisse ich mein Bett, aber was solls. Ich hab echt gar keinen Bock, Katja heute noch mal über den Weg zu laufen. *Immer mach ich alles verkehrt. Meine Ansprüche sind also zu hoch. Stimmt das?*

Wir gehen in den Park, Jakob breitet im Gras eine Decke aus und holt aus seinem Rucksack unsere Döner. Außerdem noch eine Tafel Schokolade als Nachtisch. Zum Trinken hat er Cola organisiert. Ist extra noch mal in den Späti gehüpft.

„Wo ist denn eigentlich der Wein?"

„Den habe ich bewusst in der Küche stehen lassen." Jakob grinst bis über beide Ohren.

Ich muss lachen. Die Idee hätte von mir sein können.

„Wie lange willst du das denn noch so machen?", fragt er.

„Was meinst du mit machen?" Eigentlich weiß ich genau, worauf er hinauswill.

„Mit ihr zusammenwohnen."

„Ich kann es mir nicht leisten, allein zu wohnen. Das weißt du doch."

„Ja, aber sie zieht dich ständig runter."

„Sind meine Ansprüche zu hoch?", frage ich, statt ihm zu antworten.

„Was? Wie kommst du denn jetzt darauf?"

Er hat also doch nicht alles gehört, was sie mir an den Kopf geworfen hat.

„Sie sagte, meine Ansprüche wären zu hoch."

„Weil du dich nicht mit einer Knalltüte wie Jörn abgeben willst?"

Ich muss schmunzeln. Doch trotzdem bin ich den Tränen schon wieder gefährlich nah.

„Aber wieso kann es mir denn nicht egal sein, mit wem sie zusammen ist? Wenn er sie glücklich macht, dann sollte das für mich doch reichen."

„Jule, sie *ist* eben nicht glücklich. Sie rennt ihm hinterher wie ein blöder Welpe, und dann heult sie, wenn er sie mal wieder nicht beachtet oder ihr wehtut. Und sie sagt ihm das ja nicht mal. Sie macht alles mit, ganz egal, ob sie will oder nicht, nur um ihn glücklich zu machen. Als hätte sie keinen eigenen Willen, und als wäre sie total verzweifelt."

„Ist sie ja vielleicht auch."

„Ja, ist sie sogar ganz sicher, aber dann sollte sie sich helfen lassen. Sie verliert jeden Funken Respekt vor sich selbst, wenn sie so weitermacht."

„Wow, ich wusste gar nicht, dass du das so siehst. Klingt ja fast, als täte sie dir auch leid."

„Tut sie auch, aber ich verstehe nicht, warum sie sich nicht helfen lässt, warum sie das überhaupt alles mitmacht, und warum sie dich dann immer wieder mit runterzieht. *Er* benimmt sich wie ein Idiot, und *du* bist in ihren Augen schuld? Sorry, aber das ist für mich ganz klar eine Wahrnehmungsstörung."

Irgendwie habe ich das Gefühl, dass es hier gar nicht mehr um Katja geht. „Schatz, was ist los?"

Jakob reicht mir meinen Döner. „Das wird sonst noch kalt, lass uns essen."

Das nenn ich mal ablenken.

Wir essen schweigend, und ich versuche, mich nicht so sehr zu ärgern – nicht über Katja und auch nicht darüber, dass Jakob nicht mit mir reden will. Ich schaue mich um und konzentriere mich auf die Umgebung. Im Park sind total viele Leute. Als hätte jemand verkündet, dass heute der letzte warme Tag des Jahres wäre und alle noch mal rauskommen sollten. Trotz allem bin ich froh, heute Abend hier gelandet zu sein. Die Luft riecht angenehm warm, und gleichzeitig weht mir frischer Wind um die Nase. Es wird gleich kühl, wenn die Sonne endgültig Feierabend macht. Abends sind es schon nur noch zehn Grad, während am Tag noch 25 Grad Badewetter herrscht. Ich liebe den Herbst wirklich. Als Kind habe ich supergern Laubschlachten geführt – mit Opa, der mich immer von der Schule abgeholt hat. *Ja, mein Opa ... Jetzt denke ich schon wieder an ihn. Aber es ist zu spät, ihn jetzt noch anzurufen, oder? Ja, nach* Gute Zeiten, schlechte Zeiten *ruft man nicht mehr bei den Großeltern an. Ich mach das morgen. Oder ich besuche sie direkt. Mal sehen. Jetzt kann ich eh nicht telefonieren ... und außerdem hab ich noch eine Sache vor, die mir jetzt noch schwieriger erscheint als vorhin. Ich muss Jakob sagen, dass ich mehr Zeit für mich brauche. Aber wie?*

„Sorry, dass ich eben so heftig war. Nur zwei Tage hintereinander gleich so schwere Themen behandeln zu müssen ... damit hab ich nicht gerechnet. Es ist nicht so, dass ich dir das alles nicht erzählen *möchte*, aber manche Dinge will ich ungern noch mal durchkauen, weil es mich zu sehr aufwühlt. Andererseits will ich aber auch, dass du die Dinge weißt."

Wow, was kommt denn jetzt?! Ich schaffe es nicht, einen Ton rauszubringen, räume die Teller beiseite und setze mich näher zu ihm. Als Unterstützung nehme ich seine Hand und lege ihm ein Taschentuch hin. Er muss grinsen. *Ziel erreicht.*

Er lässt sich rücklings fallen und signalisiert mir, sich in seine Arme zu legen, was ich tue.

„Es geht hier nicht mehr um Katja."

Er streichelt mir übers Haar, und ich halte seine andere freie Hand und streichle ihn ebenfalls.

„Es geht um Eva."

Seine Ex also.

„Wir haben zusammengewohnt. Sie hat mir für alles die Schuld gegeben. Alles was ich getan habe, war falsch. Sie ist jeden Tag ausgerastet, richtig an die Decke gegangen. Es war furchtbar, und ich habe das viel zu lang mitgemacht. Aber ich hab mich irgendwie für sie verantwortlich gefühlt."

„Wieso das?", traue ich mich zu fragen.

„Na ja, sie hat mir anvertraut, wie schlimm ihr Leben vor mir gelaufen ist, und dass ich der erste Kerl in ihrem Leben war, der sie gut behandelte und es ernst meinte. Sie war noch nie in jemanden so verliebt wie in mich. Und wir hatten am Anfang ja auch viel Spaß, deshalb ist sie dann ziemlich schnell zu mir gezogen. Mein Mitbewohner ist damals nach Neuseeland ausgewandert, und es passte einfach."

„Und dann?"

„Tja, dann habe ich ihr wahres Ich kennengelernt. Oder eher, ihre anderen Ichs."

Ich richte mich auf und schaue ihn verwirrt an.

„Also, an einen Tag war sie der verliebteste Mensch auf Erden, engte mich damit schon fast ein. Es war ihre Idee mit dem Zusammenziehen, und sie wollte nach kurzer Zeit schon Kinder und heiraten. Ich konnte eigentlich nicht mal mehr allein aufs Klo gehen. Das war irgendwie krass, aber ich dachte, das gibt sich wieder, wenn die erste Verliebtheitsphase vorbei ist."

Ich atme tief die frische Herbstluft ein. *Wow, und ich beschwer mich, dass ich mehr Zeit will, dabei hab ich es anscheinend noch gut. Sind meine Ansprüche doch zu hoch?*

„Eines Morgens, ich hatte noch geschlafen, zu der Zeit war ich gerade arbeitslos, brüllt sie mich wach – ich bin fast aus dem Bett gefallen vor Schreck." Er holt tief Luft. Was jetzt kommt, scheint schwer für ihn zu werden. „Sie war der Meinung, dass ein Kondom aus der Packung fehlte, und sie hätte ja am Tag zuvor schon mitbekommen, dass ich mit einer Frau telefoniert hätte, was der ganze Mist eigentlich sollte, sie könnte niemandem vertrauen, alle würden sie betrügen und so weiter. Ich konnte wirklich überhaupt nicht mit ihr reden. Sie war total von der Rolle. Sie hat einen Aschenbecher nach mir geworfen."

„Du hast geraucht?" Nicht die feinfühligste Frage an der Stelle. Sieht er wohl genauso, wenn ich seinen Blick richtig deute.

„Nein, aber für mich war es okay, wenn sie am Küchenfenster geraucht hat, damit sie nicht immer raus in die Kälte musste."

„Sorry." Ich komme mir blöd vor wegen der Frage und lege mich lieber wieder in seinen Arm.

„Schon gut." Er küsst meinen Kopf. „Jedenfalls gab es, nachdem sie bei mir eingezogen war, ständig solche Situationen."

„Hast du wirklich mit einer Frau telefoniert?"

„Ja, mit meiner Mutter. Sie war eifersüchtig auf *meine Mutter!* Das muss man sich mal vorstellen. Wenn ich sie am Abend besuchen wollte, hat mir Eva eine Megaszene gemacht, dass ich sie jetzt, wo es ihr gerade so schlecht gehe, doch nicht allein lassen könne, dass ich sie nicht liebe und so weiter. Psychoterror. Und komischerweise ging es ihr immer genau dann schlecht, wenn ich mal was vorhatte. Aber sie selbst hat ständig mit irgendwelchen Exkerlen geschrieben – das war dann okay. Ich hab da auch kein Fass aufgemacht und durfte mich im Gegenzug nicht mal mit meiner Mutter treffen."

„Und das hast du mitgemacht?"

„Ja ... also ich wunder mich auch. Mir ging es zu der Zeit nicht besonders. Ich hatte meinen Job verloren, hab mich nutzlos gefühlt, war sicher leicht depressiv und habe sie eben getroffen. Am Anfang hat sie mir auch das Gefühl gegeben, nützlich und wertvoll zu sein, verliebt zu sein war klasse, wir haben viel gelacht ... Und dann dachte ich immer, das ist nur eine Phase, das vergeht wieder. In einen Moment war alles okay und im nächsten war sie todestraurig wegen ihrer Vergangenheit. Immer wenn ich etwas ansprechen und mit ihr über unsere Probleme reden wollte, fing sie furchtbar an zu weinen, weil ihr etwas Schlimmes aus ihrer Vergangenheit im Nacken saß."

Nun richte ich mich doch wieder auf. Ich will ihm in die Augen sehen.

„Krass ... und wie hat das dann geendet?"

„Sie hat versucht, sich das Leben zu nehmen." Auch Jakob richtet sich jetzt auf, und wir sitzen uns gegenüber. Ein Blatt weht auf seinen Schoß. Tränen in seinen Augen. Ich halte seine Hand.

„Ich habe mich total verändert, bin nicht mehr rausgegangen, um nicht noch mehr Streit zu provozieren, und eines Tages rief mich meine Mutter an und sagte: ,Jakob, mach nicht denselben Fehler wie ich. Führ dein glückliches Leben nicht erst nach einem Schicksalsschlag.'"

Jetzt kommen sogar mir die Tränen. Der Satz hat es in sich. Wie sehr muss seine Mutter wohl gelitten haben? Und auch Jakob. Und wie viel Mut muss es sie gekostet haben, Jakob so etwas zu sagen. Im Grunde hat sie seinen Vater dabei nicht gerade in gutem Licht dastehen lassen.

„Mamas Worte haben ziemlich viel ausgelöst. Als Eva nach Hause kam – *sie* durfte ja durch die Gegend ziehen und sich mit der ganzen Welt treffen … Na ja, ich muss eigentlich sagen zum Glück, ich war jedes Mal erleichtert, wenn sie nicht da war. Es war, als könnte ich nur richtig atmen, wenn sie weg war. Jedenfalls, als sie nach Hause kam, habe ich ihr gesagt, dass ich möchte, dass sie auszieht. Es gab einen Riesenstreit, ich hab sie zwar getröstet, aber ich blieb hart. Das konnte so einfach nicht mehr weitergehen. Irgendwann bin ich eingeschlafen und bin wegen eines Schreis hochgeschreckt … und dann hab ich sie im Bad gefunden. Da lag sie auf den Fliesen, und alles war voller Blut. Ich hab den Notarzt gerufen, sie kam ins Krankenhaus, und damit war sie raus aus meiner Wohnung." Er redet mechanisch. Als hätte man auf einen Knopf gedrückt, der ihn die Worte abspulen lässt. „Ich hab sie natürlich besucht, aber ich habe sie nicht mehr bei mir einziehen lassen, so dass sie zurück zu ihren Eltern musste. Das war hart, vor allem, da sie mich zwei Tage heftig beleidigt und verleumdet hat. Sie hat sogar bei meiner Mutter angerufen und ihr irgendeine Scheiße erzählt, mir auf Facebook Bilder von sich und ihrem neuen Macker aus dem Krankenhaus geschickt, und dann kam sie wieder an und wollte mich zurück. Als ich ein wenig Abstand hatte, hab ich erst mal gesehen, wie krass ihre unterschiedlichen Persönlichkeiten waren, und irgendwann hab ich sie auf meinem Handy und Facebook blockiert. Das alles hat mich jeden Tag so gestresst, weil ich nie wusste, steht sie wieder vor der Tür, hasst sie mich heute oder will sie mich zurück. Das hat mich wirklich kaputt gemacht, und ich hab total viel abgenommen. Hab mich sehr lang nicht vor die Tür getraut, weil ich immer dachte, sie lauert mir auf. Einmal hat mich ihr Typ angerufen und mir gedroht. Wer weiß, was sie dem über mich erzählt hat, und wer weiß, was überhaupt alles gelogen war. Keine Ahnung, ob auch nur ein Wort gestimmt hat."

Ich nehme ihn in den Arm. „Es ist vorbei", flüstere ich.

„Es hatte auch etwas Gutes. Die Zeit danach hat mich sehr mit meiner Mutter zusammengeschweißt. Sie hat mir endlich all das erzählt, was ich jahrelang ahnte und nicht wahrhaben wollte, und sie war auch die Einzige, die das mit Eva alles wusste. Es war mir zu peinlich, mit meinen Freunden darüber zu reden, aber meine Mum wusste immer alles, ohne dass ich groß was sagen musste. Und sie hat mir eben von früher erzählt. Von Papa. Sie meinte, dass sie nun endlich bereit wäre, darüber zu sprechen, weil es nicht mehr so wehtäte, und sie fände, dass ich die Wahrheit wissen sollte."

„Das war bestimmt eine schwere Zeit." Ich weiß selbst, wie dämlich der Satz ist, aber mir fällt beim besten Willen nichts Besseres ein.

„Sie hat uns übrigens eingeladen für morgen Abend."

„Deine Ex?"

„Meine Mutter."

Wir müssen beide lachen. Er zieht mich näher zu sich, und wir rollen über die Decke, kippen die Cola um und kriegen uns nicht mehr ein vor Lachen.

„Wollen wir noch ein bisschen spazieren, bevor die Sonne ganz weg ist? Es wird langsam kalt."

„Gern", antworte ich, und wir packen zusammen.

„Warum wolltest du eigentlich heute mit mir reden?"

Ich halte inne, und mir wird heiß. *Stimmt ja, ich hab ihn ja noch vom Copyshop aus telefonisch vorgewarnt,* schießt es mir in den Sinn. *Scheiße, verdammt, warum hab ich nicht meine große Klappe gehalten?*

Natürlich bemerkt er meine Panik – er merkt schließlich alles – nimmt mir den Rucksack aus der Hand und stellt sich vor mich. Dann nimmt er meine Hand.

„Schatz, wir können über alles reden."

„Hat sich eigentlich … irgendwie … erledigt?"

„Okay, ich will dich zu nichts zwingen. Aber du weißt, du kannst immer mit mir reden."

„Ich weiß, aber jetzt ist irgendwie ein denkbar schlechter Zeitpunkt."

„Welcher wäre denn besser?"

Ich schaue ihm in die Augen. *Er hat recht. Eigentlich gibt es keinen richtigen Zeitpunkt.*

„Ich merke doch, dass du in letzter Zeit unzufrieden bist und dich was beschäftigt. Und ich hab auch vorhin gesehen, dass du das Buch wieder liest."

Nun bin ich wirklich überrascht.

„Du weißt es?"

Er gibt mir einen Kuss auf die Stirn.

„Natürlich."

„Na gut." Ich wende mich von ihm ab und räume den Rest des Picknickzubehörs in den Rucksack, den er schon mal schultert, während ich die Decke zusammenrolle.

Hand in Hand laufen wir durch den Park, bunte Blätter liegen auf dem Boden, es ist einfach traumhaft. Ich sauge die frische, kalte Luft ein und suche die richtigen Worte.

„Es ist so … Mich hat damals alles genervt im Leben, weißt du ja, und dann hab ich dieses Buch gefunden und in meinem Leben ausgemistet. Aber als ich dich kennenlernte, war ich plötzlich zufrieden und verliebt und hatte gar nicht mehr das Bedürfnis, in das Buch zu schauen."

„Und jetzt bist du nicht mehr verliebt, ja?", scherzt er und gibt mir einen liebevollen Stoß in die Rippen.

„Nein, also doch, ich bin verliebt." Ich lache. „Aber mir wurde klar, dass ich das Buch nie beendet habe und du der einzige Punkt in meinem Leben bist, der toll läuft. Ich bin immer noch unzufrieden mit der Arbeit, mit meiner Zeit, mit allem einfach. Ich wollte joggen, und was ist? Seit ich dich kennengelernt habe, war ich nicht ein einziges Mal joggen."

„Ich wollte mit dir zusammen joggen – hust", antwortet er.

„Ich weiß, ich weiß, ich bin ja selbst schuld, aber irgendwie hatte ich eben nur noch Augen für dich, was ja auch schön ist, aber ich habe meine eigentlichen Ziele aus den Augen verloren, weiß gar nicht, was ich wirklich will und bin wieder nur noch am Jammern." Ich hoffe, dass er mir widerspricht, aber als aufmerksamem Freund wird ihm das wohl nicht entgangen sein. Er sagte ja, er merke, dass etwas mit mir los sei.

„Okay. Und jetzt hast du das Buch wieder rausgeholt."

„Genau. Heute. Ich lese es noch mal von vorn und bin zu dem Schluss gekommen, dass ich etwas ändern muss. Ich hab heute keine Überstunden gemacht und im Büro um Hilfe gebeten."

„Du hast *was? Du?!* Bei wem?" Er reißt die Augen weit auf.

„Mann, das ist nicht lustig." Ich lache trotzdem. „Ich hab Frau Schuster angerufen, und dann musste ich ins Büro und den Autoschlüssel vom Baldo holen. Der war überhaupt nicht begeistert, aber Herr Maier hat mich verteidigt, und morgen bekomme ich wohl Verstärkung." Ich erzähle ihm aufgeregt die ganze Geschichte, lasse auch das Eis nicht aus und dass Helmuth meinen Chef offenbar gut kennt.

„Krass. Das Buch hat eine ganz schöne Macht."

„Es war nicht nur das Buch. Auch Helmuth und Franzi haben mir in den letzten zwei Tagen ganz schön die Augen geöffnet. Ich beschwere mich ständig, ohne was zu verändern und mein Leben selbst in die Hand zu nehmen."

„Ich bin stolz auf dich." Er beugt sich zu mir und gibt mir einen Kuss.

„Danke", murmle ich.

„Und was hat das machtvolle Buch an mir auszusetzen?"

„Gar nichts natürlich. Es geht gar nicht um dich, sondern um mich. Ich bin so verliebt, was toll ist, dass ich jede freie Sekunde mit dir verbringen möchte, aber so hab ich gar keine Zeit mehr für mich. Und die brauch ich aber, um rauszufinden, was ich vom Leben will." Jetzt ist es raus. Ich bin total nervös, meine Hände sind schweißnass, was mir superunangenehm ist.

„Geht mir auch so."

Ich bleibe stehen.

„Echt?"

„Na klar, ich will jede Sekunde mit dir verbringen, aber auch ich war deshalb nicht mehr beim Sport, bin unzufrieden mit meinem Muskelzustand und habe meine Freunde sehr selten gesehen."

Stimmt, daran habe ich gar nicht gedacht. Er hat schließlich auch ein Leben abseits von mir.

„Und wieso hast du nichts gesagt?"

„Ich dachte, das pendelt sich von allein ein."

„Und was machen wir jetzt?"

„Einen Gang runterfahren?"

Ich ziehe eine Schnute.

„Das will ich aber auch nicht. Also ich will Zeit für mich allein, aber ich will auch gaaanz viel Zeit mit dir verbringen."

„Ich weiß, geht mir doch auch so. Aber wir müssen dafür sorgen, dass wir uns nicht selbst vergessen, damit es weiterhin so gut funktioniert. Außerdem vermissen wir uns so wieder, und das soll doch die Beziehung frisch halten."

Ich pruste laut los. Dieser Typ.

„Aber wie wollen wir das machen? Morgen sind wir bei deiner Mutter und Samstag bei der Party."

„Ich denke, das ergibt sich spontan. Wir können doch Samstagnachmittag für uns nutzen, und am Abend hol ich dich zu unserem Party-ohne-Alkohol-Arschloch-Date ab."

Ich lache so laut, dass andere Parkgänger zu uns rüber gucken.

Wir schlendern noch ein wenig durch den Park und fahren dann zu ihm nach Hause. *Ich hab's geschafft,* denke ich noch vor dem Schlafengehen. *Ich hab es geschafft, Zeit für mich einzufordern, und darf morgen früh weiter mit dem Buch arbeiten.* Meinen Wecker stelle ich mir wieder etwas früher als sonst, damit ich noch genug Zeit dafür haben werde. Ich kuschle mich an Jakobs Brust, genieße seine um mich geschlungenen Arme, höre auf seinen Herzschlag und schlafe zufrieden ein, als sein beruhigendes Schnarchen an mein Ohr dringt.

Freitag

Ich werde noch vor dem Weckerklingeln wach und bin ganz hibbelig, weil ich gleich in dem Buch weiterlesen darf. Ich habe meine Aufgaben schließlich erledigt, was mich mit Stolz erfüllt. Doch als Erstes schicke ich Jakob ein „Dankeschön" über WhatsApp, weil mein Frühstückstablett wieder perfekt und liebevoll gedeckt auf dem Nachttisch steht. Dann husche ich schnell in die Küche, um mir einen Kaffee zu machen, und kuschle mich mit dem Buch wieder ins warme Bett. Draußen ist es noch ziemlich frisch, und der Wind zieht die Gardine aus dem Fenster.

Lektion 6
Glückwunsch, Sie sind Ihrem Traum ein paar Schritte nähergekommen. War doch gar nicht so schwer, oder?
Lesen Sie nun noch einmal Ihren Brief an sich selbst, den Sie in Lektion 3 verfasst haben!

Ich hole beide Briefe aus meinem Portemonnaie und vertiefe mich in meine Wunschgedanken. Der erste Brief war mehr träumerischer Art. Es ging ums Joggen und die große Gesangskarriere. Der zweite war schon etwas realistischer, mit einer beruflichen Veränderung, in der ich gefordert werde, und um Persönlichkeitsentwicklung. Darum, mal Nein zu sagen. Beide Wünsche haben ihre Berechtigung. Für den zweiten habe ich gestern tatsächlich schon viel getan, indem ich meine drei Aufgaben erfüllt habe. Und das, obwohl ich es nie für möglich gehalten hätte, mich zum Beispiel zum Gesangsunterricht zu trauen oder auf Arbeit um Hilfe zu bitten.

Lektion 7
Ihre Träume fühlen sich heute schon eher wie etwas Erreichbares an, oder?
Erweitern Sie nun Ihre Wunschliste – trauen Sie sich, noch etwas mehr zu träumen!

Mehr zu träumen. Was meint die Autorin denn genau damit? Ich finde, ich träume eh schon zu viel. Ich beschließe, mich fertig zu machen, denn über diese Aufgabe muss ich etwas länger nachdenken. Vielleicht hilft ein frisch gewaschener Kopf.

Nach dem Duschen habe ich tatsächlich einen weiteren Punkt gefunden, aber ich habe Angst, dass ich ihn auch bearbeiten muss, wenn ich ihn aufschreibe. Andererseits will ich ja eine Veränderung, also schreibe ich in mein Notizheft:

- mehr über meinen Job lernen

Ich bin stolz, mit welcher Gerissenheit ich ein wenig schummle, denn so ist nicht gesagt, dass ich Frau Schuster oder die Chefs fragen muss. Ich kann schließlich auch ins Internet gehen oder mir ein Fachbuch kaufen. Also ich bin ja schon mutig, aber für eine Konfrontation mit Frau Schuster oder einem der Chefs fehlt mir doch noch ein wenig Courage. Hm ... Aber ein Punkt reicht bestimmt nicht. Ich föhne zur Abwechslung meine Haare – normalerweise lass ich sie einfach so trocknen, doch ich habe endlich mal Zeit und muss nachdenken. *Wie viele Dinge man tut, wenn man Zeit hat. Unglaublich.* Und dann fällt mir Opa wieder ein, und ich notiere:

- Opa und Oma besuchen

Beim Gedanken daran werde ich ganz aufgeregt, weil ich mich so freue, Opa wiederzusehen. Ich setze mir eine Erinnerung im Handy, dass ich mich mittags mal für das Wochenende ankündige. *Hach, auf den Punkt freu ich mich ganz besonders. Reicht das?*

Außerdem würde ich Jakob gern auf eine besondere Art und Weise Danke sagen, doch wahrscheinlich gehört so was nicht auf die Liste. Oder? Doch, es ist ein Wunsch, und ich will, dass da nicht nur zwei Sachen stehen. Das sieht doch total unkreativ aus, also schreibe ich:

- Jakob besondere Dankes-Überraschung

Damit bin ich zufrieden und schnappe mir erneut den E-Book-Reader.

Lektion 8
Machen Sie sich Gedanken darüber, was Sie nicht brauchen, aber dennoch besitzen, und schreiben Sie es auf!

Gehen Sie Ihren Kleiderschrank durch! Was tragen Sie wirklich, und was kann weg? Durchstöbern Sie Ihr Bücherregal! Brauchen Sie wirklich jedes einzelne dieser Bücher? Besitzen Sie Küchengeräte, die Sie nie aus dem Schrank nehmen? Haben Sie schon mal Ihr Make-up aussortiert oder befinden sich in Ihrem Schminktäschchen Relikte aus grauer Vorzeit? Und was ist mit Ihrem Parfümvorrat?

Katja, lautet mein erster Gedanke, doch natürlich schreibe ich den nicht auf. Ich weiß gar nicht, ob sich schon wieder etwas angesammelt hat. Ist ja erst ein paar Monate her, seit ich das letzte Mal ausgemistet habe. Ich beschließe, mir in der Bahn weitere Gedanken zu machen. *Vielleicht schlechte Laune? Das habe ich inzwischen wieder in meinem Repertoire und kann es definitiv nicht gebrauchen. Aber wie wird man denn so was los?* Ich zücke mein Handy, gebe in die Suchmaschine „schlechte Laune loswerden" ein und bin überrascht, wie viele Menschen anscheinend dasselbe Problem haben. Es gibt unendlich viele Ergebnisse, und ich fühle mich vom Angebot der Artikel fast erschlagen. Dennoch scrolle ich mal durch. Es gibt sogar einen wikiHow-Eintrag – der erste Tipp ist, dass ich mich mit etwas beschäftigen soll, das Spaß macht. *Ja, danke, ich fahre gerade zur Arbeit, wie soll das denn gehen? Kann ja schlecht sagen: Sorry, Chef, mach deinen Scheiß allein, ich muss erst mal gute Laune bekommen.*

Tipp zwei ist irgendwie auch nicht besser in einer Bahn: meditieren oder eine andere spirituelle

Praxis wie Beten. Nichts für mich und vor allem nicht in den Öffis. Der dritte Tipp gefällt mir zwar sehr, aber ich muss immer noch arbeiten: Buch lesen oder Lieblingsfilm ansehen. *Super Tipp … auf die Idee wäre ich auch selbst gekommen.* Der nächste Rat lautet, ich soll eine angenehme Ablenkung finden. Das dazugehörige Bild zeigt eine shoppende Frau. *Ganz ehrlich, leck mich doch. Ich muss arbeiten, hab ich das nicht schon zehnmal gesagt? Und ist das nicht derselbe Tipp wie der erste?* Ich gehe auf eine andere Seite, die mich wegen ihrer bescheuerten Ratschläge schon fast ärgert und meine Laune eher runterzieht. *Eigentlich hatte ich nicht mal schlechte Laune. Ich wollte doch nur gucken, wie ich sie morgens vor der Arbeit oder am besten bei der Arbeit loswerde.*

Auf einer der nächsten Seiten werde ich fündig. Mir gefällt besonders der Ratschlag, dass ich mich über mich selbst lustig machen und meine Gedanken ins Lächerliche ziehen soll. Das ist ein Tipp nach meinem Geschmack, und das hab ich sogar schon mal getan. *Das probier ich aus, wenn meine Stimmung das nächste Mal düster wird.* Dann finde ich ein Video von einem Baby, anscheinend soll das supergute Laune und Lachtränen bringen. Also ich bin jetzt nicht so der Babytyp, aber ich pack mir meine Kopfhörer ins Ohr und schau es mir an. Ein Baby sitzt auf dem Sofa, und ein Typ zerreißt Papier. Das Baby lacht dabei so herzhaft, dass aus meinem ersten Grinsen tatsächlich ein Glucksen wird, und plötzlich fange ich wirklich lauthals zu lachen an. In der Bahn. Auf mein Handy starrend. Die Leute um mich rum sind mir total egal, weil das einfach so unendlich lustig ist. Eine Dame rückt sogar näher und versucht, heimlich auf mein Handy zu linsen. Sie beginnt auch zu lachen und signalisiert mir, die Kopfhörer aus den Ohren zu nehmen, damit sie mithören kann. Das ist mir dann doch unangenehm, ich will die anderen ja nicht stören. Allerdings ist der Drops mit unserem Gegacker eh schon gelutscht, also beschallt das Babylachen nur Sekunden später die ganze Bahn.

Irgendwie ist das eine total merkwürdige, aber auch schöne Situation. Fremde Menschen, die mit Coffee-to-go-Bechern und Brötchentüten in der Hand grimmig vor sich hinstarren, erwachen alle gleichzeitig zum Leben, und wir lachen Tränen.

Wenn mir das jemand erzählen würde, ich würde es nicht glauben.

Als ich aussteigen muss, tut uns allen schon das Gesicht weh, und wir Fremden verabschieden uns, als wären wir gute Bekannte. Lachen verbindet. *Gott, was für ein toller Start in den Tag. Erst Jakobs herrliches Frühstück, dann mein Buch und jetzt das.* Ich hatte während der Fahrt tatsächlich vergessen, dass ich einen langen Kopiertag vor mir habe, das Ganze nicht schaffbar ist, und ich, wenn ich Glück oder Pech habe (da bin ich mir noch nicht sicher), mit meinem Chef zusammen kopieren werde. *Luxusprobleme. Uuuh, ich muss kopieren.* Ich übe kurz schon mal die lächerliche Jule.

Als ich bei einem Bäcker vorbeikomme, beschließe ich spontan, einige Stücke Kuchen zu kaufen – als Dankeschön für Helmuth und Franzi, weil sie immer so gut zu mir sind, und zur Sicherheit für Herrn Maier, falls er wirklich dazukommt. Er hat mir gestern schließlich ein Eis mitgebracht.

„Guten Morgen, guten Morgen, guten Morgen, Sonnenschein", singe ich das Lied von Nana Mouskouri, als ich den Copyshop betrete. Schon beim Bäcker wurde ich irgendwie anders wahrgenommen. Die Bäckersfrau hat total gestrahlt, als sie mich bedient hat, und jetzt drehen sich Franzi und Helmuth zu mir und starren mich an, als käme ich von einem anderen Stern.

„Wow, ich hab dich noch nie singen gehört." Franzi begrüßt mich mit einem Küsschen, Helmuth mit einer Umarmung.

„Ich hab Kuchen mitgebracht."

„Na, das kann an einem Freitag nie schaden. Danke schön."

„Ich danke *euch*. Für alles. Ihr seid wirklich die Besten." Doch bevor es zu rührselig wird, gehe ich zu meinem Kopierer Joseph.

„Du kannst gern weitersingen, Jule. Das war echt toll."

Das geht natürlich runter wie Butter. Wobei ich nie verstanden hab, wieso das was Gutes sein soll, denn Butter, die „so runtergeht", ist doch total eklig.

Franzi bringt mir Kaffee und gibt mir eine Karte.

„Hier, die Visitenkarte von meinem Tätowierer. Falls du es dir doch mal anders überlegst, so begeistert wie du immer bist."

„Oh, danke." Mehr kann ich dazu nicht sagen, denn ich würde mich das niemals trauen, und das ist doch auch gar nicht so schlecht. Ich bin dann eben einzigartig, weil ich als fast einziger Mensch in meinem Alter keine Deko am Körper hab. Oje, ich sage mit meinen vierundzwanzig Jahren schon „in meinem Alter".

„Ich mach eine Runde mit, bis deine Anwälte kommen. Welche Akte kann ich nehmen?"

Da beschwer ich mich natürlich nicht und drücke ihr strahlend einen Ordner in die Hand. „Meinst du wirklich, die Anwälte kommen?"

„Auf jeden Fall, wenn Friedrich das organisiert, würde ich mir keine Gedanken machen." Sie beginnt mit dem Kopieren.

„Du kennst Herrn Maier auch?"

„Na klar, er war schon oft hier, um mit Helmuth zu plaudern. Wenn die beiden über alte Zeiten reden, ist immer ordentlich was los hier."

Ich nehme einen Schluck von meinem Kaffee und staune zum wiederholten Mal. Irgendwie fühle ich mich hintergangen – ich kotze mich hier immer aus, aber beide kennen einen meiner Chefs, ohne einen Ton zu sagen. Ich würde sie gern fragen, warum sie das nie erwähnt haben, traue mich aber nicht. *Was hätte das auch schon geändert? Oder hab ich einfach nur nicht richtig hingehört, weil ich zu beschäftigt mit mir selbst war?*

„Jule, du nimmst noch Gesangstunden, oder?", will Franzi mit einem Mal wissen.

„Ja, immer montags", antworte ich, verwirrt von dem Themenwechsel.

„Cool, das will ich auch irgendwann mal wieder machen. Was singst du zurzeit?"

„Ach, momentan habe ich MIA für mich entdeckt. Das ist eine BAND, die mich immer zum Lachen bringt."

„Kenn ich gar nicht. Warte mal, ich mach was an. Der Radiosender nervt eh. Sag mir mal ein Lied."

„Irgendwas mit ‚Lass deine Monster frei‘."
Franzi rennt lachend davon.

„Das klingt jetzt schon so, als könnte es mein neues Lieblingslied werden." Als sie zurück zum Kopierer kommt, hat sie einen Zettel in der Hand. „Songtext. Das Lied heißt übrigens ‚Mausen‘." Sie zwinkert mir zu. „Na dann mal los." Sie hört sich den Song begeistert an und tanzt ein wenig dazu, die anderen Leute im Laden sind ihr schlicht egal, Helmuth scheint es auch nicht zu stören. Im Gegenteil, ihre Tanzlaune und die Vibes des Songs scheinen ansteckend zu sein.

Nach ein paar Wiederholungen kann sie schon perfekt mitsingen:

„Sei, ja jedes Monster, sei
Lass deine Monster frei, du bist da nicht allein
Ich kann auch Monster sein
Ich denk bei mir „Schnuppe, jetzt erst recht und grade drum"
Verpassen will ich nichts, mal ehrlich, wär' doch viel zu schade
Ich mach mich auf und verlauf mich sieh mal einer an
Auf diesem Weg bring ich mich nach Hause"

Als wäre der Text von ihr, singt sie laut und mit ganzem Gefühlseinsatz mit, sodass auch ich mich traue, lauter zu singen. Und so verbringe ich die erste Arbeitsstunde des Tages mit so viel Spaß wie noch nie. Irgendwie schön, andere Leute anzustecken. Und wie leicht das eigentlich ist. Ich dachte bis heute Morgen, dass es unangenehm ist und man

Menschen stört, wenn man laut lacht oder singt oder dass man für irre gehalten wird, wenn man einfach mal drauflos tanzt. Aber anscheinend war das alles nur in meinem Kopf, denn zumindest heute lachen alle anderen mit – oder wie hier, die Leute wippen mit zum Lied.

„Was ist denn hier los?"

Mir rutscht das Herz in die Hose. Herr Baldo betritt den Laden, und seine Mundwinkel hängen tief. Im ganzen Raum wird es still, und während Franzi anfangs weitersingt, bricht auch sie nach ein paar Zeilen ab.

„Prima, dass du da bist. Dann kannst du mich gleich ablösen. Es ist doch recht voll geworden. Du kannst hier zu Franz", sagt sie.

„Zu Franz?" Der Baldo versteht nur Bahnhof.

„Unsere Kopierer haben immer noch Namen", erklärt Franzi.

„Christian, tu doch nicht so, als hättest du noch nie hier kopiert." Helmuth kommt, um Herrn Baldo zu begrüßen, und führt ihn zum Kopierer. Neben mir. *Muss das echt sein? Es war doch gerade noch so schön.*

„Guten Morgen, Frau Pieper. Sieht ja aus, als hätten Sie Spaß."

„Du bist auch nicht hier, weil es keinen Spaß macht, sondern weil die Menge an Akten für eine Person nicht in drei Tagen zu schaffen ist", klärt Helmuth ihn auf.

Ich bin dankbar für seine Unterstützung, dennoch steigt Übelkeit in mir hoch, und meine Kehle fühlt sich an wie zugeschnürt. Der Geruch von Baldos Aftershave hängt in meiner Nase und nimmt mir fast den Atem, auch wenn es erstaunlich gut riecht.

„Gibt's Kaffee?" Er blickt auf meine Kaffeetasse und dann zu Helmuth.

„Für zwei fünfzig."

„Von mir aus."

Ha! Und ich bekomme meinen umsonst.

„Jule hat Kuchen mitgebracht, soll ich dir ein Stück bringen?"

„Wer?"

„Deine gute Frau Pieper", antwortet Helmuth vorwurfsvoll.

„Haben Sie den gebacken?" Er mustert mich argwöhnisch.

„Nein, gekauft."

„Natürlich. Ich nehm eins."

Was soll das denn bitte heißen?! Dieser bescheuerte Arsch macht mich so wütend, aber ich sage keinen Ton, traue mich nicht und verfluche mich schon wieder dafür.

Helmuth bringt Kaffee und Kuchen.

„Danke", nuschelt Baldo.

„Sag das nicht mir – der Kuchen ist von Jule".

Der Blick, den Helmuth dafür erhält, lässt mich schaudern, doch dann nuschelt er noch leiser als zuvor an Helmuth ein „Danke" an mich.

Mein „Bitte" ist auch nicht lauter.

Schweigend kopieren wir nebeneinander, und ich starre verzweifelt aus dem Fenster, wünschte, ich wäre an der frischen Luft und mein Kopf würde durchgeblasen.

Ich überlege, einen Smalltalk zu starten, aber schaffe es einfach nicht.

Franzi tauscht meine leere Kaffeetasse gegen eine volle und bringt mir ein Stück Kuchen. Außerdem drückt sie mir heimlich einen Zettel in die Hand. Verwirrt starre ich darauf und bücke mich zu meiner Tasche neben dem Kopierer, um unbemerkt zu lesen, was sie mir geschrieben hat.

Lächeln! :-)

Na, Franzi hat leicht reden. Sie hat sich ja auch aus dem Staub gemacht. Ich dreh mich zu ihr um, und sie grinst bis über beide Ohren. Als sie eine Grimasse zieht, muss ich lachen – als der Baldo zu mir schaut, werde ich direkt wieder still, weil ich mich blöd fühle. *Aber warum eigentlich? Müsste* er *sich nicht eigentlich blöd fühlen, weil er andere Menschen dazu bringt, sich schlecht zu fühlen? Wer gibt dem eigentlich das Recht, sich so unhöflich zu benehmen?* Ich spiele nicht ganz ernst mit dem Gedanken, ihm das Babyvideo zu zeigen, wahrscheinlich würde dann sogar der kleine Wonneproppen aufhören zu lachen. Diese Macht besitzt Herr Baldo. Wieder frage ich mich, wieso andere Menschen, die ich nicht mal mag, so viel Macht über mich besitzen. *Wie schaffen die das?* Ich schiele zu ihm rüber. Ihm läuft der Schweiß über den Nasenrücken und sammelt sich in einem Tropfen an der Spitze. *Wieso zieht er sich denn nicht seine Anzugjacke aus? Wir sind hier doch nicht vor Gericht.* Ich habe ihn noch nie in legerer Kleidung gesehen. Er ist einer der Typen, die schon mit Anzug auf die Welt gekommen sind.

„Ist was, Frau Pieper?"

Mist, er hat es gemerkt.

„Nein?" Mir ist nach in die Hosen machen, doch ich bin erwachsen. *Doppelmist. Oh Mann, Jule, reiß dich zusammen.* Mein Hals ist zugeschnürt, aber dann lasse ich den Knoten entschlossen platzen. Ich will mich in seiner Nähe nicht mehr ständig so fühlen und verlernen zu reden. „Es ist nur, ich frage mich, ob Sie nicht die Jacke ausziehen wollen. Ist doch sehr warm hier drin."

Ein vernichtender Blick trifft mich. *Oje ... Rückzug!* Ich entschuldige mich und gehe auf die Toilette. *Ich hab doch nur gefragt. Was hat der denn nur? Er hat doch gefragt!*

Beim Händewaschen kommt Franzi rein.

„Was meinst du, Jule, wäre das heute nicht die Chance, euch ein wenig anzunähern?"

„Anzunähern? Bist du verrückt?"

„Warum nicht? Nutz doch die Chance. Er ist hier, kann jetzt erst mal nicht weg, und du könnest an ihm üben."

„Üben?" Fragezeichen scheinen sich auf meiner Stirn zu bilden.

Lachend sagt Franzi: „Schau nicht so ungläubig. Du kannst das hier doch als perfektes Übungsfeld nutzen. Der Copyshop ist wie die Schweiz: ganz neutral. Red mit ihm. Er wird dich schon nicht fressen."

„Und wie soll ich das machen? Er ist einfach ein richtig mieses Arschloch", entgegne ich, mein Gesicht puterrot vor Aufregung. Ich habe mich in Rage geärgert über ihn. „Ich meine, was denkt der sich eigentlich?! Ich hab ihm nur seine dumme Frage beantwortet, und dann kommt wieder dieser bescheuerte Blick!" Ich stelle sein Gesicht nach, was eher nach Gesichtsentgleisung aussieht, und wir müssen lachen.

„Er ist halt gefangen in seinen Emotionen und hockt hinter seiner Mauer, die er über viele Jahre aufgebaut hat. Aber du bist eine starke Frau, du bist super, also lass dich davon nicht unterkriegen. So ein bisschen schlechte Laune hast du doch selbst oft, und du weißt genau, wie ätzend es dir damit geht … Frag dich, warum es ihm so geht, sieh den Menschen hinter der Fassade." Franzi wirkt bei diesen Worten abwesend, als würde sie das eher zu sich selbst sagen.

„Wie soll ich das tun, wenn er mir nur zeigt, dass er ein Arsch ist?" Ich trockne meine Hände. „Und wieso ist das eigentlich *meine* Aufgabe? Weil ich eine Frau bin, und wir immer die lieben, braven Wesen sind, die es den Männern recht machen sollen? Die dafür sorgen müssen, dass es der Männerwelt gut geht?" Ich komme nicht umhin, an meine Eltern zu denken. Mein Vater hatte, soweit ich weiß, noch nie in seinem Leben Spaß, und meine Mutter ist den ganzen Tag damit beschäftigt, dafür zu sorgen, dass er nicht explodiert und seine Laune nicht unter einen gewissen Pegel sinkt. Sie macht sich nämlich Sorgen um sein Herz. Meine ganze Kindheit lang musste ich Rücksicht nehmen.

„Ach Jule …" Sie lacht. „Du solltest eigentlich wissen, dass ich die letzte Person auf der Welt bin, die so eine Genderkacke rechtfertigen würde. Nein." Sie wird wieder ernst. „Es geht hier um Menschen. Darum, was die Gründe für finstere Fassaden sind, und dass man Mauern eben auch einreißen kann."

„Aber wieso soll ausgerechnet ich das tun? Ich bin nicht seine Psychotherapeutin."

„Weil du willst, dass eure Zusammenarbeit funktioniert und du dich weiterentwickeln möchtest."

Ich seufze. Jetzt hat sie mich wohl.

„Gibt es etwas, das dich aufmuntert, wenn du schlecht drauf bist?", fragt sie.

Meine Miene erhellt sich.

„Ich habe heute ein tolles Video gegen schlechte Laune entdeckt. Die ganze Bahn hat mit mir gelacht. Das war eine total lustige Situation." Ich schwelge in Erinnerungen an den unvergesslichen Bahnmoment.

„Na siehste."

„Es ist ein Babyvideo … Ich bezweifle, dass er das lustig findet."

Franzi zuckt unmerklich zusammen und überlegt kurz. „Du würdest dich wundern. Spiel es ab – ich verschaff dir eine Gelegenheit. Warte nur einen Moment auf mich, okay? Mehr als schief gehen kann es nicht."

„Okay", grummle ich und verlasse die Toilette. Helmuth steht bei Baldo. *Ich glaub's ja nicht, er hat tatsächlich seine Anzugjacke ausgezogen. Wahrscheinlich hat Helmuth es auch noch mal angesprochen.*

Ich stelle mich dazu und kopiere weiter. In meinem Kopf summe ich „Lass deine Monster frei", die zweite tolle Erinnerung des heutigen Tages, die sich in mein Hirn eingebrannt hat. *Was gute Laune doch alles bewirken kann, wie sie Menschen zusammenschweißt. Scheiße, ja! Ich will so jemand sein! Ich möchte mich nicht von schlechter Laune anstecken lassen und auch keine mehr haben.* Irgendwie hat mich das Schlechte-Laune-Thema total an meine Kindheit erinnert, und ich merke, dass ich mit meiner miesen

Laune ein wenig wie mein Vater geworden bin. *Nein, ich will das nicht. Ich möchte nicht, dass sich Menschen in meiner Nähe so fühlen, wie ich mich bei meinem Dad oder Herrn Baldo fühle. Das ist ja furchtbar.*

Helmuth spricht mit gesenkter Stimme und geht zu einer älteren Dame, die einen Papierstau verursacht hat.

„Sie hatten recht, Frau Pieper. Es ist ganz schön warm hier. Danke."

Klingt zwar ziemlich gequält, aber wow. Er spricht. Da steckt doch sicher Helmuth hinter. Ich fühl mich ein bisschen wie im Ferienlager, als man versucht hat, mich mit einem Jungen zu verkuppeln, nur dass es diesmal eben nicht um Liebe geht.

„Bitte", bringe ich hervor, und wir schweigen wieder. Doch ich werte das als ersten guten Schritt. Das davor fühlte sich eher nach Treten an. *Erst zwei Tritt, und dann ein Schritt,* singe ich in Gedanken und muss grinsen über den Blödsinn, den ich im Kopf habe. Meine Anspannung ist etwas verpufft, meine Schultern sind nicht mehr so angespannt, auch wenn ich noch nicht sagen würde, dass ich mich wohlfühle.

Gegen Mittag haben wir tatsächlich die zweite Ladung des Aktenwagens kopiert, und ich tausche die Akten, während Baldo zu Fuß in die Mittagspause verschwindet. Ich nutze die Zeit, um das bereits Kopierte ins Büro zurückzubringen. Frau Schuster staunt nicht schlecht, als sie die Menge sieht, und ich glaube, ein schlechtes Gewissen zu erkennen.

„Schaffen Sie es denn?"

„Ich glaube nicht."

„Und hilft Herr Baldo Ihnen wirklich beim Kopieren?" Sie versucht ein Schmunzeln zu unterdrücken, (ich kann es genau sehen) und ich mache es ihr leichter, denn es platzt aus mir raus. Ich lache und nicke. Sie hält die Hand vor den Mund, kann aber das Grinsen nicht verstecken.

„Das will ich unbedingt sehen", flüstert sie leise.

Süß, wie sie sich fürchtet, gehört zu werden, dabei sind wir allein im Büro. Vielleicht ist sie ja auch eingeschüchtert. Darüber muss ich später nachdenken.

„Soll ich Ihnen ein Stück Kuchen vorbeibringen? Sie kommen ja anscheinend nicht zu einer Mittagspause."

„Nein, nein, das geht schon. Danke."

„Ich muss ja eh noch eine Ladung holen." Ich sehe doch ganz genau, dass ihr der Magen bis auf den Boden hängt. Ich kenne Frau Schusters Hunger-Gesicht nach vier Jahren ziemlich gut.

„Na ja, wenn es Ihnen nichts ausmacht. Könnten Sie mir vielleicht auch einen Kaffee mitbringen? Ich habe keine Zeit, mir einen zu machen." Die Bitte fiel ihr schwer, und ich sehe, dass ein To-go-Becher auf dem Fensterbrett neben ihrem Schreibtisch steht. *Ob sie wirklich nicht weiß, wie man die Kaffeemaschine bedient?*

„Natürlich", antworte ich.

„Danke." Das Telefon klingelt, und sie begrüßt den Anrufer mit der typischen, von uns geforderten Singsang-Stimme: „Kanzlei Müller, Maier und Baldo. Frau Schuster am Apparat, guten Tag." Ein Satz, den ich so oft gesprochen habe, dass ich ihn im Schlaf aufsagen kann. Manchmal gehe ich aus Versehen so an mein Handy. Berufskrankheit. Ich verschwinde und hole die zweite Ladung Akten, kaufe einen Kaffee und packe noch zwei Stücke Kuchen dazu. Als ich wieder in die Kanzlei komme, telefoniert sie immer noch (oder schon wieder), und unterbricht ihr Telefonat kurz, um mir etwas zuzurufen.

„Frau Pieper, ich soll Ihnen ausrichten, dass Herr Maier sich kümmert und das schon irgendwie wird. Sie sollen sich keine Sorgen machen."

Mir wird ganz warm ums Herz. Wieder muss ich an meinen Opa denken. *Ach, Mist! Opa. Den wollte ich doch in der Mittagspause anrufen. Tja, wenn man sich eine Erinnerung stellt, aber dann nicht aufs Handy schaut …* Ich gehe zurück in den Copyshop und krame mein Handy aus der Tasche – ich hab sie dort gelassen. Wieder vor der Tür rufe ich meine Großeltern an.

„Pieper?", krächzt meine Oma in den Hörer.

„Hallo, hier ist Jule."

„Wer?"

„Deine Enkeltochter. Jule."

„Ach, Juliane. Ist was passiert?"

„Nein, Oma. Ich wollt nur mal anrufen."

„Haaaans!", brüllt sie sehr zum Nachteil meiner Ohren. „Juliane ist am Telefon!"

„Ist was passiert?", höre ich ihn rufen.

Was bin ich bloß für eine miese Enkeltochter, wenn die beiden denken, dass ich nur anrufe, wenn etwas passiert ist.

„Hallo Julchen! Oma hat laut gemacht. Ist alles gut bei dir?"

„Ja, Opa. Ich vermisse euch bloß und dachte, ich frage mal, wann es euch passt, dass ich vorbeikomme."

„Ach, das ist aber schön. Na, wir sind am Wochenende im Garten. Du kannst gern vorbeikommen."

„Brauchst du Geld?", mischt sich Oma ein.

„Oma, ich hab euch noch nie wegen Geld angerufen."

„Ich frag ja bloß, damit wir dann auch welches dahaben. In den Garten nehmen wir ja sonst kein Geld mit."

„Nein, Oma, ich brauche kein Geld. Ich habe dich noch nie danach gefragt und werde es auch ganz sicher nicht tun. Ich habe einen Job und verdiene mein eigenes Geld."

Blöde Kuh. Geht das allen Enkelkindern so mit ihrer Oma oder ist das nur bei mir so?

„Julchen, deine Mutter hat erzählt, du hast jetzt einen Freund. Du kannst ihn mitbringen. Wir würden ihn gern mal kennenlernen", sagt Opa.

„Okay, ich schau mal. Geht's euch denn gut?"

„Wir waren heut beim Arzt!", brüllt Oma aus dem Hintergrund. „Meine Knie tun so weh, die wollen sie vielleicht operieren, aber ich finde, wir sind zu alt für so einen Quatsch!"

„Ach Oma, du weißt ja: immer eine Zweitmeinung einholen. Den Ärzten darf man heute nicht mehr blind vertrauen."

„Ja, das hab ich schon in der ‚Bild der Frau' gelesen, da haben sie einer Frau eine neue Hüfte reinoperiert, und danach stellte sich heraus, dass das gar nicht nötig gewesen wäre. Wollen alle nur noch Geld. Nur noch Abzocke. Und wir Piepers lassen uns nicht abzocken, nicht wahr?"

„Genau, Oma."

„Mensch, Gertrud, jetzt verschreck das Kind doch nicht mit unseren Altershorrorgeschichten. Sonst ruft sie nie wieder an."

„Aber sie hat doch gefragt!"

„Sparen wir uns die spannenden Geschichten für Sonntag. Julchen, wir freuen uns, dass du vorbeikommst."

„Darf ich einen Kuchen backen?"

„*Du?*"

„Oma, ich bin erwachsen, ich kann Kuchen backen und sogar Essen kochen. Und ihr habt sicher viel zu tun im Garten."

„Ja, seit dieser blöde Maulwurf da wütet ... Wenn du wüsstest." Sie verstummt, ich nehme an, daran ist Opa schuld.

„Julchen, gern. Bring einen Kuchen mit, wir kochen dann Mittagessen. Du kommst am besten kurz vor Zwölf, okay?"

„Okay, Opa, ich freu mich. Tschüss Oma, tschüss Opa. Ich muss jetzt weiterarbeiten und Geld verdienen." Das kann ich mir nicht klemmen.

„Tschüüüss!", quaken sie im Chor.

Ich hoffe, das war eine gute Idee. Wenn Oma nicht wäre, würde ich Opa viel öfter besuchen, aber Oma hat wirklich ein sehr anstrengendes Wesen. Ach, was soll's, damit kann ich mich Sonntag immer noch beschäftigen.

Ich gehe wieder in den Copyshop und stelle fest, dass der Autoschlüssel nicht mehr auf dem Kopierer liegt. *Scheiße! Wieso lasse ich den auch da liegen?!* Panik bricht in mir aus, ich sehe mich hektisch um.

„Ich habe ihn da weggenommen, bevor Christian kam. Er ist nach seiner Pause mit dem Wagen los und hat was von Terminen gefaselt." Helmuth steht hinter mir.

Wie machen die das immer?! Ich hab das Gefühl, die beiden schleichen sich jedes Mal an und kennen jeden meiner Gedankengänge.

„Kommt er wieder?", frage ich angespannt.

„Das weiß man bei ihm nie." Er breitet die Arme aus. „Komm, lass dich mal drücken. Ich glaube, das brauchst du jetzt."

Ich atme auf und lasse mich in seine Arme fallen.

„Danke." Die Anspannung fällt von mir ab, wie Ziegel, die von einem porösen Dach bröckeln.

„Es wird nicht immer so schwer bleiben. Du bist auf einem guten Weg. Gib nicht auf."

Ich weiß nicht genau, wovon er spricht, aber die Worte tun mir gut.

Eine halbe Stunde später kommt dann auch der Baldo wieder.

„Ich habe den ersten Stapel Akten zurückgebracht. Wir haben Aufschub bekommen. Heute Abend sollen wir die Akten zurückbringen, die wir bis dahin geschafft haben, und dann schummelt die Sekretärin den Rest am Montag unter", verkündet er. Auch ihm kann man die Erleichterung ansehen. Wahrscheinlich, weil er jetzt Feierabend hat.

„Ach Christian, dein Charme bei Frauen hat mich schon immer begeistert." Zum Lachen bringt Helmuth Herrn Baldo damit nicht, was ihm selbst jedoch nicht davon abhält.

Baldo zieht seine Anzugjacke aus und macht sich wieder ans Kopieren. Ich schaue ihn entgeistert an.

„Was haben Sie denn? Wollen Sie nicht lieber mal weitermachen?"

Ich nicke und bemühe mich, auf meine Akten zu starren.

„Wie geht's Klaus? Ich hab gehört, er ist auf Entzug?", richtet er seine Frage an Helmuth.

„Na ja, du weißt ja, wie es ist – er hatte einen Rückfall, aber das wird schon. Am Wochenende wird Bärbel mit ihm an einem Partnerseminar teilnehmen, aber momentan sieht es nicht gut aus für die beiden. Ich weiß nicht, ob sie es noch mal schaffen, sich einander anzunähern."

„Verkackt ist verkackt."

„Manchmal. Wenn man sich nicht bemüht, wird's auch nicht wieder gut."

Mein Gefühl sagt mir, dass sie nicht mehr von Klaus und seinem Problem sprechen, sondern von etwas anderem. Etwas Persönlichem. *Nur von was, zur Hölle?!*

„Wenn man keine Ahnung hat, sollte man lieber die … den Mund halten." Und schon ist seine Laune wieder dahin.

Na toll, danke, Helmuth. Hast du echt fein gemacht. Jetzt habe ich mir so viel Mühe gegeben, er hat sogar seine Jacke ausgezogen, und du machst alles kaputt.

„Ich verstehe mehr, als du denkst, Christian."

Zur Antwort erhält er einen der berühmten, vernichtenden Baldo-Blicke, woraufhin Helmuth sich verzieht. *Ja, lass mich ruhig allein mit ihm. Gar kein Problem, du Arsch! Mist, meine Laune will sich schon wieder verabschieden. Aber immerhin merke ich es gleich. Was ja auch schon mal was ist. Schritt für Schritt nähere ich mich meiner wirren Gefühlswelt – heute erkennen, morgen vielleicht schon etwas ändern, wer weiß?* Ich hole mir die schönen Erinnerungen des Tages ins Gedächtnis. Da kommt auch schon Franzi. *Mensch, ist ja wie auf'm Bahnhof. Kann man nicht mal in Ruhe denken.*

„Hey Jule, du hast doch dieses tolle Video. Kannst du es mir bitte zeigen?"

Ist das ihr Ernst? Jetzt? Zwar glaube ich, dass Herr Baldo mein Handy aus dem Fenster schmeißen wird, wenn er jetzt ein Baby lachen hört, aber was solls. Ich vertraue Franzi mehr als meinem Instinkt, woran ich vielleicht bei Gelegenheit auch mal arbeiten sollte. Ich krame mein Handy hervor und starte das Video. Franzi steht zwischen mir und Baldo, der sichtlich bemüht ist, seine finstere Miene zu behalten.

Das Baby sitzt auf dem Sofa, der Mann zerreißt Papier, und ich versuche, Herrn Baldo aus dem Augenwinkel zu beobachten. Doch es fällt mir schwer, mich darauf zu konzentrieren, weil ich so lachen muss. Auch Franzi hält sich schon den Bauch, Helmuth kommt dazu, und ein paar Kunden trauen sich verlegen zu uns. Ich starte es ein zweites Mal, und dann geschieht das Unfassbare, das absolut Unmögliche: Herrn Baldos Mauer fällt in sich zusammen! Er wirft einen Blick aufs Handy, ich sehe seine Anstrengung, nicht zu lachen, schlecht drauf bleiben zu wollen, doch als das Baby so herzhaft gackert und sich nicht mehr einkriegt, beginnt er ganz leicht zu schmunzeln. Das Grinsen wird größer und größer, ich sehe seine Zähne und da: Er lacht. Mit Geräusch. Er lässt sich total gehen, und ich habe das Gefühl, er nimmt nichts um sich herum mehr wahr, außer dem Baby. Als das Video vorbei ist, realisiert er wohl, dass er ungeschützt ist, und verzieht sofort wieder das Gesicht. Die Mauer ist schnell wieder hochgezogen, aber er sieht jetzt weniger gemein aus, eher traurig. Die Fremden verziehen sich wieder an ihre Kopierer, Franzi und Helmuth bleiben. Sie legt ihre Hand auf die von Baldo, und Helmuth legt seinen Arm um seine Schulter. Einige Sekunden lässt er es zu, dann schüttelt er beide von sich ab.

„Lasst mich!"

„Es wird besser, du musst nur endlich loslassen, Christian. Das Leben geht weiter, und du bist der Einzige, der dafür sorgen kann, dass es wieder schön wird", sagt Helmuth leise.

Ich schäme mich ein wenig, zu lauschen, da es sicher nicht für meine Ohren bestimmt ist.

„Was weißt du schon", knurrt Baldo.

„Eine Menge", mischt sich Franzi ein. Sie sieht den wieder miesepetrigen Baldo beinahe zärtlich an und sagt fest: „Ich hab es ihm erzählt. Alles. Ich brauchte jemanden, mit dem ich darüber reden konnte."

Was hat sie erzählt? Was ist hier eigentlich noch alles los, von dem ich als Einzige nichts weiß?!

„Du hattest nicht das Recht …" Seine Stimme bricht.

„Jeder verarbeitet auf seine Weise, und mir hilft es eben, darüber zu reden. Solltest du auch mal versuchen. Vielleicht mit mir."

Ich glaube Tränen in seinen Augen zu sehen. *Ist doch nicht wahr!?* Franzi nimmt erneut seine Hand.

„Wollen wir reden? Bitte?"

Er schaut sie prüfend an, scheint fieberhaft zu überlegen, Maske auf, Maske ab? Seine Fassade bröckelt wieder, gleich hat sie ihn.

„Mir zuliebe", setzt sie nach.

Er schnappt sich entschlossen seine Jacke und verlässt wortlos den Copyshop.

Helmuth sieht ihm bedauernd nach und sagt an Franzi gewandt: „Nimm deine Sachen, du musst heute nicht wiederkommen. Ich mach den Rest allein."

Auch Franzi sieht jetzt irgendwie mitgenommen aus, bedankt sich, umarmt Helmuth und wirft mir einen Luftkuss zu. Dann ist sie weg, und ich stehe mit einem riesigen Fragezeichen über dem Kopf an meinem Kopierer und verstehe die Welt nicht mehr.

„Haben die was miteinander?"

„Hatten. Sie hat ihr gemeinsames Kind verloren."

„Oh." Mehr kann ich dazu wahrlich nicht sagen. *Der widerliche Baldo hatte was mit der starken Franzi, die sich nichts von Männern sagen lässt? Was?!* Ich verstehe die Welt nicht mehr. Ich verstehe sie einfach nicht. Noch weniger als jemals zuvor.

„Ist schon lange her, aber er ist nie drüber weggekommen, hat mit Alkohol, Frauen und Partys seinen Schmerz betäubt. Das hat ihn fast seine Existenz gekostet – Friedrich hat ihm den Arsch gerettet."

Ich gebe ein zustimmendes Geräusch von mir, kann aber weiterhin nichts sagen. Es heißt ja, dass in Büros die interessantesten Sachen abgehen, und ich hab mich immer gewundert, wieso es bei uns so langweilig ist. Aber anscheinend muss man für die spannenden Geschichten einfach nur in den Copy-shop gehen. Wer weiß, was ich noch alles nicht mitbekommen habe.

„Jeder hat einen Grund für sein Verhalten. Wir werden nicht mit schlechter Laune oder miesen Wesenszügen geboren."

Amen, denke ich, und Helmuth verschwindet.

Der Baldo und Franzi ... Ich kann das wirklich nicht verstehen, die beiden passen in meinem Kopf einfach nicht zusammen.

Plötzlich ertönt *„Lass deine Monster frei".* Helmuth hat unseren Song angemacht und arbeitet anscheinend gerade an unserer aller Laune. Ich spüre, dass es Helmuth auch nicht gut geht. Doch ist nie wieder schlechte Laune zu haben ein erstrebenswertes Ziel, auch dann, wenn man nun mal traurig ist? Macht Helmuth sich damit nicht etwas vor?

Ich bin ganz verwirrt, als Herr Maier in den Laden kommt.

„Frau Pieper, schön, Sie zu sehen. Na, wie kommen Sie voran?"

„Heute haben wir ganz gut was geschafft, und Herr Baldo hat schon die ersten zwei Ladungen weggebracht. Außerdem hat er eine heimliche Absprache mit der Sekretärin vom Gericht getroffen, dass der Rest auch noch Montag zurückgebracht werden kann."

„Na, das sind ja mal gute Neuigkeiten. Und dann hat er natürlich gleich Feierabend gemacht und hat Sie hier allein gelassen?"

Oje, was antworte ich darauf denn?! Doch Helmuth rettet mich zum Glück.

„Nein, er war echt viele Stunden hier, und irgendwann sind Franzi und er gegangen, um zu reden."

„Na endlich. Das wurde aber auch mal Zeit."

Na klar, Herr Maier weiß natürlich auch Bescheid. Helmuth hat ja erzählt, er habe Baldo den Arsch gerettet. Ich würde zu gern wissen, wie, aber ich will auch nicht zu neugierig sein. Geht mich ja eigentlich gar nichts an.

„Tut mir leid, dass ich so lange gebraucht habe, aber bei Gericht hat es heut ewig gedauert", sagt Herr Maier zu mir.

„Kein Problem, ich hatte ja Verstärkung."

„Ja, aber leider hast du den ganzen Kuchen verpasst", ärgert ihn Helmuth. „Jule hat uns nämlich welchen mitgebracht."

Ich werde natürlich sofort rot.

„Ich kann Ihnen gerne noch welchen holen, der war ja nur vom Bäcker nebenan."

„Ist schon gut, in meinem Alter sollte ich eh nicht so viel Zucker zu mir nehmen. Aber ein Kaffee würde mich glücklich machen, Helmuth."

„Kommt sofort." Helmuth lässt uns allein, um Kaffee zu kochen.

„Das hier war von Herrn Baldo, falls Sie hier weitermachen wollen." Ich zeige auf den Kopierer samt Akte.

„Super, endlich mal wieder kopieren. Ich habe das früher wirklich geliebt."

„Ich mag es auch, wenn es nicht unbedingt drei Tage hintereinander sind." Ich lache.

„Na, dann erzählen Sie mal von Ihren drei Tagen. Ich kann mir vorstellen, Sie haben einiges mitbekommen. Hier ist schließlich immer viel los."

„Oja. Also ich wusste gar nicht, dass Herr Baldo und Franzi ..." Mehr konnte ich dazu nicht sagen, denn es klang einfach zu unwirklich.

„Ja, das ist lange her. Wir waren alle mal sehr eng miteinander befreundet. Als Helmuth das Studium geschmissen hat, waren wir alle total entsetzt, aber dann hat er mit Klaus den Copyshop übernommen, und wir konnten weiterhin alle zusammen sein."

„Wie jetzt, er hat das Studium geschmissen?"

„Wir haben zusammen Jura studiert. Christian, also Herr Baldo, Helmuth und ich."

Entgeistert schaue ich ihn an. So langsam sollte mich doch eigentlich nichts mehr schocken.

„Ach, ich dachte, das wüssten Sie."

Ich schüttle den Kopf.

„Ich plaudere aber auch kein Geheimnis aus, wenn ich Ihnen erzähle, wie das damals war. Er hatte kurz vor dem ersten Staatsexamen einen Zusammenbruch – heute würde man es wohl Burnout nennen. Dann ist seine Mutter gestorben, und seine Schwester ist an Krebs erkrankt. Er begann an allem zu zweifeln, wollte einen Job, bei dem er sich nicht aufopfern und bis tief in die Nacht arbeiten muss, sondern einen, bei dem er pünktlich nach Hause kommt und Zeit mit seinen Lieben verbringen kann. Er fing plötzlich an zu meditieren und redete viel Zeug, das ich bis heute nicht verstehe, doch er ging darin auf. Anfangs haben wir versucht, ihn zu überreden, sein Studium nicht zu schmeißen und alles noch mal zu überdenken, aber nach und nach haben wir begriffen, dass es ihm so gut ging wie noch nie. Er hat einen guten Weg eingeschlagen und sich auf sein Gefühl verlassen, statt auf sein Ego, das den großen Erfolg, das große Geld wollte. Ich finde das unglaublich stark und bewundere ihn dafür. Ist alles schon so lange her. Aber nun mal weg von den alten Kamellen. Wie geht es Ihnen denn bei uns, Frau Pieper? Ich habe den Eindruck, dass Sie nicht sonderlich glücklich sind."

Ähm, hallo? Was ist das denn für ein Themenwechsel? Und darf er mich so was überhaupt fragen? Er sieht wohl mein verwirrtes Gesicht und setzt nach: „Ich sorge mich nur darum, ob es Ihnen bei uns auch gut geht. Und jetzt haben wir endlich mal die Chance, in Ruhe zu reden."

Wow. Das freut mich.

„Ähm ... also ..."

„Ich beiße Ihnen schon nicht den Kopf ab. Seien Sie ruhig ehrlich. Nur so können wir sicherstellen, dass wir beide gut miteinander arbeiten können. Denken Sie immer daran."

Wieder diese gut gemeinten Weisheiten. Aber er hat ja recht, ich sehe es ein. Und so antworte ich zum ersten Mal ehrlich auf diese Frage.

„Ich bin nicht so zufrieden, wie ich es gern wäre."

„Und wie können wir das ändern?" Er scheint nicht sonderlich überrascht zu sein.

Ich gehe gar nicht auf seine Frage ein, sondern es bricht einfach so aus mir heraus: „Weil ich nie richtig was lerne, sondern immer nur die Kleinigkeiten mache. So bekomme ich nie Verantwortung und mache immer nur die ... na ja, Sie wissen schon ..."

„Die Drecksarbeit", ergänzt er.

„Ja, genau."

„Aber die muss auch gemacht werden und ist sehr wichtig."

„Das verstehe ich ja auch, aber den ganzen Tag nur solche Sachen zu machen, ist deprimierend. Ich möchte doch auch was lernen. Nur weil meine Lehrzeit vorbei ist, heißt das nicht, dass ich jetzt für immer auf der Stelle treten und nichts mehr dazulernen will." *Wow, sind das meine Worte? Wo kommen die denn her?*

„Und wie glauben Sie, können wir das Problem lösen?", fragt er erneut, interessiert an meiner Meinung.

„Indem wir wieder eine Azubine einstellen, die das übernimmt, und indem ich endlich mal lerne, Klagen oder Schriftsätze zu schreiben."

„Oho, Sie wollen Klagen schreiben lernen? Dann sollten Sie vielleicht Anwältin werden", scherzt er.

„Frau Schuster kann das schließlich auch und bereitet das für Sie vor."

„Frau Schuster ist auch schon sehr lange dabei und hat Herrn Baldos Sachen übernommen, als er damals ausfiel. Sie wurde ins kalte Wasser geworfen und hat uns alle gerettet."

„Aber ich will Ihnen auch den Arsch retten können."

„Das ist sehr löblich." Er lacht laut.

Erst da bemerke ich meine Wortwahl. Ich laufe rot an, muss aber mitlachen.

„Wir haben auch schon überlegt, wieder eine Auszubildende einzustellen, doch da das mit Ihnen so gut lief, dachten wir, würden wir das nicht brauchen. Ich werde mal sehen, was sich machen lässt. Welche Fälle interessieren Sie denn überhaupt?"

„Ach, das ist mir eigentlich egal. Mich interessiert eher, *wie* Sie bestimmte Schreiben aufsetzen, woher Sie wissen, was Sie schreiben müssen und so was. Da ist mir das Thema erst mal total egal."

„Na, das höre ich selten. Sie sind ja wirklich total scharf darauf."

Ist das jetzt schlecht?

„Aber wissen Sie, so richtig erklären kann man das nicht, und wie man vorgeht wissen Sie doch eigentlich selbst, das fußt auf ganz einfacher Logik. Sie lesen sich alles durch, was es bisher gibt, und überlegen dann, wie Sie Ihr Gegenüber festgenagelt bekommen."

„Ja, das ist mir klar, aber ich weiß trotzdem nicht, wie dann so riesige Schriftsätze entstehen können." *Er nimmt mich anscheinend nicht ernst. Lesen und dann beantworten. Ja danke, das ist mir auch klar.*

„Ich werde Ihnen die nächste Woche freischaufeln, und dann setzen Sie sich einfach mal dran. Ich werde Ihnen aber nicht viel erklären. Machen Sie erst mal alles nach Gefühl, und dann setzten wir uns zusammen. Sie müssen nur Frau Schuster Bescheid geben, dass sie uns für nächste Woche einen Termin einträgt. Am besten gleich eine Stunde. Was sagen Sie dazu?"

„Das wäre der Hammer!" *Mist, hab ich gerade zu meinem Chef „der Hammer" gesagt?*

„Ja, das wird der Hammer", antwortet er und lacht schon wieder.

Ich entschuldige mich und gehe zur Toilette. Dort schaue ich in den Spiegel und atme erst mal durch. Ich habe den Entschluss gefasst, etwas zu ändern, und plötzlich bieten sich so viele Gelegenheiten, wo alles von allein geklärt wird. Fast automatisch bieten sich mir Chancen … das ist wirklich merkwürdig. Als wäre es so einfach: Einmal alles Aufschreiben, und den Rest regelt das Universum. Wenn ich solche Gespräche jetzt noch ohne Schweißausbrüche schaffen würde, wäre ich begeistert. Ich wasche mich unter den Armen und im Gesicht. Ich habe das Gefühl, jetzt wird sich alles ändern – kein Wunder, dass man sich dagegen erst mal sträubt. Obwohl es ein schönes Gefühl ist, macht es mir auch eine unheimliche Angst. Aber ich freue mich, dass ich wirklich einen Schriftsatz schreiben darf. Am liebsten würde ich mir sofort die Akte schnappen und ins Büro gehen.

Es klopft an der Tür.

„Alles okay, Jule?"

„Ja, danke", rufe ich Helmuth zu und verlasse die Toilette. „Alles gut, ich brauchte nur mal einen Moment, um die Ereignisse des Tages zu verarbeiten."

„Das glaub ich. Geh ruhig eine Runde um den Block, wenn es dir zu viel wird. Du hast doch auch noch gar nichts gegessen, oder?"

„Oh, stimmt. Aber das macht auch nichts. Ich bin heute Abend mit Jakob bei seiner Mutter zum Essen eingeladen."

„Ach, wie schön. Es läuft echt gut zwischen dir und Jakob, oder?"

„Ja, ich glaube, er ist der Richtige."

„Hach, du forderst es aber auch immer raus."

„Hm?"

„Der Richtige? Für was?"

„Der Richtige für den Rest meines Lebens", gebe ich zurück.

„Okay …"

„Willst du mir nicht noch eine deiner Weisheiten mit auf den Weg geben?"

„Ach, weißt du, für heute reicht es. Man muss ja nicht alles kaputtreden." Er zwinkert mir zu und ich muss lachen.

„Jetzt will ich es aber wissen!"

„Oh, gut zu wissen, dass das funktioniert. Das könnte meine neue Taktik werden."

Ich gucke ihn auffordernd an.

„Na gut: Ich denke, bestimmte Menschen treten in unser Leben, damit wir bestimmte Entwicklungsschritte gehen. Ein Mensch, der für den Rest unseres Lebens an unserer Seite bleibt, ist nicht zwangsläufig der Richtige, denn das bedeutet meist Stillstand."

„Wie meinst du das?"

„Wenn du zum Beispiel mit jemandem zusammen bist, der schlecht zu dir ist, dann ist er nicht zwangsläufig der Falsche, sondern in dem Moment der Richtige, weil er dir die Chance gibt, dich von ihm zu lösen, und so eine Person nicht mehr in dein Leben zu lassen. Du lernst, auf bestimmte Taktiken nicht mehr reinzufallen, lässt dich nicht mehr so leicht täuschen. Verstehst du, was ich meine?"

„Ja, ich glaube schon. Aber meinst du nicht, dass man sich auch zusammen weiterentwickeln kann?"

„Doch, ich denke, das ist in Einzelfällen möglich, weil man ja nicht nur am Partner wächst, aber es ist eben sehr selten."

„Aber glaubst du dann nicht, dass es die große Liebe gibt?"

„Doch, auch wenn es vielleicht widersprüchlich klingt, glaube ich, bei Jens endlich angekommen zu sein. Er ist meine große Liebe. Wenn auch nicht die erste."

„Und wann wusstest du, dass er es ist?"

„Oh, das weiß ich noch ganz genau." Er lächelt versonnen. „Es waren mehrere Momente, nicht die großen, sondern kleine Gesten. Das erste Mal, als ich dachte, er wird noch sehr lange in meinem Leben bleiben und mich glücklich machen, war an einem regnerischen Herbsttag. Ich fuhr mit dem Fahrrad zu ihm und unterwegs fing es an, richtig heftig zu regnen. Als ich in seine Wohnung kam, führte er mich ins Bad – er hatte mir schon eine Wanne eingelassen, überall Kerzen. ‚Entspann dich erst mal', hat er gesagt, und ich konnte mich aufwärmen. Währenddessen hat er mir ein veganes Drei-Gänge-Menü gezaubert und das, obwohl er damals noch Fleischesser war. Da wusste ich: Das ist mein Mann."

„Ooooh …" Ich kann förmlich die Sterne in seinen Augen funkeln sehen. Er ist immer noch ganz verliebt. Wie schön, auch mal solche Geschichten zu hören. „Zwischen mir und Jakob wird es auch immer ernster, und ich möchte ihm irgendwie Danke sagen. Ich weiß nur noch nicht, wie. Weißt du, was ich meine?"

„Klar weiß ich das. Ich finde nur, es sind die kleinen Dinge, die viel wichtiger sind als große Überraschungen."

„Das stimmt schon, aber trotzdem möchte ich ihn gern überraschen."

„Wie wäre es denn mit Kochen oder Backen?"

„Nee, das machen wir meistens zusammen. Das ist gar nichts Besonderes. Also schon, aber eben nicht so, wie ich mir das vorstelle."

„Ich finde ja kreative Sachen am besten. Einen Zettel schreiben, ein Bild malen, etwas tanzen oder singen."

„Singen! Ich könnte ihm einen Song schreiben!" Ich hüpfe aufgeregt auf und ab.

„Na siehst du. Das wäre doch mal der Hammer. Du darfst auch gern hier üben, ich hör dich nämlich gern singen. Ich schlage vor, du machst jetzt endlich Pause und schreibst gleich ein paar Zeilen auf. Du wolltest schließlich keine Überstunden mehr machen, und dazu zählt auch, rechtzeitig Pause zu machen." Er geht an seinen Schrank und drückt mir eine Banane und einen Nussriegel in die Hand. „Hier, damit du wenigstens ein paar Nährstoffe und Vitamine zu dir nimmst. Dein Körper ist dein Tempel, er ist gut zu dir, wenn du es zu ihm bist."

Ich gebe ihm einen Kuss und renne zum Kopierer.

„Nanu? Was hat Sie denn gestochen?", fragt Herr Maier.

„Ich mache jetzt Mittagspause", antworte ich und gebe mir Mühe, selbstsicher zu klingen.

„Sie hatten noch keine Pause? Frau Pieper, Sie müssen mehr auf sich achtgeben!"

„Mach ich ja jetzt." Ich grinse, schnappe mir meine Sachen und gehe zu meiner Parkbank.

So, als Erstes esse ich meine Banane und schreibe zu meinem Stichpunkt, dass ich Jakob überraschen will, meine Idee. Hinter den Punkt, mehr über meinen Job lernen zu wollen, schreibe ich

„nächste Woche", und hinter den Oma-und-Opa-besuchen-Punkt kommt „Sonntag". Prima, läuft doch. Dann kann ich doch jetzt endlich mal wieder in mein Buch schauen. Kommt mir vor, als wäre es eine Ewigkeit her.

Lektion 9
Misten Sie aus!

Packen Sie eine Kiste mit den Sachen, die Sie spenden werden, eine mit Müll und eine mit Dingen, die Sie noch verkaufen können. Suchen Sie sich im nächsten Schritt Wege, wie Sie die Dinge loswerden können. Ein Tipp: Bücher und Kleidung sind gern gesehene Spenden, zum Verkauf eignet sich der nächste Flohmarkt, aber auch eBay. Es gibt viele Wege, diese Dinge loszuwerden, also los!

Fangen Sie am besten sofort an, und lesen Sie erst weiter, wenn Sie dieses Projekt zufrieden abgeschlossen haben.

Tja, da hatten wir ja bloß die schlechte Laune, und ich finde, dagegen habe ich hilfreiche Strategien gefunden. Ich muss jetzt nur gucken, dass ich sie in Zukunft immer anwende, aber da bin ich guter Dinge. Weiter zur nächsten Lektion.

Lektion 10

Nun haben Sie Platz für neue Dinge in Ihrem Leben geschaffen, und Sie werden sehen, wie schnell sich Ihre Wohnung ab sofort mit angenehmen Sachen füllt, die Sie glücklich machen.

Fühlen Sie sich schon leichter? Bewahren Sie sich dieses Gefühl während der nächsten Aufgabe. Gehen Sie Ihre Kontoauszüge genau durch und überlegen Sie, wofür Sie Geld ausgeben und wo Sie es eigentlich sparen könnten. Sind wirklich alle Versicherungen nötig? Gibt es einen billigeren Telefon-, Internet- oder Stromanbieter? Muss Zeitungs-/ Zeitschriftenabo XY wirklich sein? Lesen Sie sie überhaupt? Könnten Sie sparen, indem Sie nicht mehr beim Lieferservice bestellen?"

Hm … Kann ich noch sparen? Ich glaube, den Punkt kann ich ebenfalls überspringen. Ich habe keine neuen Abos, achte darauf, selbst zu kochen, und bringe mir jetzt oft Essen mit ins Büro. Allein schon, damit sich Frau Schuster ihren Scheiß selbst holt. Also, weiter im Text.

Lektion 11
Gibt es einen Menschen in Ihrem Leben, auf den Sie verzichten können?
Überprüfen Sie Ihre Beziehungen zu anderen auf Herz und Nieren — gibt es Menschen, die Sie aus Ihrem Leben streichen können? Stellen Sie sich die Fragen: Tut er/sie mir gut? Mag ich ihn/sie? Verbringe ich gern Zeit mit ihm/ihr? Wann habe ich zuletzt mit ihm/ihr gelacht? Hat diese Freundschaft/Beziehung noch irgendeine Berechtigung? Wie fühlt sich der Gedanke an, ohne diese Person zu sein? Wenn es mehrere gibt, entscheiden Sie sich für den Menschen, den Sie am einfachsten aus Ihrem Leben streichen

können, und denken Sie dabei an eine Person, die Sie stattdessen gern in Ihrem Leben hätten. Wie sollte diese sein? Die Leichtigkeit, die Sie wegen Ihrer ausgemisteten Wohnung fühlen, ist nichts im Vergleich zu der nach einem ausgemisteten Freundeskreis.

Mir fällt sofort Katja ein – natürlich. Sie tut mir einfach nicht gut. Nach wie vor will ich immer nur weit weg, wenn sie da ist. Nach unserem damaligen Gespräch lief es eine Weile ganz okay, doch manche Sachen schleichen sich schnell wieder ein. Sie erwartet, dass wir alles miteinander teilen und jede freie Minute zusammen sind, weil wir zusammenwohnen – aber darauf hab ich einfach keine Lust. Wahrscheinlich bin ich eine schlechte Freundin, aber ich möchte zu Hause sein können, wie ich will, möchte mir nicht ständig Mühe geben müssen und wenigstens dort mal schlechte Laune haben dürfen. Wenn ich nach Hause komme und sie da ist, springt sie mich direkt an und will wissen, wie mein Tag war. Ja, das ist ganz nett, aber irgendwie nervt es auch. Ich möchte mal nach Hause kommen, nicht reden müssen, die Musik laut aufdrehen und dann einfach für mich Abendessen kochen. Mit Thunfisch und Milchprodukten (sie ist ja laktoseintolerant und hasst Fisch). Ohne Vorwürfe, ohne an jemand anderen zu denken, ohne mir anzuhören, wie blöd ihr Typ ist. Und dann zieht sie sich ständig diese Beautykanäle rein und bestellt im Internet. *Mann, Mädel, du hast doch eh keine Kohle.* Am Ende schickt sie das Paket nämlich aus genau dem Grund wieder zurück, aber es bricht ihr das Herz, weil ihr das Teil ja sooo gut stand. Das macht mich wahnsinnig. Ich wäre ohne sie schon besser dran, aber trotzdem hab ich sie noch irgendwo lieb und möchte sie nicht einfach aus meinem Leben streichen.

Wie sollte mein potenzieller Mitbewohner stattdessen sein? Ja, also ganz ehrlich: Da sollte niemand sein. Ich möchte allein wohnen. Ich kann mir zwar vorstellen, irgendwann in ferner Zukunft mit Jakob zusammenzuziehen, aber momentan ist alles, was ich will, allein zu leben. Vielleicht hat das ja alles gar nichts mit Katja zu tun, sondern nur mit mir? Es wird Zeit, auf eigenen Beinen zu stehen. Ich kann mir das nur leider überhaupt nicht leisten. Mein Stimmungsbarometer fällt. Ich schreibe neben die Lektion:

- Katja aus der Wohnung streichen

Es geht hier schließlich erst mal nur um Träume, denn die 300 Euro Mietanteil möchte ich hingegen nicht streichen. Egal, erst mal weiß ich keine Lösung und gehe über zum nächsten Plan. Ich schreibe Jakob einen Danke-Song. Interessanterweise hebt sich meine Stimmung sofort. Es ist ziemlich spannend, an sich zu beobachten, wie leicht es doch bergauf und bergab geht. Liegt mein Fokus auf Problemen, mache ich immer erst mal dicht, und liegt mein Augenmerk auf was Gutem, steigt die Stimmung. Ist zwar eigentlich logisch, aber so bewusst wie heute habe ich das noch nie wahrgenommen. Ich nehme meinen Müsliriegel, beiße hinein und schreibe los:

Ich traf dich,
völlig unerwartet.
Auf einmal warst du da.
Ich möchte dich
nie mehr vermissen,
du warst so süß, als ich dich sah.
Jeder Tag mit dir ein Fest,
fühlt sich nicht mehr an
wie ein Beziehungstest.
Ich kann es ganz klar sagen,
ich liebe dich so sehr,
du bist mein kleiner Kuschelbär
Ohne dich sein, fällt mir schwer.

Bleib bei mir,
halt zu mir,
lass mich niemals mehr allein.
Denn ohne dich
würde ich
den ganzen Tag bloß weinen.
Ich liebe dich …
Ich liebe dich …

Ein Küchengerät brachte uns zusammen,
nein, es war dieses Buch,
es ist ein Segen, ich häng ständig dran,
vorbei mein Endlosfluch.
Du rettest mich von Tag zu Tag,
weil wir reden und ich dich so mag,
du unterstützt mich in allem, was ich dir erzähl,
obwohl meine Laune ist niemals stabil,
am Morgen werde ich dann belohnt mit Frühstück,

das ist doch alles verrückt.
Kann nicht verstehen, wieso du mich liebst,
wieso du so viel für mich tust.
Du bist für mich was Besonderes,
auch wenn ich es nicht immer sag.

Bleib bei mir,
halt zu mir,
lass mich niemals mehr allein.
Denn ohne dich
würde ich
den ganzen Tag bloß weinen.
Ich liebe dich ...
Ich liebe dich ...

Oh Shit. Was hab ich denn da fabriziert?! Das liest sich wie ein Song einer Zwölfjährigen. Vielleicht sollte ich noch ein bisschen üben. Ich lache über mich selbst. Egal wie schlecht der Text ist, es hat Spaß gemacht, mal wieder zu reimen. Das habe ich das letzte Mal mit ... ja, wahrscheinlich zwölf getan. Da habe ich über meinen ersten Schwarm Massen von Gedichten geschrieben und darüber, wie sehr ich meine Eltern hasste. Oje, das waren noch Zeiten. Aber die Melodie des Refrains ist zumindest schon mal ein Ohrwurm – auch wenn ich Helmuth schon jetzt sagen höre, „bleib bei mir" sei Erpressung. Aber ich kann ja wohl schlecht in einem Liebeslied schreiben: „Geh, wenn du willst, ich halt dich nicht auf." Obwohl, klang jetzt nicht so schlimm wie gedacht. Na ja, ich werde jetzt weiterarbeiten und es später noch mal versuchen.

„Und Liebes, warst du erfolgreich?", begrüßt mich Helmuth.

„Ich habe etwas geschrieben, aber das kann ich keinem zeigen." Ich lache mich schon wieder selbst aus.

„Ach, ich finde alles, was kreativ ist, ist wertvoll. Es geht ja nicht um den perfekten Satz, denn den findet man eh nie, sondern darum, einfach anzufangen. Toll, dass es schon beim ersten Mal geklappt hat, dass du überhaupt etwas geschrieben hast."

So hab ich das noch gar nicht gesehen. Dass er aber auch alles schönreden kann. Dieses Talent besorg ich mir auch noch irgendwann. Vielleicht ist es ja bald mal bei Amazon im Angebot. Momentan kann ich mir das noch nicht leisten. Wieder muss ich lachen. Wilde Metaphern in meinem Kopf, die von einer Melodie begleitet sind. Ich habe wohl vergessen, mein Kreativhirn auszuschalten.

„Hallo Frau Pieper! Na, wie war Ihre Pause?", begrüßt mich nun auch Herr Maier.

„Sehr schön, danke."

„Ich habe gehört, Sie schreiben einen Song?"

Dieser Helmuth. Hier bleibt aber auch nichts geheim. Ist ja peinlich.

„Mhm", antworte ich.

„Das ist prima. Wussten Sie, dass ich früher in einer Band war? Also eigentlich sogar in zwei Bands. Erst in der Schule und später in der Uni noch mal in einer anderen."

Ich gucke zum gefühlten hundertsten Mal an diesem Tag entgeistert zu ihm rüber.

„Ja, da staunen Sie. Anwälte sind auch nur Menschen. Zumindest vor dem zweiten Staatsexamen."

Wir lachen. In der Berufsschule haben wir immer gesagt, dass Anwälte mit dem zweiten Staatsexamen ihr Leben verkaufen und dafür das Arschlochgen erhalten. Ich glaube, er kennt diesen Spruch auch. Wie er mir zuzwinkert, lässt das zumindest stark vermuten.

„Welche Musikrichtung denn?", frage ich ihn.

„Raten Sie."

„Oh nein, im Raten bin ich ganz schlecht."

„Na los, kommen Sie schon."

Ich hasse Raten – dabei kann man nur verlieren. Neulich sollte ich auf einer Party das Alter einer Feierwütigen raten und habe sie doch glatt acht Jahre älter gemacht. Man kann sich vorstellen, wie schnell der Abend gelaufen war. Aber gut, ich spiele sein Spiel mit. Was bleibt mir anderes übrig.

„Rock?"

Mein Gott, was rede ich denn da … wieso nicht gleich Heavy Metal.

„Nein, da liegen Sie ganz falsch."

Natürlich. Ich habe nichts anderes erwartet.

„Pop?"

„Frau Pieper, was denken Sie denn von mir?"

Argh. Ich hasse raten.

„Folk?"

Er lacht. „Ganz und gar nicht."

„Nun sagen Sie schon. Ich habe wirklich keine Vorstellung."

„Okay, sagen Sie das Abwegigste, das Sie sich vorstellen können."

Ich überlege. „Klassik?"

Wieder lacht er sich kaputt, sodass Helmuth neugierig wird und sich dazugesellt. „Was gibt es hier zu lachen?"

„Sie überlegt, welche Musik wir gemacht haben."

„Wir?" Mein Gesicht entgleist mal wieder leicht.

„Ja, was denken Sie denn? Wir waren ein unzertrennliches Team, zusammen mit Herrn Baldo."

Ich glaube, sie machen sich einen Spaß daraus, mich ständig zu schocken. Ich sehe die beiden Männer mit angewachsenem Anzug und Helmuth mit seinen Dreadlocks und der Schlabberhose vor meinem geistigen Auge zusammen als Band. Dann kann ich nicht mehr an mich halten und pruste los. Die beiden stimmen ein.

Da betritt ein mir bekanntes Gesicht den Copyshop.

„Frau Schuster?", staune ich.

„Hallo, ich wollte mal sehen, wie weit Sie sind, und ob Sie noch Hilfe benötigen."

Jetzt bin ich mir sicher, diesen Tag träume ich.

„Moni!" Helmuth gibt ihr einen Kuss.

Moni? Oh Mann. Ich frage lieber nicht, mit wem sie was hatte.

Auch Herr Maier begrüßt sie liebevoll.

„Du kommst genau richtig. Frau Pieper rät gerade, was wir für eine Band hatten."

Sie grinst verlegen.

„Ich habe eine Idee." Mit diesen Worten verabschiedet sich Helmuth und verschwindet. Wir schauen ihm gespannt hinterher. Er dreht die Musik auf, und ein paar nette Beats setzen ein. Frau Schuster und Herr Maier wippen mit. Die anderen Leute im Shop wundern sich und blicken zu Helmuth. Wahrscheinlich ahnen Sie schon, dass gleich wieder etwas Interessantes passiert. Ich rechne jedenfalls damit, dass ich gleich wieder geschockt sein werde.

Und natürlich hatte ich recht. Die Hip-Hop-Beats werden immer lauter, bis Helmuth und Herr Maier anfangen zu rappen. Ich traue meinen Ohren nicht. *Bin ich nun komplett im falschen Film gelandet?!* Ich bin hin- und hergerissen zwischen Staunen und Lachen. Sie rappen über das Lernen und den Sinn, sein Leben aufzugeben, um seine Ziele zu errei-chen, und dass man das Ziel vielleicht noch mal überdenken sollte. *Wow.*

Der Refrain setzt ein. Und wieder glaube ich kaum, was passiert. Frau Schuster trällert mit. Es klingt sogar ganz gut, auch wenn ich nicht der größ-te Hip-Hop-Fan bin.

Als das Lied vorbei ist, klatschen alle im Laden, die drei umarmen sich.

„Ich glaube, Frau Pieper bekommt bald einen Herzinfarkt, wenn wir sie noch mehr schocken." Herr Maier macht sich schon wieder über mich lus-tig, aber er hat recht. Ich glaube das auch so langsam.

„Sie also auch", richte ich mich an Frau Schuster.

Ganz verschüchtert antwortet sie.

„Das ist sehr lange her. Seitdem ist eine Menge passiert."

„Ja, wirklich schade", stimmt Herr Maier zu. „Das war echt das Beste am Studium: unsere Proben."

Ich hoffe inständig, nicht noch mehr darüber zu erfahren. Mir reicht das gesammelte Wissen dieses Tages erst mal.

„Wie seid ihr denn auf das Thema gekommen?", fragt Frau Schuster die Männer.

„Frau Pieper schreibt einen Song", klärt Herr Maier sie auf.

Muss denn hier alles ausgeplaudert werden? Das ist mir peinlich, Leute. Vor allem vor meinen Arbeitskollegen und Chefs muss mein privates, verliebtes, kreatives Leben echt nicht thematisiert werden. Mir wird heiß, aber ich kann leider nicht noch mehr Klamotten ausziehen.

„Haben Sie denn einen Tipp, wenn Sie früher selbst Texte geschrieben haben?", frage ich nun doch interessiert in die Runde.

„Hör auf dein Herz, Schätzchen."

Na ja, welchen Tipp hätte man auch sonst von Helmuth erwarten können?! Die anderen beiden stimmen ihm zu.

„Ja, wirklich, halten Sie sich nicht an Konventionen oder Logik. Das, was rauskommt, will raus – und dann kommt es von Herzen und ist gut. Stehen Sie dazu."

Wow, der erste ernstgemeinte Rat von Frau Schuster. Ich werde sie vermutlich nie wieder ernst nehmen können, nachdem sie hier mit Herrn Maier und Helmuth gerappt hat. Ich grinse, und das werde ich wohl das ganze Wochenende nicht mehr abschalten können. *Diese Bilder in meinem Kopf ... Wie soll ich denn bitte Montag normal mit denen arbeiten und Frau Schuster wieder hassen können? Die machen mir hier alles kaputt,* witzle ich in Gedanken.

„Ich denke, wir sollten auch langsam Schluss machen. Es wird Zeit für das Wochenende. Den Rest können wir am Montag erledigen", beschließt Herr Maier.

„Ach, Montag? Wurde die Frist verlängert?" Frau Schuster wurde wohl noch nicht aufgeklärt.

„Christian hat das geklärt." Helmuth zwinkert vielsagend.

„Na klar, was frage ich auch ..." Anscheinend sind alle im Bilde über Herrn Baldos Überredungskünste.

„Ja, geht ruhig, dann kann ich hier in Ruhe aufräumen. Außerdem habe ich jetzt irgendwie Lust, mal wieder zu texten." Helmuths Augen funkeln. Wahrscheinlich ist eine lang vergessene Leidenschaft zu ihm zurückgekommen. Das freut mich, denn irgendwie habe ich das ausgelöst, und das gibt mir ein gutes Gefühl. Aber ich bin auch erschöpft von diesem Tag und finde die Idee, Feierabend zu machen, wirklich gut. Also packe ich meine Sachen zusammen und verabschiede mich ins Wochenende.

Immer wieder ein schönes Gefühl, wenn auch ein wenig bedrohlich, weil ich weiß, dass meine Zeit jetzt läuft, und ich mich gezwungen fühle, jede Sekunde etwas Tolles zu machen. Allerdings nutze ich das meistens nicht, weil ich schon mit der Entscheidung, *was* etwas Tolles ist, überfordert bin.

Ich fahre noch schnell nach Hause, um mich frischzumachen, bevor wir zu Jakobs Mutter gehen. Außerdem möchte ich etwas Weiteres anziehen, denn dort wird immer viel gegessen. Ich hoffe nur, dass Katja nicht da ist, und ich meine Ruhe habe. Ich brauche nach dem Tag wirklich mal ein bisschen Zeit für mich. Mein Kopf ist voll mit tausend Gedanken, und ich würde sie gern ein wenig ordnen, weiß nur nicht so richtig, wie. Am besten wäre schlafen, dann ordnet sich das ohne meine Hilfe, aber darauf muss ich wohl noch ein paar Stunden warten. Ich muss mich jetzt wirklich beeilen.

In der Bahn schaue ich mir noch mal die Lektion 11 an. Damals war es so einfach, Erik „auszumisten", aber Katja … Ich hab sie gern, wir waren mal so gute Freundinnen, aber irgendwie funktioniert es nicht mehr. Doch wie soll ich mir die Wohnung allein leisten oder ihr überhaupt erst mal sagen, dass sie ausziehen soll? Mir eine neue Mitbewohnerin zu suchen kann nicht weniger nervig werden. Und ich will Katja auch nicht als Menschen aus meinem Leben verlieren. Vielleicht weiß Jakob ja einen Rat, ich werde ihn nachher fragen.

Zu Hause angekommen, hüpfe ich unter die Dusche. Das Wasser spült meine Anspannung davon, und ich fühle mich schon etwas leichter. Ich singe laut einen der mit meiner Gesangslehrerin eingeübten Songs und creme mich ein. Danach föhne ich meine Haare, was ich ja sonst nie tue, trage sie sogar offen und leihe mir eine Spange von Katja, damit mir die Mähne nicht ständig ins Gesicht fällt.

Ich weiß nicht, was mit mir los ist, aber ich habe Lust, ein wenig Make-up auszuprobieren. Da ich so was normalerweise nicht benutze, muss ich auch hier in Katjas Schrankseite stöbern – aber sie wird es zum Glück nie erfahren.

Ich nehme einen roten Lippenstift, trage ihn auf und sehe in den Spiegel. *Wow … Clown Dolly und ich könnten Geschwister sein. Wenn mich so einer sehen könnte …* denke ich und lache mich über mein Äußeres schlapp. Dann schminke ich meine Augen mit Wimperntusche und sehe noch fremder aus. Ich mag meine Natürlichkeit und die Zeit, die ich dadurch morgens im Badezimmer spare. Ich nehme ein bisschen Klopapier (hab das tausendmal bei Katja und Mama gesehen) und küsse es, um die

Farbe des Lippenstifts ein wenig loszuwerden. *Schon besser.* Nur von einem Handtuch umhüllt gehe ich in mein Zimmer und schaue in den Kleiderschrank. Von Katja Klamotten leihen ist definitiv nicht drin (sie ist viel dünner als ich), also muss ich wohl bei mir fündig werden. Mein Kleiderschrank ist seit dem letzten Ausmisten recht überschaubar, was die Sache leichter macht. Und in dem Moment fällt mir was für die Liste ein. Ich eile zu meiner Tasche und hole den Notizblock raus. Unter Wünsche schreibe ich:

- Urlaub in einem anderen Land machen"

Dann gehe ich wieder zum Kleiderschrank und hole meinen einzigen Rock raus. Den habe ich mir mal für die Hochzeiten, die mittlerweile ab und an anstehen, zugelegt – damit ich wenigstens *ein* festliches Kleidungsstück habe. Ein paar ordentliche Blusen für die Arbeit hab ich auch, also ziehe ich zum Rock eine davon an. Zurück vor dem Badspiegel sehe ich mich an und erkenne mich gar nicht wieder. Ich hasse diese Blusen und fühle mich nicht wohl. So sehr ich auch gern manchmal diese Frau im Spiegel wäre, und so gern ich mich für Jakob schick machen würde, wenigstens, wenn wir seine Mutter besuchen – aber das bin einfach nicht ich. Ich sehe Katja im Spiegel und nicht Jule Pieper, die Frau, die sich nur im Notfall ihre von Natur aus struppigen Haare föhnt, die Nägelfeilen als notwendiges Übel sieht, und die das Glück hat, dass ihre Augenbrauen dicht aber nicht buschig sind, da jedes

Haar, das sie je auszupfen musste, eine tränenreiche Tortur für sie war.

Die Musik dröhnt laut, und ich genieße diesen Moment des Mit-mir-selbst-Seins, auch wenn ich unzufrieden auf mein Äußeres blicke. Meine Haare, lang und blond, straßenköterblond – so hat es jedenfalls meine Mutter oft genannt, wenn sie mich zum Färben überreden wollte. *„Du könntest so viel aus dir machen"*, hat sie mir oft vorgeworfen, und damit meinte sie nicht meinen Beruf. Sie hätte gern eine Katja gehabt. Ich erinnere mich, wie Mama damals Katjas Haare geflochten hat und ich eifersüchtig war. Katja war die Tochter, die sie sich gewünscht hatte, nicht Jule, deren Zopf sich schon nach wenigen Minuten wieder auflöste, weil sie auf Bäume kletterte. Während ich mich unter Zäunen durchgrub, saß Katja brav auf dem Spielplatz und spielte mit anderen. *Ich hatte irgendwie schon früher keinen Nerv auf Gesellschaft … Komisch, dass mir das jetzt gerade einfällt.*

„Uh, ich bin Katja, ich bin total hübsch und immer super geschminkt. Das hat mich in meinem Leben total weit gebracht, denn ich hab den dümmsten Freund der Welt und lasse alles mit mir machen!" Sie vor dem Spiegel zu parodieren, ist gemein, aber irgendwie tut es gut. „Ich esse nur *eine* Mahlzeit am Tag, damit ich so dünn bleibe, denn mein Körper ist mein Kapital. Mehr habe ich nicht zu bieten, und während für andere ein Terroranschlag etwas Schreckliches ist, ist mein Leben vorbei, wenn ich ein Gramm zunehme." Ich wackle ein wenig mit dem Arsch und gucke mit eingezogenen Wangen todernst in den Spiegel.

„So denkst du also, ja?", erklingt eine Stimme hinter mir.

Ach du Scheiße! Katja!

„Was machst du denn hier?", frage ich unschuldig.

„Ich wohne hier zufällig."

„Ich … ich … also …"

„Lass gut sein. Ich habe schon verstanden. Ich bin dumm und deiner Intelligenz nicht würdig." Sie hat Tränen in den Augen und geht in ihr Zimmer.

Fuck. Was mach ich denn jetzt? Mein Handy klingelt. *Ach Mist, wie spät ist es eigentlich?* Ich habe total die Zeit aus den Augen verloren. Jakobs Name steht auf dem Display.

„Hey, bin in ein paar Minuten da – ich warte dann unten auf dich."

„Oh shit, ich glaube, du kannst schon mal vorgehen. Ich brauch noch einen Moment. Tut mir leid."

„Jule, du weißt doch, dass Mama auf uns wartet. Hast du wieder länger gemacht?"

„Nein, ich schwöre. Aber ich hab hier ein … Problem. Ich erzähl's dir später. Ich beeil mich. Tut mir wirklich leid."

„Alles klar. Bis später."

So verständnisvoll er auch ist, bei seiner Mutter hört der Spaß auf. Ich weiß, wie wichtig es ihm ist, dass in Zusammenhang mit ihr alles perfekt ist. Irgendwie komisch, denn ich habe nicht den Eindruck, dass seiner Mutter so was wichtig ist. Aber ich habe jetzt ganz andere Sorgen. Mal wieder stehe ich wie ein begossener Pudel vor Katjas Tür und klopfe.

„Katja?"

„Lass mich!"

Ich öffne die Tür. Sie sitzt auf ihrem Bett und starrt an die Wand.

„Ist okay, du hast ja recht. Kannst du mich jetzt bitte allein lassen? Ich habe ein Gramm zugenommen und muss das erst verarbeiten."

Mist. Sie hat alles gehört. Da kann ich mich doch niemals wieder rausreden. Und wieso ist sie so ruhig und schreit mich nicht an? So kenn ich sie gar nicht.

„Katja, du weißt, dass ich das nicht so gemeint habe, oder? Ich hab doch nur Quatsch gemacht."

„Nein, um ehrlich zu sein glaube ich, dass ich jetzt endlich weiß, was du wirklich denkst. Nicht, dass du es mich nicht schon jeden Tag spüren lässt …"

„Mach ich gar nicht."

„Jule, jetzt mal im Ernst. Immer, wenn wir uns sehen, hast du etwas auszusetzen. Wenn ich abnehmen will, wenn ich von Jörn rede, wenn ich shoppen war oder du Make-up-Krümel findest. Ich kann es dir nie recht machen."

Ich setzte zum Protest an, merke aber, dass ich dem gar nichts entgegensetzen kann. Sie hat recht. Stattdessen setze ich mich zu ihr aufs Bett.

„Ich halte es mit dir nicht mehr aus."

„Oh …", erwidere ich. Das tut weh, und nun kommen mir die Tränen.

„Bitte lass mich jetzt allein."

Ich stehe auf und verlasse das Zimmer. Eigentlich war ich sauer auf sie, und nun? Ich habe so viel für sie getan, und jetzt sagt sie, dass sie es mit *mir* nicht mehr aushält? Ich dachte, sie ist die Böse und ich das Opfer. Ich habe mich mein ganzes Leben lang gefühlt, als könnte ich es keinem recht machen, außer meinem Opa, und nun sorge *ich* dafür, dass es jemandem so geht? Das ist ja furchtbar. Sagt man nicht immer, dass Kinder wie ihre Eltern werden? Das ist einfach nur schrecklich. Tränen laufen über mein Gesicht, und ich sehe aus wie nach einer durchzechten Partynacht. Die Wimperntusche hat sich auf meinen Wangen verteilt, und ich versuche, den Scheiß mit Klopapier und Wasser abzuwischen. Es brennt, und mein Gesicht glüht rot, als ich endlich sauber bin. Außerdem habe ich meine Bluse vollgeschwitzt und ziehe mir jetzt doch etwas Bequemes an. *Jeans und T-Shirt müssen reichen, Jakob hat schon lange genug gewartet.* Es fühlt sich nicht richtig an, als ich das Haus verlasse. Aber zu bleiben wäre auch falsch. Ich will mich vergraben, oder wie früher auf einen Baum klettern, wo mich niemand finden kann. Stattdessen dränge ich einfach nur die Tränen zurück und mache mich auf den Weg.

Bei Jakobs Mutter angekommen, öffnen mir Mutter und Sohn freudestrahlend die Tür.

„Julchen, schön, dass du da bist!" Sie hatte mich von Anfang an ins Herz geschlossen und hat das die wenigen Male, die ich mit Jakob bei ihr war, ganz deutlich gezeigt. *„Julchen, ich hab dich lieb",* hat Jana mir schon nach dem zweiten Besuch gesagt, und ich war hin und weg. Von meiner Mutter habe ich das noch nie gehört. Sie umarmt mich, dann schaut sie mir prüfend ins Gesicht. „Was ist denn los?"

Ich schluchze los und heule mit einer Inbrunst, die auslaugender nicht sein könnte. Sie nimmt mich sofort in den Arm, und ich weine mich bei einer Mama aus, die ich mir immer gewünscht habe. Niemals habe ich das bei meiner eigenen Mutter zugelassen, aber Janas Herzlichkeit, ihre Mütterlichkeit, da geht es gar nicht anders. Ich lasse alles raus, kann gar nicht mehr aufhören. Trotz des heftigen Weinkrampfs spüre ich Jakobs Nähe und fühle mich in den Armen seiner Mutter genauso geborgen wie in seinen. Es dauert eine ganze Weile, bis ich mich allmählich beruhige.

„Jakob, holst du …" Seine Mutter unterbricht sich.

Ohne dass sie zu Ende sprechen muss, hält er mir ein Taschentuch hin und schaut mich liebevoll an.

„Danke", schluchze ich und schnäuze mich.

„Komm, mein Kind, wir gehen jetzt erst mal in die Küche. Ich mach dir einen Tee."

Sie geht vor, und Jakob nimmt mich in den Arm, was zu einem weiteren (kleineren) Ausbruch führt.

Es ist mir unglaublich peinlich, aber ich kann einfach nicht anders. Die ganze Anspannung der letzten Wochen fällt von mir ab. Die Anspannung, die ich jeden Tag zu Hause fühle, wenn ich mit Katja zusammen bin, und auf der Arbeit, wenn ich damit beschäftigt bin, alle zu hassen.

Bin ich wirklich so ein Monster? Bin ich wirklich wie meine Eltern?

„Es ist nicht so schlimm, dass du zu spät bist. Wir haben gewartet, du hast nichts verpasst." Jakob versucht mich aufzumuntern, und ich muss tatsächlich grinsen.

„Du spinnst", antworte ich.

„Na Gott sei Dank, deshalb habe ich nämlich ein Grinsen gesehen."

„Tut mir leid", sage ich zu Jakobs Mutter.

„Kindchen, entschuldige dich niemals für deine Gefühle. Den Fehler habe ich mein halbes Leben gemacht. Es ist gut, wenn du weinst, das ist reinigend." Sie stellt den Tee an meinen Platz, und wir setzen uns.

„Ich schlage vor, wir essen jetzt, bevor es kalt wird, und du kannst in der Zeit alles sacken lassen. Wenn du willst, können wir danach darüber reden, und ich gebe dir eine Runde Reiki. Das hilft, dass du dich endlich mal entspannst."

„Re… was?"

„Die Sache mit dem Handauflegen", erklärt Jakob.

„Ach so. Das, wobei ich nichts tun muss, außer zu liegen?"

„Richtig." Jana grinst.

„Dann auf jeden Fall." Nun muss auch ich grinsen.

So ganz verstanden habe ich die Sache mit dem Handauflegen noch nie, aber wenn ich einfach nur liegen muss, habe ich ja nichts zu verlieren, deshalb lasse ich mich darauf ein.

„Wie bist du eigentlich dazu gekommen?", frage ich.

Sie gibt uns allen etwas vom Kartoffelauflauf auf den Teller.

„Ich hatte eine Krise, eine Freundin hat mich mit an die Ostsee geschleppt, und dort wurden für irre viel Geld unter anderem Reikisitzungen angeboten. Da wir so kurzfristig in dem Hotel waren, gab es kaum noch freie Anwendungen an dem Wochenende und so hatte ich nicht viel Auswahl und habe mir eine Reikibehandlung gebucht. Ich habe allerdings auch nicht viel davon verstanden. Es war einfach nur schön, dass sie mir die Hände aufgelegt hat und ich nichts machen musste." Sie zwinkert mir zu.

Ich fülle uns allen Erdbeersaft ein.

„Und wie war es?"

„Na ja … Abgefahren."

Wir müssen lachen. Seine Mutter hat solche Wörter noch nie benutzt, deshalb klingt es irgendwie lustig bei ihr.

„Ja, also ehrlich. Ein besseres Wort dafür finde ich nicht. Es war, als würde ich schweben und gar nicht mehr auf der Pritsche liegen, und manchmal hat es so … gepufft. Mir wurde später erklärt, dass sich dann eine Energieblockade gelöst hat."

Ich gucke Jakob an und weiß nicht, ob ich lachen oder sie bemitleiden und für irre halten soll. Er nickt zuversichtlich.

„Wirst schon sehen", sagt er nur.

„Ich weiß, das klingt alles komisch. Inzwischen ist das für mich so normal, dass ich gar nicht mehr daran denke, wie merkwürdig sich das für Außenstehende anhört." Sie nimmt einen Schluck Saft. „Also. Es war auch deshalb abgefahren, weil sie mir ganz bestimmte Fragen gestellt hat. Sie wusste ganz genau, was bei mir los war, ohne dass ich ihr davon erzählt hatte. Sie fragte mich am Ende der Sitzung, ob ich gerade jemanden verloren habe, und ja, es war Jakobs Vater, der erst ein paar Wochen davor verstorben war. Und dann sagte sie, dass es okay wäre, erleichtert zu sein, und ich sollte nun mein eigenes Leben führen, und zwar so, wie ich es für richtig halten würde. Ich sollte nach vorne sehen." Tränen laufen über ihre Wangen, was mich ein bisschen verlegen macht.

Warum sie wohl weint? Weil sie jetzt ein schönes Leben hat oder die Erinnerung an ihr altes Dasein so wehtut?

„Ich bekomme immer noch Gänsehaut, wenn ich davon erzähle. Seht ihr?" Sie hält den Arm hoch und zeigt uns die aufgestellten Härchen. „Ich hatte bis dahin niemandem erzählt, dass sein Tod eine Erleichterung war. Ich kannte diese Frau nicht und dennoch schien sie alles über mich zu wissen. Sie schien mich besser zu kennen, als ich selbst. Das war der Wahnsinn."

„Abgefahren", sage nun auch ich.

„Sag ich ja."

„Aber es fällt mir trotzdem schwer, das zu glauben."

„Das ist auch total nachvollziehbar und gut. Du sollst nicht alles glauben, was man dir erzählt, sondern deine eigenen Erfahrungen machen", beruhigt sie mich.

Das höre ich heute nicht zum ersten Mal. Auch Franzi und Helmuth haben mir das schon gesagt. Scheinbar ist da was dran bei mir. Ich muss wohl endlich lernen, meine eigenen Erfahrungen zu machen, und das, was ich erzählt bekomme, genau zu hinterfragen und von allen Seiten zu beleuchten. Vielleicht ist ja manches für andere gut, aber für mich noch lange nicht.

„Ich hatte zu der Zeit chronische Rückenschmerzen, war bei sehr vielen Ärzten, aber keiner konnte mir sagen, woher sie kamen. Ich bekam Physio und Tabletten verschrieben. Nach der Reikisitzung hatte ich zum ersten Mal nach einer Ewigkeit keine Schmerzen mehr."

„Hm … Ich hab oft Halsschmerzen."

„Ja, kein Wunder."

Ich schaue sie fragend an.

„Jeder Schmerz, sagt man, kommt von einem seelischen Problem. Halsschmerzen gehören zum Halschakra, das werde ich vermutlich sehr stark bei dir merken, und das kommt davon, wenn man zum Beispiel nie seine Meinung sagt und alles nur runterschluckt."

„Oh." *Und ich dachte es kommt von Katjas Parfum.*

„Keine Sorge. Ich erzähle jetzt nichts mehr von diesem Chakrakram. Das führt zu weit, und du musst das alles gar nicht verstehen. Ich war jedenfalls damals begeistert. Mein Kopf fühlte sich nach langer Zeit endlich wieder sortiert an, und ich war zum ersten Mal in meinem Leben wirklich entspannt. Also ging ich am nächsten Tag wieder hin, was sie mir auch empfohlen hatte."

„Na klar, gibt ja auch mehr Geld." Ich kann mir diesen Kommentar nicht verkneifen.

Sie lässt die Aussage so stehen und spricht weiter.

„Dann riet sie mir, zu Hause weiterzumachen, und gab mir die Kontaktdaten einer Berliner Reikimeisterin. Ich war total begeistert, allerdings konnte ich das natürlich nicht bezahlen, so oft wie ich gern eine Sitzung gehabt hätte. Und so weihte sie mich in die ersten beiden Grade ein, und ich heilte mich selbst, fast jeden Tag."

„Und mich." Jakob lächelt seine Mutter an.

„Und dich", sagt sie und legt ihre Hand auf seine.

Ich sehe von Mutter zu Sohn und bin beinahe eifersüchtig wegen der innigen Verbindung der beiden. *Warum hatte ich nie eine so starke Bindung zu meiner Mutter?*

Nach dem Essen gehen wir ins Wohnzimmer, wo es immer ein bisschen nach Räucherstäbchen riecht. Helmuth würde sich hier sicher wohlfühlen. An seinen Dreads haftet auch oft der Duft von Räucherstäbchen.

„Leg dich doch schon mal auf die Couch. Am besten auf den Rücken." Jakobs Mutter streift mir über den Arm und schenkt mir damit ein wenig Beruhigung. Weiß sie, dass ich jetzt doch etwas nervös werde? Sie hat schon ein paarmal von diesem Reiki erzählt, aber ich habe ihr Angebot bisher nie angenommen. Heute werde ich mich endlich trauen. Ich lege mich hin. *Die Geister, die ich rief,* wiederholt sich dauernd in meinem Kopf.

„Ich erkläre dir gleich alles noch mal genau. Ich geh nur noch schnell auf die Toilette, und danach hole ich dir ein Glas Wasser."

Jakob gesellt sich zu mir auf die Couch.

„Das ist echt cool. Wirklich. Du musst dir keine Sorgen machen."

„Mach ich nicht."

„Ich erkenn doch deine Grübelfalten auf der Stirn."

„Ich hab Falten?!" *Noch taktloser geht wohl nicht.*

„Schatz. Alles wird gut." Er gibt mir einen Kuss auf die Stirn und streichelt mir über den Kopf. „Bei mir hat sie das schon tausendmal gemacht."

Als Jana zurückkommt, geht Jakob zurück in die Küche und kümmert sich um den Abwasch. Jana macht wunderschöne Musik an, und sofort fühle ich mich wohler und bin froh, dass sie keine Panflötenmusik aufgelegt hat. Das erinnert mich an Spa-Musik und Weihnachtsmarkt. Sie gibt mir eine Decke und setzt sich neben mich.

„Also, ich werde jetzt meine Hände auf deine Chakren legen. Ich beginne am Kopf und lege meine Hände unter deinen Hinterkopf, dann lege ich sie auf dein Gesicht, auf deine Augen, deinen Hals, dein Herz, deinen Oberbauch, deinen Unterbauch, und danach wechsle ich noch mal die Position und gehe zu deinen Füßen."

Ich gähne.

„Wenn du einschläfst, ist das gar kein Problem. Reiki wirkt nach. Das passiert vielen Menschen beim ersten Mal."

Die Leute halten Mittagsschlaf und zahlen dafür eine Menge Kohle? Arm im Schlaf würde ich das nennen …

„Du kannst jetzt deine Augen schließen." Sie setzt sich hinter mich und legt ihre Hände unter meinen Hinterkopf.

Fühlt sich erstaunlich gut an. Ich fühle mich geborgen. So wie ich mich bei meiner Mutter nie gefühlt hab, obwohl ich das immer wollte. Mir kommen sofort die Tränen. Peinlich. Schon wieder heulen … erst in ihren Armen, schon an der Tür, und jetzt unter ihren Händen. Ich versuche, die

Tränen zu verdrängen. *Ich kann doch hier nicht die ganze Zeit heulen, vor allem nicht, wenn sie ihre wertvolle Zeit opfert und sich solche Mühe gibt, dass ich mich entspanne.*

„Wein ruhig, lach, lass zu, was du gerade fühlst. Das ist reinigend und normal." Ihre sanfte Stimme ist zwar äußerst beruhigend, aber trotzdem sind mir meine Tränen unangenehm.

Ein Kribbeln in meinem Kopf lenkt mich von meinen Gedanken ab. *Das ist ja irre.* Würde mich ja mal interessieren, wie es sich gerade im Moment ohne Reikihände anfühlen würde. Vielleicht denke ich nur, dass das krass ist, dabei ist das total normal. *Wow. Okay, das ist nicht normal. Das geht total ab.* Ich weiß gar nicht so recht, was da gerade passiert.

Jana wechselt ihre Handposition und legt ihre Hände auf meine Wangen und Ohren. *Ist das schön. Ein bisschen so, als würde sie die Welt von mir fernhalten. Und wie weich ihre Hände sind. Boah, ist das schön.* Ich werde auf einmal ganz ruhig, merke, dass besonders meine Ohren kribbeln, mir wird ganz warm im Gesicht, ihre Hände strahlen eine starke Wärme aus. Mein Atem wird ruhiger und tiefer. *Das ist so schön.*

„Jule", höre ich jemanden in weiter Ferne flüstern. „Juuuuleeee."

Ich weiß gar nicht, wo ich gerade bin und was los ist. Ich öffne die Augen und bin in einem Wohnzimmer. *Definitiv nicht meins.* Jakob steht vor mir. *Definitiv meiner. Ach, ist er schön.* Er sagt etwas, doch ich verstehe ihn nicht, schwebe noch zum Teil in meiner Traumwelt und lächle ihn einfach nur an.

„Oh, Mum, du hast sie verzaubert, glaub ich."

„Lass ihr einen Moment. Du weißt doch, wie das ist."

Er streichelt meinen Kopf. Wie ich das liebe.

„Ich liebe dich", sage ich. Dass seine Mutter in der Nähe ist, ist mir dabei total egal.

„Ich dich auch." Er gibt mir einen zärtlichen Kuss, und ich schmelze dahin.

Was hab ich ein Glück, einen so liebevollen Freund zu haben, und dann auch noch einen mit dieser faszinierenden Mutter mit den magischen Händen.

„Ich glaub, ich bin eingeschlafen."

„Ich glaub auch." Jakob lacht.

Langsam versuche ich mich aufzurichten, setze mich hin.

„Wow, was war das denn? Ich hatte total verrückte Träume."

„Das ist normal", beruhigt mich Jana.

„Tut mir leid, dass ich eingeschlafen bin."

„Das ist völlig okay. Ich hab dir doch gesagt, das passiert vielen am Anfang. Vor allem nach einer langen Arbeitswoche am Freitagabend. Du hast den Schlaf gebraucht."

Ich fühle mich noch immer wie in eine Wolke gehüllt. Die Welt fühlt sich wohlig und weich an, ein wenig, als wäre ich bekifft. So ganz leicht. Ich grinse vor mich hin, als wäre ich jemand anderes.

„Ich hätte dich auch gern weiterschlafen lassen, aber ich dachte, wenn du nachts allein in Mamas Wohnzimmer aufwachst, wäre das sicher nicht ganz in deinem Sinne. Und ich bin etwas neidisch auf deine Schlafeinheit und würd auch gern ins Bett", sagt er.

„Wieso? Wie spät ist es denn?"

„Zehn."

„Waaas?! Nicht dein Ernst!"

„Leider doch."

„Ich habe den ganzen Abend verschlafen?"

„Na, so lang war es nun auch nicht. Ihr habt ja erst spät angefangen." Er zwinkert mir zu.

Ich erinnere mich wieder. Ich kam zu spät. Der Streit mit Katja. Die Wolke beginnt der Traurigkeit zu weichen. Ich versuche sie festzuhalten, damit die schlechten Gefühle keinen Weg finden, mich zu berühren, doch sie kommen immer näher.

„Hey Schatz, das war doch nicht böse gemeint, okay?"

„Ich weiß." Ich versuche, mich zusammenzureißen, und stehe auf, lege die Decke zusammen und trinke mein Glas Wasser in einem Zug aus. Dann gehe ich noch auf die Toilette und höre die beiden reden. Seine Mutter sagt etwas wie „kümmere dich gut um sie, sie ist ein Schatz". Das lässt mich ein wenig schmunzeln. Dennoch ist die Sache mit Katja wieder präsent in meinem Kopf.

Wir verabschieden uns von Jana, und ich bedanke und entschuldige mich.

„Ich kann gar nicht glauben, dass ich den ganzen Abend verpasst hab. Tut mir wirklich leid." Noch eine Entschuldigung.

„Ach, kein Problem. Ich fand den Abend sehr schön. Mama und ich haben viel über die Arbeit und über dich geredet."

„Über mich?" Ich bleibe stehen.

„Keine Sorge, sie hat nichts von der Reikisitzung erzählt, nur ein paar Fragen gestellt. Und dann habe ich erzählt, was ich glaube, was dich beschäftigt."

„Und was glaubst du?"

„Momentan alles. Du machst wahrscheinlich einen Wandel durch, man verändert sich ja alle sieben Jahre, und ich glaube, so etwas läuft bei dir gerade. Du zweifelst an allem und sortierst nun wieder aus. Ich habe natürlich auch ein wenig Angst, dass du mich aussortierst, aber ich versuche mal positiv zu denken."

„Du bist das einzig Gute in meinem Leben – dich würde ich niemals aussortieren."

„Beim letzten Mal musste Erik dran glauben."

„Erik war ja auch ein Arsch. Ich hab wirklich keine Ahnung, warum wir überhaupt zusammen waren. Wahrscheinlich nur, damit ich nicht zu Hause bei Katja sitzen musste." Meine Mundwinkel fallen nach unten und wollen nicht mehr nach oben wandern.

„Hast du dich vorhin wieder mit ihr gestritten?"

„Sie hat gehört, wie ich sie nachgeäfft habe. Und sie meinte, sie könne es mir nie recht machen und ich würde ihr nicht gut tun. Sie saß einfach nur traurig auf ihrem Bett. Meinetwegen. Und ich glaube, sie hat recht. Nicht sie ist das Problem, sondern ich. Immer bin ich mit allem unzufrieden. Ständig hab ich etwas an ihr auszusetzen. Ich bin schrecklich." Nun kann ich es nicht mehr aufhalten und weine schon wieder Wasserfälle.

Er nimmt mich in den Arm und lässt mich einfach sein. Wie vorhin bei seiner Mutter, die sich so liebevoll um mich gekümmert hat. Beim Gedanken daran muss ich noch heftiger weinen.

Als ich mich langsam beruhige, drückt er mir eine Packung Taschentücher in die Hand, und ich putze meine Nase. Außerdem wische ich mir die

Tränen aus dem Gesicht. Zum Glück ist es draußen schon dunkel. Einige Passanten laufen vorbei, interessieren sich aber nicht weiter für uns. Das anonyme Berlin. Hier kann man auf der Straße verrecken, und keinen würde es interessieren. Hat was, besonders in solchen Situationen, aber manchmal kotzt es mich richtig an, dass sich jeder nur mit sich selbst beschäftigt.

„Vielleicht solltet ihr ein klärendes Gespräch führen. Sie war sicher nicht nur deinetwegen so drauf. Wahrscheinlich hat sie mal wieder Stress mit Jörn, und da kam ihr das gerade recht."

„Sie war so anders. Sie hat nicht mal geschrien. Saß einfach nur da. So kenne ich sie gar nicht. Sie sah total erschöpft aus."

„Du warst auch total erschöpft. Nicht nur sie. Du machst dir immer nur Sorgen um sie, vergisst dich dabei aber selbst."

Hm … eigentlich finde ich nicht, dass ich so jemand bin, aber ich habe auch keine Lust, ihm zu widersprechen.

Wir laufen die Straße entlang und steigen in die Bahn. Besoffene gut gelaunte Partyleute grölen Lieder und lachen über dämliche Witze.

„Wollen wir kurz aussteigen und nach ihr sehen?", fragt er kurz vor der Haltestelle in der Nähe meines Zuhauses.

Ich schüttle den Kopf. „Ich will diesen vorwurfsvollen Blick heut nicht noch mal sehen. Ich möchte einfach nur noch ins Bett." Dieser enttäuschte Blick verfolgt mich. Ich sehe sie da auf dem Bett sitzen und einfach nur an die Wand starren. So ruhig. So gefasst. So traurig.

Meine Haltestelle wird angesagt, und es kribbelt in meinen Beinen. Einen kurzen Moment durchzuckt mich der Drang, doch aufzuspringen und raus zu rennen, aber dann gehe ich in mich. *Sie will mich nicht sehen. Ich lasse ihr eine Nacht zum drüber schlafen, und dann können wir morgen immer noch reden. Heute bin ich viel zu müde für gut durchdachte Sätze.* Meine Schultern entspannen erst wieder, als wir weiterfahren. Jakob steht, ich habe einen Sitzplatz. Er beobachtet die anderen und lacht mit ihnen, während mich die Fröhlichkeit der Fremden mal wieder runterzieht. *Jakob lässt sich immer schnell mitreißen. Kann doch nicht wahr sein.* Und in diesem Moment wird mir klar, dass ich es schon wieder tue: Schlecht drauf sein und erwarten, dass alle anderen es auch sind. *Scheiße, Mann! Schlechte Laune hatte ich doch aussortiert. Katja ist jetzt traurig oder vielleicht sogar schon wieder mit Jörn vereint – egal ob ich jetzt gerade in diesem Moment schlechte Laune habe oder nicht.* Eine Wahnsinnserkenntnis, die mir meine Energie zurückbringt. An der nächsten Haltestelle steigt mein Sitznachbar aus, und Jakob setzt sich zu mir.

„Schatz, ich muss dir was zeigen." Ich fische mein Handy aus der Tasche und suche das Video mit dem Baby. *Mal sehen, wie oft ich dieses Video in meinem Leben noch sehen werde.* Ich grinse vor Vorfreude und merke, dass Jakob ein wenig verwundert ist – einen so schnellen Sinneswandel zum Positiven ohne Zureden kennt er von mir nicht (ich übrigens auch nicht). Ich starte das Video, und er lacht sich gleich darauf schlapp. Ich mich natürlich auch. Es wird jedes Mal noch lustiger, und wir lachen Tränen. Auch die Besoffenen, die es an einem Freitagabend nun mal zur Genüge in der Bahn gibt, bekommen das mit, stehen nun hinter uns und lachen auch. Um besser sehen zu können, macht ein anderer das Video auf seinem eigenen Handy an, und auch um ihn steht sofort eine Traube Menschen. Diese Szene kommt zu meiner Lieblingsszenensammlung. *Wird das jetzt jedes Mal so, wenn ich das Baby in der Bahn zeige? So lustig!*

Wir verpassen fast unsere Haltestelle, springen im letzten Moment aus der Bahn. Die anderen winken uns nach, und wir laufen die zehn Minuten von der Haltestelle zu Jakobs Wohnung.

„Wie war dein Tag?", frage ich ihn spontan. Es soll schließlich nicht immer nur um mich gehen.

„Oh, das war so lustig heute. Die Bettlerin war wieder da."

„Hatte sie nicht Hausverbot bekommen?"

„Ja, und deshalb haben wir sie auch gebeten, die Mensa zu verlassen. Und dann hat sie doch ernsthaft gefragt, ob wir ihr das Essen dann nach draußen bringen. Sie hat sich über den Service gefreut. Von wegen, sie mag es eh nicht, wenn ihre Klamotten immer so nach Mittagessen riechen." Er lacht, und ich stimme ein.

„Und, habt ihr es gemacht?"

„Als Azubi trau ich mich das nicht, aber eine Kollegin hat ihr tatsächlich ein paar Sachen rausgebracht. Mein Chef hat so getan, als würde er das nicht sehen, aber ich habe ihn heimlich beobachtet. Der bekommt alles mit und war garantiert erleichtert, dass sie jetzt wenigstens nicht verhungert."

„Wirklich ein komischer Kauz."

„Ach, ich verstehe ihn. Man darf sich halt nicht auf der Nase rumtanzen lassen. Sonst kommen alle zu uns zum Klauen. Dennoch hat er ein Herz."

„Stimmt."

„Und wie war es bei dir? Bist du mit dem Kopieren fertig geworden?"

„Nee, aber der Baldo hat eine Fristverlängerung bis Montag ausgehandelt. Aber was da heute abging … das glaubt mir keiner. Die aus dem Kopierladen und die aus der Kanzlei waren früher alle miteinander befreundet. Die haben zusammen studiert und hatten sogar eine Band! Und der gruselige Baldo hatte was mit Franzi. Das geht einfach nicht in meinen Kopf rein."

„Wo die Liebe hinfällt …" Er grinst und gibt mir einen Kuss.

„Ja, aber *die* beiden? Sie ist viel zu jung, lieb, verständnisvoll und würde sich nie etwas von einem Mann sagen lassen. Und dann *der* Typ?"

„Dinge und Menschen sind nie so, wie sie scheinen. Das weißt du doch inzwischen."

„Ja, vielleicht. Aber ich kann mir den Baldo gar nicht verliebt vorstellen … Na ja, ist ja auch egal. Vorm Schlafengehen möchte ich nicht an den denken. Keine Albträume, bitte. Aber weißt du was? Frau Schuster hat in der Band gesungen, die haben Hip-Hop gemacht!"

Jakob fängt an zu lachen.

„Das kann ich mir nach deinen Erzählungen wirklich nicht vorstellen."

„Herr Maier hat heute vor mir gerappt!"

Lachend schließt Jakob die Haustür auf, und wir gehen nach oben in seine Wohnung.

„Und wie kommst du mit deinem Buch voran?",
fragt er mich.

Ich ziehe meine Schuhe aus und lasse mich aufs
Sofa fallen.

„Ach jaaa … Da bin ich gerade bei der Perso-
nen-ausmisten-Lektion."

„Oh."

„Ja, *oh*. Ich weiß wirklich nicht, was ich tun soll.
Ich hab Katja ja irgendwo immer noch lieb, kann
sie mir aus meinem Leben kaum wegdenken, aber
trotzdem funktioniert es einfach nicht. Ich bin
ihretwegen so oft gestresst, wenn sie da ist … sogar
wenn ich hier bin. Diese WG tut mir nicht mehr
gut und ihr anscheinend auch nicht, aber ich kann
sie ja schlecht rauswerfen. Und leisten kann ich mir
das auch nicht … und Fremde will ich schon gar
nicht in meiner Wohnung, und ich …"

„Luft holen", stoppt mich Jakob.

„Und ich bin völlig überfordert."

„Warum redest du mit ihr nicht darüber?"

„Ich soll mit ihr darüber reden, wie ich sie loswerde und mir die Wohnung trotzdem leisten
kann?"

„Nein, darüber, wie ihr eure Freundschaft retten
könnt, und warum das Zusammenwohnen nicht
klappt. Das muss doch einen Grund haben."

„Sie nervt halt."

„Juleee …"

Ich ziehe einen Schmollmund und verschränke
die Arme.

„Ist doch wahr."

„Du weißt, dass ich diesen Schmollmund absolut süß finde, oder?" Er küsst meine zur Schnute

gezogenen Lippen, meine Wangen, meine Nase, meine Stirn, meine Ohren, knabbert daran, geht runter zu meinem Hals, und ich vergesse alles um mich herum. Er weiß genau, dass ich mich nicht konzentrieren kann, wenn er das macht, und so reden wir den restlichen Abend eben nicht mehr.

Samstag

Am nächsten Morgen werde ich von Kaffeeduft geweckt. Jakob hat ein üppiges Frühstück gezaubert, und wir starten den Tag mit Rührei und Obstsalat. Für ihn ist das gemeinsame Frühstück am Wochenende das Wichtigste – das lässt er ungern ausfallen. Im Hintergrund läuft das Radio. Er sagt, das erinnere ihn an seine Kindheit, und deshalb lässt er einen 80er-Jahre-Radiosender laufen. Egal wie schlecht die Moderatoren sind, wir hören nie etwas anderes, manchmal regen wir uns aber gemeinsam über die Ansagen auf. Ich liebe das. Ich sehe ihn dann immer als alten Opa, der glücklich ist, darüber meckern zu können. *Apropos Opa.* „Möchtest du morgen meine Großeltern kennenlernen?"

„Deine Großeltern?"

Jakob kennt bisher niemanden aus meiner Familie, und ich habe auch fast nichts über sie erzählt. Er weiß nur, dass der Crêpes Maker von meiner Oma war.

„Ja, ich hatte Lust, sie mal wieder zu sehen, und bin mit ihnen morgen zum Mittagessen im Garten verabredet. Sie würden dich gern kennenlernen, und wenn du magst, kannst du mitkommen. Das ist aber keine Pflichtveranstaltung."

Er nimmt einen Schluck Kaffee und schaut mir in die Augen.

„Na klar will ich sie kennenlernen. Es ist mir eine Ehre … das ist ein großer Vertrauensbeweis."

„Ach Quatsch, das ist keine große Sache."

„Du hast mal gesagt, dein Opa ist für dich der wichtigste Mensch auf der Welt, ohne ihn hättest du deine Kindheit nicht ausgehalten."

Hab ich das? Soviel zum Thema er weiß nichts von denen. Damit weiß er das Wichtigste.

„Ja, du hattest ein paar Sekt intus an dem Abend."

Das erklärt einiges. Scheiß Alkohol. Gut, dass wir den jetzt weglassen.

„Gut, dann fahren wir morgen zusammen zum Garten."

„Gut." Er grinst wie ein Honigkuchenpferd.

„Grins nicht so. Das ist keine große Sache. Wirklich!"

„Jup", antwortet er, und sein Grinsen wird noch größer.

Ein Spinner, denke ich und räume kopfschüttelnd den Tisch ab.

„Den Abwasch mach ich später. Lass das ruhig stehen."

Für diesen Satz könnte ich ihn jedes Mal heiraten. Ich hasse abwaschen, und er liebt das. Dafür liebe ich staubsaugen, und er hasst es. Das passt super, falls wir doch mal zusammenziehen. Irgendwann.

So langsam wird mir ein bisschen mulmig, weil ich jetzt nach Hause gehen muss. Wir wollten ja mehr Zeit für uns allein haben. Na ja, *ich* wollte. Tolle Sache, doch zu Hause wartet Katja, zumindest wahrscheinlich.

„Dein Gesicht wird schon wieder düster." Jakob steht neben mir.

Ich hab nicht mal mitbekommen, dass er aufgestanden ist.

„Du bekommst das hin. Und je schneller ihr geredet habt, desto schneller geht es dir besser." Er nimmt mich in den Arm und küsst mich. Nun hab ich wieder Herzen im Kopf und will erst recht nicht gehen, aber ich zieh das jetzt durch. Ich nehme mein Zeug, verabschiede mich und verlasse seine Wohnung.

Ach, das ist doch so ein schöner Tag, ich könnte ja auch ein wenig laufen, geht es mir durch den Kopf und starte meinen Heimweg zu Fuß. Wenn ich es schon nicht schaffe, joggen zu gehen, dann wenigstens ein bisschen spazieren. Endlich Zeit für mich allein, ich kann es noch immer kaum glauben. Keine Ahnung, wann ich das zum letzten Mal hatte (abgesehen von gestern Abend). Ein Hupen reißt mich aus meinen Gedanken. Na gut, allein ist man in Berlin wohl nie, aber ich kann mich gerade ausschließlich um meine Gedanken kümmern und muss nichts anderes tun. Das ist unerwartet schön, und plötzlich kommen mir die Tränen. *Was ist denn nur los mit mir?* So viele Emotionen die letzten Tage. Das nervt höllisch.

Auf meinem Weg liegt ein Bastelladen. Ich wollte schon immer mal in so einen Laden gehen, hatte aber nie die Zeit dazu, geschweige denn das Geld. Okay, das Geld hab ich immer noch nicht, aber ich will ja schließlich nur mal gucken.

Als ich eine Stunde später wieder rauskomme, habe ich eine Staffelei, zwei Leinwände und Farbe gekauft. Außerdem noch buntes Papier, mit dem ich Karten basteln oder auf dem ich Briefe schreiben kann. Ich mache schließlich nichts anderes, als zu malen oder zu basteln. Nicht. Ich habe mal gelesen, dass man sich mit solchen Käufen eigentlich Zeit kauft und es gar nicht um die Produkte an sich geht. Na ja, jetzt bin ich jedenfalls endgültig pleite und kann mir für den Rest des Monats nichts mehr zu essen kaufen. Vielleicht male ich einfach das perfekte Bild und verdiene damit 10.000 Euro. Dann wären all meine Probleme gelöst.

Für den restlichen Weg nehme ich nun doch die Bahn. Ich habe keine Lust, die Sachen länger als nötig zu schleppen. Wird Katja da sein?

Der Kaffee drückt vehement auf meine Blase, aber ich bleibe vor der Wohnungstür stehen und sammle Mut. *Was soll ich ihr sagen, wenn sie da ist und ich wie eine blöde Kuh mit einer Malstaffel dastehe. Sie hat wahrscheinlich die ganze Nacht geheult, und ich gehe shoppen? Das zeigt ja mal wieder, was für eine schlechte Freundin ich bin. Ich hätte gestern doch noch mal nach ihr sehen sollen.*

Mit zittrigen Händen schließe ich die Tür auf und … vor mir steht Jörn. *Na toll.*

„Was willst du denn hier?", fragt er mich.

„Ich wohne hier, falls dir das noch nicht aufgefallen ist." *Idiot.*

Er rollt die Augen und gibt Katja einen Kuss, die hinter ihm steht, und verabschiedet sich mit einem: „Sei pünktlich, Puppe."

Jedes Mal, wenn er zu ihr „Puppe" sagt, könnte ich ausrasten – denn genauso behandelt er sie. Und sie rennt ihm auch noch hinterher wie ein dummer kleiner Hundewelpe, der Liebe und Futter braucht. Ist doch widerlich.

Er geht an mir vorbei, guckt mich an und quetscht sich noch ein „Bis später" ab. Damit ist er weg, sein Aftershave hingegen bleibt noch ein paar Stunden. Katja findet das natürlich ganz klasse, so ist er immer noch bei ihr. Ich muss meinen Kotzreiz unterdrücken.

„Wir sind wieder zusammen." Katja sieht verliebt und glücklich aus.

„Ich wusste nicht mal, dass ihr getrennt wart."

„Ich eigentlich auch nicht, aber er dachte das wohl."

Ja, genau, damit er eine Ausrede hat, warum er durch die Welt gevögelt hat. Doch das sage ich lieber nicht – ich will ja heute eine gute Freundin sein und auf keinen Fall für Streit sorgen, bevor wir dieses ätzende Gespräch führen. „Glückwunsch", presse ich hervor, doch es klingt einen Tick zu sarkastisch.

„Du kannst dich ruhig freuen."

Ich versuche zu lächeln und ziehe die Schuhe aus.

„Was hast du da eigentlich?"

„Das ist eine Staffelei. Die benutzt man, um Bilder zu malen", sage ich superarrogant.

„Du kannst doch gar nicht malen."

Ich stemme die Hände in die Hüften. „Woher willst du das denn wissen?"

„Ich saß in Kunst neben dir."

„Kunstunterricht in der Schule und echtes Malen haben ja wohl nichts miteinander zu tun."

„Willst du jetzt auch noch unter die Künstler gehen? Singen reicht dir wohl nicht."

„Was ist so schlimm daran? Dass ich mehr Hobbys als Männer hab?" *Ach Mist. Jetzt hab ich doch wieder so was gesagt.*

„Wenigstens mache ich meinen Mann glücklich."

„Du klingst wie meine Mutter!", beschimpfe ich sie.

„Na, ist doch wahr. Dein Jakob muss deine Launen doch auch ständig aushalten. So hält man doch keinen Mann."

„Hallo? Ich will auch keinen Mann *halten* müssen. Ich habe einen Partner und bin mit ihm zusammen. Er liebt mich, wie ich bin, und wir tun uns gut. Ende Gelände."

„Er musste ja auch noch nicht mit dir zusammenwohnen."

„Sag mal, was ist eigentlich dein Problem?", schreie ich.

„*Du* bist mein Problem!", schreit sie zurück.

„Dann zieh doch aus, wenn ich so scheiße bin!"

„Wieso soll *ich* denn ausziehen? Wir stehen schließlich beide im Mietvertrag."

Bäm. Darüber habe ich noch nie nachgedacht.

„Na, *du* hast doch schließlich das Problem, nicht ich."

„Ich glaube, du hast ganz schön viele Probleme, Jule."

„Leck mich doch."

„Oh, die vornehme Dame flucht", provoziert sie mich, und ich verschwinde mit lautem Türknallen in mein Zimmer.

Da sitze ich nun. War immer noch nicht pinkeln, habe meine Malsachen im Flur gelassen und

bin wieder in meinem eigenen Zimmer einge-
sperrt … wie ein Affe im Zoo.

Das war nicht unbedingt das vernünftige Gespräch, das ich mir vorgenommen hatte. Am liebsten würde ich zu Jakob zurückfahren, aber ständig
vor meinen Problemen zu fliehen, ist nicht unbedingt altersadäquat, und ich wollte ja Zeit ohne ihn
verbringen. Da kann ich nicht schon nach zwei
Stunden wieder auftauchen.

Ich bin tatsächlich noch nie auf die Idee gekommen, dass ich selbst ausziehen könnte. Nur
weil ich zuerst hier eingezogen bin, heißt das ja
noch lange nicht, dass ich mehr Anrecht auf diese
Wohnung habe, oder? *Aber wo soll ich denn hin?* Ich
liebe meine Gegend hier, und heutzutage kann man
sich doch als Einzelperson gar keine Wohnung
mehr leisten. Unsere Drei-Zimmer-Wohnung kostet so viel wie momentan Einraumwohnungen.
Und in eine WG will ich auf gar keinen Fall. Nur
noch mehr Narzissten und Gestörte. Oder noch
schlimmer, Studenten. Allerdings geht das hier so
auch nicht mehr weiter.

Meine Blase drückt, und ich fälle eine Entscheidung: Ich lasse mich nicht aus meiner Wohnung vertreiben. Ich habe keine Lust mehr, mich
ständig in meinem Zimmer zu verstecken. Ich stelle
mich vor den Kleiderschrankspiegel, straffe die
Schultern und verlasse erhobenen Hauptes meine
Festung.

Nach meinem Badezimmerausflug schnappe ich
das Malzeug, baue die Staffelei im Wohnzimmer auf
und drehe die Musik hoch. Katja kommt aus ihrem
Zimmer und schaut mich verwundert an.

„Was?! Ich wohn hier. Schon vergessen?", fauche ich sie an.

„Können wir reden?"

„Tun wir doch gerade!", gifte ich. So kenne ich mich gar nicht. Sie scheint einen wunden Punkt getroffen zu haben, ohne dass ich weiß, welchen.

„Jule, wirklich jetzt."

Ich drehe die Musik leiser und schaue sie an.

„So kann es nicht weitergehen."

„Das sehe ich auch so. Gestern noch erzählst du mir, wie scheiße ich bin, und dass ich dir nicht guttue und heute ist wieder alles normal?! Ist doch immer so, wie es mit dir und Jörn gerade läuft. Du lässt deine Scheißlaune genauso an mir aus, wie ich meine an dir."

Sie atmet tief durch, und ich sehe, dass sie mit sich ringt. Anscheinend will sie wirklich ein anständiges Gespräch. *Tja, weiß sie mal, wie es ist, wenn eine Person das möchte und die andere sich überhaupt keine Mühe gibt.*

„Jule, bitte."

„Na gut. Ich versuche es." Ich gehe zum Sofa und kuschle mich in eine Decke. So fühle ich mich ein bisschen geschützter und dadurch entspannter.

„Ich glaube, das mit uns wird nichts mehr. Wir brauchen eine Pause."

Ach, sag bloß … Doch anstatt zu antworten, kommen mir die Tränen. *Was ist denn nun schon wieder? Wieso heul ich denn jetzt bei jedem Scheiß?!*

Sie kommt ebenfalls zur Couch und umarmt mich. *Na toll. Seit wann tröstet sie denn* mich? *Verdrehte Welt heute.* Was ist anders?

„Jule. Ich wollte dir nicht wehtun. Ich dachte, du siehst das auch so, dass wir eine Pause brauchen."

„Tu ich ja auch."

„Und warum weinst du dann?"

„Keine Ahnung."

Wir schweigen ein paar Minuten, ich sammle und ordne meine Gedanken und Gefühle. Wie beim Wäsche weglegen, wenn man die kurzen und die langen Socken in verschiedene Schubladen packt, um Ordnung zu schaffen, und um schneller auf das jeweilige Sockenpaar zugreifen zu können.

„Nur, weil ich es weiß, heißt es nicht, dass es mich nicht belastet."

„Jörn sagt, es wäre wohl besser, wenn wir nicht mehr zusammenwohnen."

„Jörn sagt das, ja?" Ich klinge wie eine gefährliche Bulldogge, die gleich angreift. Dabei hat Jakob nichts anderes gesagt. Aber ich gebe es ja zu: Sobald Jörn ins Spiel kommt, sehe ich schwarz. Zu oft musste ich Katja seinetwegen trösten.

„Jule, ich geb mir wirklich Mühe, okay? Ich will nicht, dass wir uns hassen, was ja jetzt schon fast permanent der Fall ist. Ich will unsere Freundschaft retten."

Ich weiß manchmal nicht, ob ich das überhaupt noch will. Wir sind einfach zu verschieden geworden.

„Wir waren wie Schwestern, und ich will, dass wir wieder so sind wie früher", redet sie weiter.

„Nichts wird jemals wieder so wie früher."

„Nein, aber vielleicht wieder mehr so wie damals und nicht so wie jetzt."

„Und wie willst du dir eine Wohnung leisten?", frage ich sie gespannt.

„Na, ich ziehe mit Jörn zusammen. Sein Mitbewohner hat ihn rausgeschmissen, und er zieht hier erst mal ein. Er kann ja nicht auf der Straße wohnen."

„Ist das dein Ernst?" Ich befreie mich von der Decke und springe auf.

„Jule!"

„Jetzt mal im Ernst, Katja. Peilst du es nicht, dass der Typ hinter all dem Scheiß steckt? Er redet dir ein, wir müssen getrennt wohnen, unserer Freundschaft zuliebe! Aber weißt du, was wirklich dahintersteckt? Dass er hier Platz hat und ich ihn nicht nerve und seine Lügen weiterhin entlarve, die du ja so gern glaubst!"

„Kann sein. Ganz so doof, wie du immer glaubst, bin ich nicht." Sie sitzt auf dem Sofa und starrt auf ihre Hände. „Aber das ändert nichts daran, dass er recht hat. So kann es mit uns nicht weitergehen, und ich hätte ihn nun mal gern bei mir."

„Nur weil er bei dir wohnt, ist er nicht treuer!"

Jetzt fängt sie auch an zu heulen. *Na toll.* Ich kämpfe mit mir. Ich will sie trösten, aber ich bin auch unfassbar wütend, sodass ich sie gern vom Sofa schubsen würde. Aber mein Mitgefühl siegt, und ich tröste sie. Nun sitzen wir beide heulend auf der Couch.

„Ich will, dass wir wieder wie Schwestern sind", sagt sie schluchzend.

„Ich auch."

„Ich vermiss uns."

„Ich auch", gebe ich zu.

„Hilfst du mir, die Häppchen für die Party zu machen?", fragt mich Katja.

„Natürlich", erwidere ich friedlich.

„Und kommst du nachher trotzdem?"

„Wenn du willst."

Sie nickt und steht auf.

„Ist ganz schön viel Zeug."

Ich gehe hinterher, und mir bleibt fast das Herz stehen. Die ganze Küche ist voll mit Essen, das wir noch vorbereiten müssen.

„Würdest du die Bouletten braten? Deine sind die Besten auf der Welt."

Uuuh. Das geht runter wie Öl, weshalb ich natürlich bejahe. Das gemeinsame Kochen tut uns gut, doch ich hadere mit mir, weil wir das ja eigentlich für Jörn tun. *Er schmeißt eine Party in dem Haus seiner verreisten Eltern, und die Weiber können alles vorbereiten, oder was?!* Doch ich tue es nicht für ihn, sondern für Katja. Wir hören die neue „Chill deine Base"-Playlist von Spotify und haben seit langer Zeit mal wieder etwas Spaß.

„Du singst wirklich irgendwie anders als sonst", stellt Katja fest.

„Anders?"

„Ja, irgendwie besser. Also vorher klang es auch immer schön, aber es hört sich professioneller an."

„Danke", gebe ich zurück, nicht ganz sicher, ob es ein Kompliment war.

Ich stehe vor der Pfanne und wende die Bouletten. Katja versucht sich an einem Salat, was sehr lustig ist, denn sie steht nicht so oft in der Küche – das ist eher mein Bereich. Sie kauft sich meistens Fertigkram, und so viel isst sie eh nicht, weshalb ich gelegentlich zu ihr rüberschiele und mich innerlich kaputtlache.

„Aaah!", schreit sie so schrill, dass es mir durch Mark und Bein geht. Ich drehe mich um und sehe ein Bild, das ich wohl nie wieder aus meinem Kopf bekommen werde. Ihre Miene ist zu einer Fratze verzerrt, sie schreit panisch immer weiter und starrt dabei auf ihre Finger. Natürlich schüttelt sie die, damit auch wirklich die ganze Küche Blut abkriegt. Die Häppchen, die Wand, die Decke, der Boden, ihre Klamotten, meine Sachen, alles, was wir zubereitet haben. Es dauert ein paar Sekunden, bis ich reagieren kann, dann nehme ich ihre Hand und unterbinde erst mal das Schütteln. Sobald sie mit dem Rumgehampel aufhört, verstummt auch ihr Schrei.

Ich gucke mir den Finger an. „Ist noch alles dran", beruhige ich uns. „Komm, wir gehen zum Waschbecken." Ich halte ihre Hand unter kaltes Wasser und wickle dann ein Geschirrtuch um ihren Finger, damit die Blutung stoppt. Sie steht völlig unter Schock. „Katja, alles ist gut. Dein Finger ist noch dran. Es ist nichts passiert."

Sie ist ganz blass im Gesicht und wackelig auf den Beinen, sodass ich sie erst mal ins Wohnzimmer bugsiere und in den Sessel setze. Es riecht angebrannt.

„Scheiße, die Bouletten!", rufe ich und renne zurück in die Küche. Aber auch wenn sie nicht verbrannt wären – man könnte sie trotzdem nicht essen. Ist ja alles voller Blut. Ich weiß nicht, wie Katja das geschafft hat, aber die Küche sieht aus, als hätten wir einen größeren Streit gehabt als üblich. Ich stelle den Herd aus und nehme ein Glas aus dem Schrank. Wenigstens das ist sauber. Ich fülle es mit

Leitungswasser und bringe es Katja rüber. „Hier, trink. Das tut dir gut."

Sie hält das Glas mit zittrigen Händen und trinkt. So langsam scheint sie sich zu beruhigen.

„Danke."

„Kein Problem."

Sie schaut auf ihre Armbanduhr und schreckt hoch. „Ich muss in einer Stunde los! Und ich bin noch nicht mal gestylt!" Katja steht auf, wankt ein wenig und betritt die Küche. „Ach du meine Güte!"

Ich stelle mich neben sie, und wir betrachten das blutige Chaos. Es ist zum Heulen. Muss wohl auch sie denken, denn sie tut es prompt.

„Wir kriegen das schon hin." *Wen will ich eigentlich aufmuntern? Mich oder sie?*

„Wir haben nichts zu essen!" Sie schaut in die Pfanne, auf die Brötchen, in den Salat.

„Wir können froh sein, dass du deinen Finger noch hast."

„Aber wir haben nichts zu essen!" Diesmal klingt es panischer.

„Katja, wir kaufen einfach was. Ich ruf bei einem Lieferservice an."

„Und welcher Lieferservice bringt uns in einer Stunde Bouletten und belegte Brötchen?"

„Du machst dich jetzt erst mal fertig und wäschst das Blut aus deinem Gesicht. Ich kümmere mich um alles andere. Beruhig dich erst mal. Wir finden schon eine Lösung."

Kein Protest. Wortlos verlässt sie die Küche.

Wieso mache ich aus ihrem Problem eigentlich schon wieder meins, verdammt? Wie soll ich denn hierfür eine Lösung finden?

Ich gehe aus der Küche und hole tief Luft. Dann fällt mir ein Anfang ein. Ich rufe bei der Fleischerei an, die in der Nähe meiner Arbeit ist. Liegt zwar absolut nicht auf dem Weg zur Party, aber egal. Die Nummer finde ich schnell im Internet und schon beim zweiten Klingeln geht eine Frau ans Telefon.

„Jawoll!"

„Hallo, hier ist Jule Pieper, ich bin ab und zu in meiner Mittagspause bei Ihnen."

„Toll, wat kann ick für Se tun?"

„Ich brauche dringend Bouletten für eine Party."

„Keen Problem. Wann denn?"

„In einer Stunde?!"

„Is dit Ihr Ernst, Madame?"

„Leider ja. Ist das irgendwie möglich?"

Kurze Stille. Ich höre sie förmlich denken.

„Wie viele denn?"

„Ui. Also, es kommen so um die fünfzig Leute."

„Na, denn brauchen Se schon mindestens hunnert Bouletten."

„Okay …" Ich traue mich nicht nach dem Preis zu fragen und lasse es. „Ich komme in einer Stunde vorbei."

„Geben Se mir ma' Ihre Telefonnumma."

Ich gebe sie durch, lege auf und seufze. Erstes Problem gelöst.

Dann schnappe ich mir meinen Schlüssel und eile runter zum Supermarkt, kaufe Brötchen, Aufstrich und von meinem türkischen Lieblingsbäcker alles an Nudelsalaten und Couscous, was noch da ist. Nur doof, dass mein Konto jetzt im Minus ist.

„Gehts Ihnen gut?", werde ich gleich mehrfach gefragt. Keine Ahnung, wieso, wahrscheinlich sehe ich sehr gestresst aus.

„Partystress", antworte ich jedes Mal.

„Ach, ist schon wieder Halloween?", fragt einer.

Versteh ich nicht und lasse es unkommentiert.

Zurück in der Wohnung habe ich nicht mehr viel Zeit. Ich verpacke den Salat in Tupperware und kümmere mich um die Brötchen. Akkordarbeit. Ich beeile mich so sehr, dass ich nicht mal darüber nachdenken kann, ob ich eigentlich bescheuert bin.

„Wooow!" Katja ist perfekt gestylt zurück.

„Du siehst toll aus." Tut sie wirklich.

Ihre langen blonden Haare fallen in leichten Wellen bis zu ihrem Bauchnabel. Sie trägt ein weißes Kleid, außerdem eine silberne Kette mit einem Schmetterling dran um den Hals. Ihr Gesicht ist zugekleistert, was mir wiederum nur so halb gefällt. *Wie konnte sie sich mit ihrem kaputten Finger überhaupt so zurecht machen?*

„Danke. Wie hast du das denn geschafft?"

„Ich war einkaufen und habe mich seeehr beeilt." Fühlt sich wie die Untertreibung des Jahrhunderts an.

„Du warst *so* draußen?"

„Wie *so?* Was hast du denn?"

„Dein Gesicht und deine Klamotten sind voller Blut."

Ich schaue an mir runter.

„Oh. Das erklärt einiges."

Sie guckt mich verwundert an.

„Ich wurde gefragt, ob schon wieder Halloween ist", erkläre ich, und wir prusten beide los.

„Aber jetzt haben wir kein Fleisch."

„Doch, es gibt nur ein kleines Problem. Wir müssen es in der Kastanienallee abholen. Da wo wir früher während der Mittagspause manchmal waren."

„Was? Nee, das schaff ich zeitlich nicht mehr." Katja reißt die Augen weit auf.

„Ähm, hallo? Das heißt: ‚Danke, liebe Jule'. Dann kommst du halt 'ne halbe Stunde zu spät, geht die Welt jetzt auch nicht von unter. Die Party geht doch eh erst heute Abend los."

„Ja, aber dann muss er ja alles allein machen?"

„Muss er nicht, wir haben schließlich das Essen vorbereitet." *Na ja … ich,* aber das klemme ich mir. „Hier, verpack die Brötchen und fasse kein Messer an. Ich wasch mein Gesicht und zieh mich um."

Im Bad verzweifle ich jedoch fast. *Wie zur Hölle waschen Mörder das Blut ab? Das geht ja megaschwer.* Mein Gesicht tut schon ganz weh vom ganzen Gerubbel.

„Jule, bist du fertig? Wir müssen los."

Wieso gehe ich eigentlich mit? Hab ich nicht schon genug getan? Ich öffne die Badezimmertür. „Ich habe noch das ganze Blut in den Haaren." Da meine Haare blond sind, sieht man das auch.

„Oh shit, so kannst du nicht raus. Das dauert noch ewig, bis du schick bist."

Na danke. „Ich gebe dir die Adresse von dem Fleischer und rufe da an, dass du kommst."

„Und was sage ich Jörn?"

„Wie meinst du das?"

„Der fragt mich doch sicher, warum ich den Umweg gemacht habe. Ich kann doch nicht erzählen, dass ich zu blöd war, Salat zu machen, und das alles gar nicht selbst gemacht ist."

„Er wird es nie erfahren, wenn du ihm das nicht sagst."

„Er sieht es doch in der App!"

„Was denn für eine App?" Ich blicke sie entgeistert an.

„Na, die App, mit der er sehen kann, wo ich mich befinde."

„So was gibt es?" Es fällt mir schwer, sie nicht nur mit offenem Mund anzuschauen.

„Ja, damit er sehen kann, ob ich sicher nach Hause komme."

„Du hast dich zu einer Verfolgungsapp überreden lassen?"

„Nein, zu einer *Sicherheitsapp*. Ist doch süß, dass er wissen will, ob ich sicher angekommen bin."

„Na ja, wenn er aber jetzt nachschaut, ist es doch wohl eher Kontrolle als Sicherheit, denn du musst ja gerade nicht nach Hause." *Wahrscheinlich kann er so genau sehen, wann er seine Affären rauswerfen muss. So ein Arsch.*

„Jule, suchst du schon wieder Streit?"

„Du bist es, die sich gerade deswegen bei mir ausheult, und die, die sich auf den Scheiß überhaupt erst eingelassen hat."

„Ich gehe!" Sie schnappt sich zwei riesige Tüten und sieht ziemlich bescheuert aus, weil ihr hübsches Outfit und die weißen Pumps, in die sie sich gerade zwängt, nicht dazu passen.

„Eigentlich müsste *er dir* helfen und nicht du ihm."

Sie reagiert nicht mehr und knallt die Tür.

Na ja … muss ja jeder selbst wissen. Vergiss das nicht Jule, das ist nicht dein Problem. Und ich rufe auch nicht mehr bei der Fleischerin an. *Die machen das schon. Jetzt habe ich wenigstens endlich meine Ruhe … Hoffentlich fängt ihr Finger nicht gleich wieder an zu bluten, wenn sie so schwer tragen muss. Sieht bestimmt super aus auf dem weißen Kleid.* Nein, nicht mehr mein Problem, sage ich mir noch einmal. So viel zu meinem freien Nachmittag. Als ich in die Küche gehe, könnte ich heulen. So viel Arbeit umsonst, und nun muss ich die Scheiße hier auch noch sauber machen. Ich beschließe, mich erst um die Küche und dann um mich zu kümmern. Was soll man auch sonst tun, wenn man endlich mal sturmfrei hat. Wenigstens kann ich jetzt meine Musik laut drehen, ohne dass sich jemand beschwert.

Als es an der Tür klingelt, bin ich gerade mit der Küche fertig.

„Hallo?“, frage ich durch den Sprechfunk.

„Hey, bist du fertig?“

Es ist Jakob. *Scheiße, wie spät ist es denn schon wieder?* Ich drücke auf den Türöffner und öffne die Wohnungstür. *Schnell ins Bad, damit es wenigstens den Anschein hat, dass ich fast fertig bin, und ich nichts erklären muss.*

Ich beeile mich, dusche, wasche meine Haare und gehe nur mit Handtuch bekleidet ins Wohnzimmer, um ihn zu begrüßen.

„So willst du gehen? Gibt's etwa ein Motto?“

„Haha.“

„Ach, also von mir aus können wir auch hierbleiben.“

Ich gebe ihm zur Antwort einen Kuss, und er zieht mich zu sich.

„Na, wie war Ihr Tag, Fräulein?" Er spricht mit seiner verführerischen Sexstimme und löst mein Handtuch, streichelt und küsst meine Brüste, und ich entspanne mich zum ersten Mal seit unserem Frühstück am Morgen. Ich lasse alles hinter mir und gebe mich ihm hin.

Danach können wir beide noch mal duschen, was wir auch tun.

„Wir kommen so was von zu spät", sage ich.

„Scheiß drauf, die Coolen kommen immer zu spät. Die Coolen, die keinen Alkohol trinken", erinnert er mich an unser Vorhaben. „Außerdem hast du angefangen mit Zu-spät-Sein."

„Ich beschwer mich ja auch nicht, am liebsten würde ich immer deinetwegen zu spät kommen, zumindest wenn das *so* läuft." Das heiße Wasser prasselt auf unsere Schultern, und ich schmiege mich an ihn.

„Warum warst du eigentlich zu spät?"

„Ach, hör bloß auf, hier gab's Blutchaos."

„Oh, dann lief euer Gespräch wohl nicht so gut?"

„Du spinnst!" Ich lache laut los und fasse die Ereignisse kurz zusammen.

Nun lacht auch Jakob.

„Das hätte ich zu gern gesehen. Wieso wedelt man denn mit einem blutenden Finger?"

„Ich weiß es nicht. Auf jeden Fall müssen wir jetzt die Küche streichen. Oder sie, denn ich soll ja ausziehen, weil Jörn hier wohnen will."

„Waaas?!"

„Genau."

„Und wie findest du das?" Er dreht das Wasser ab und reicht mir mein Handtuch, schnappt sich selbst eins, und wir trocknen uns ab.

„Um ehrlich zu sein, bin ich noch nie auf die Idee gekommen, selbst auszuziehen. Ich wohne hier, seit ich zuhause ausgezogen bin."

„Aber es wäre auch ein Neuanfang, den du ja irgendwie wolltest."

„Stimmt. Ist trotzdem ein unangenehmer Gedanke."

„Du musst es dir ja nicht gleich heute überlegen, oder?"

„Na ja, er zieht wohl so ziemlich … *jetzt* ein, denn er wurde aus seiner Wohnung geschmissen."

„Ach du Scheiße." Jakob sieht nachdenklich aus, zieht sich seine Klamotten wieder an.

Ich suche mir in meinem Zimmer was zum Anziehen raus: ein schwarzes Shirt und Jeans werden reichen. Aber zur Feier des Tages trage ich die Silberohrringe. Er folgt mir.

„Katja hat sich von Jörn eine dieser Verfolgungs-Apps aufschwatzen lassen."

„Du hast doch auch eine." Er grinst.

„Was?"

„Hab ich dir heimlich installiert. Hast du dich noch nicht gefragt, was das gelbe Symbol auf deinem Handy bedeutet?"

„Ist nicht dein Ernst!" Panisch suche ich mein Handy und schaue aufs Display. „Was für 'n gelbes Symbol?!"

„Jule, das war ein Scherz! Ich brauche keine Kontroll-App."

„Oh Mann, du Arsch." Ich umarme ihn. „Aber dafür liebe ich dich."

„Für meine blöden Witze?"

„Auch, aber ich meinte eher dafür, dass du es auch Kontroll-App und nicht Sicherheits-App nennst." In diesem Moment strömt so viel Liebe durch meinen Körper. Ich weiß genau, er ist es. Ich fühle mich ihm so nah wie nie und weiß einfach, niemand könnte besser zu mir passen. *Der soll der Vater meiner Kinder werden.*

„Schatz, was ist los?"

Ich schaue ihm in die Augen.

„Ich liebe dich!"

„Ich dich auch." Er drückt mich fest an sich, und wir verweilen so ein paar Minuten.

Als sein Magen laut zu knurren beginnt, brechen wir auf. Er soll schließlich nicht verhungern.

Wir sitzen in der S-Bahn auf dem Weg zur Party.

„Ich fasse es nicht, dass du dir echt noch einen Döner geholt hast."

Mit vollem Mund antwortet er mir: „Schatz, wir kommen *Stunden* zu spät. Außerdem werde ich doch nicht von ein bisschen Brötchen mit Bouletten satt. Ich brauch was Richtiges."

Rotkraut und Soße tropfen auf den Boden. Ich schaue aus dem Fenster. Mich machen Leute, die in der Bahn Döner essen, wahnsinnig. Es stinkt, und alles wird dreckig. Und Dönerreste am Po sind echt peinlich – seit mir das mal passiert ist, passe ich genauestens auf und strafe jeden Döneresser in der Bahn mit einem extra eingeübten bösen Blick. Allerdings bin ich auch ein bisschen neidisch, denn auch ich habe schon ewig nichts mehr gegessen. Hoffentlich hat Jakob unrecht, und die haben noch Essen übrig.

Statt ihm meinen geübten bösen Blick zuzuwerfen, denke ich über die letzte Lektion nach. Ich habe das Buch nun schon einen Tag nicht mehr angeguckt, weil ich an Punkt 11 hänge.

„Was ist los?" Jakob will seine Hand auf mein Bein legen, zieht sie aber rechtzeitig zurück, als er die Soßenflecken an seinen Fingern bemerkt. Das hat ihm sein Leben gerettet.

„Ich frage mich schon den ganzen Tag, ob ich Lektion 11 nicht einfach überspringen soll."

Er schaut mich fragend an.

„Dieses ‚Gibt es einen Menschen, auf den Sie verzichten können?'. Ich will auf Katja nicht verzichten müssen. Ich will nur nicht mehr mit ihr zusammenleben. Ja, sie ist manchmal nicht die hellste Kerze auf der Torte, aber uns verbindet unsere Vergangenheit, und ich hab sie gern. Außerdem, ganz ehrlich, was würde sie denn ohne mich machen?"

Er hat den Döner verputzt, und ich reiche ihm ein Taschentuch, damit er sich die Finger sauber machen kann.

„Also, jemanden in seinem Leben zu behalten, weil er sonst nicht weiß, was er machen soll, ist wohl nicht der richtige Ansatz."

„Ich weiß, aber das ist ja nicht der einzige Punkt, den ich genannt hab, sonst wäre es wohl wirklich ein bisschen schwach", gebe ich zu.

„Und mit jemandem nur wegen früher eine Freundschaft aufrechtzuerhalten, ist auch nicht gerade der beste Punkt."

Ich verschränke die Arme und spüre, wie ich meinen vernichtenden Blick einsetzen will.

„Aber ich hab sie gern. Reicht das denn nicht?"

„Und was ist mit all den Tagen, an denen du sie hasst?"

„Ach scheiße …" Mein Blick wandert wieder aus dem Fenster, bevor ich Jakob noch damit vernichte.

„Schatz …" Nun legt er seine Hand doch auf mein Bein. Ich hoffe, es bleiben keine Fettflecken. „Von mir aus kannst du mit ihr befreundet sein, solange du willst. Ich wollte dir nur meine unparteiische Meinung sagen."

„Du bist nicht unparteiisch. Du magst sie nicht."

„Das habe ich nie gesagt. Es ist nur nicht schön, zu sehen, dass du ständig traurig oder wütend wegen ihr bist."

„Ihretwegen."

Jetzt rollt er die Augen. „Ja. Von mir aus. Wütend ihretwegen bist."

„Sorry." Jetzt den Klugscheißer zu spielen ist sicher nicht angebracht.

„Also ich wollte dir nur zeigen, dass deine Argumentationskette ein bisschen schwach ist."

Oh, jetzt achtet er auf seine Wortwahl und sagt Dinge wie Argumentationskette. Ich weiß, die Chance auf einen Streit ist groß. *Ich hätte dieses Ihretwegen weglassen sollen.* Als Jakob noch ein Kind war, hat ihn sein Vater immer dumm genannt, ich weiß eigentlich, dass er da einen großen Komplex hat. *Mist.* Ich lege meine Hand auf seine. Bloß keinen Streit in der Bahn … schon gar nicht vor einer Party. Ich will da mit ihm als das perfekte Paar auftreten und

Jörn zeigen, wie glücklich wir ohne seinen scheiß Alkohol sein können.

„Ja, du hast ja recht", besänftige ich ihn. Hat er ja auch wirklich.

Er lehnt sich nach hinten, die Hand verweilt nach wie vor auf meinem Bein. Plötzlich sind mir die Flecken egal.

„Jedenfalls weiß ich nicht, warum du die Lektion überspringen willst, du hast sie doch im Prinzip schon gemacht."

Nun bin ich verwirrt.

„Wie meinst du das?"

„Na die Frage war doch, ob es einen Menschen gibt, auf den du verzichten kannst."

„Genau."

„Und auf Katja kannst du anscheinend nicht verzichten. Du hast dich damit befasst, auch eingesehen, dass sich räumlich etwas verändern muss, aber du willst nicht ganz auf sie verzichten, also ist die Antwort Nein."

Mit offenem Mund starre ich ihn an. *Er hat recht. Wieso bin ich nicht selbst darauf gekommen? Ich dachte irgendwie, ich müsste mit Ja antworten und dann jemanden „aussortieren" (wie das klingt …), oder eben schummeln und die Lektion überspringen. Auf ein Nein bin ich gar nicht gekommen. Das zeigt mir mal wieder, dass ich an diesem Nein arbeiten muss. Doch wie will man lernen, es zu sagen, wenn man nicht mal auf die Idee kommt, dass es eins geben könnte. Puh.* Nun lehne auch ich mich an.

„Was ist los? Hab ich wieder was Falsches gesagt?" Ich höre seinen genervten Ton, und es tut mir ein bisschen weh. *Schon wieder was falsch gemacht.*

Sind wir jetzt schon auf dieser Beziehungsstufe? Und alles nur, weil ich ihn korrigiert habe. Vielleicht sollte ich am Nein und er an seinem Dumm-Komplex arbeiten.

„Hast du nicht. Ich frage mich nur, warum ich darauf nicht selbst gekommen bin. Du hast total recht. Das schockiert mich."

„Dass ich recht habe?"

„Nein, dass ich gar nicht auf die Idee gekommen bin, mit Nein auf die Lektionsfrage zu antworten."

Ich merke, wie sich seine Hand etwas lockert. Das Gespräch scheint ihn ziemlich angespannt zu haben. Ich gebe ihm ein Küsschen auf die Wange.

„Danke", hauche ich.

Nun grinst er wieder, ganz der Jakob, den ich kenne und liebe. Ich betrachte seine Grübchen. Am liebsten zeichne ich sie mit den Fingern nach und wandere dann zu seinen Ohren. Denn dort hat er ganz kleine Fältchen, die ich unglaublich süß finde.

„Schatz?"

„Wieso guckst du mich plötzlich so verliebt an?"

„Ich *bin* verliebt." Ich lege mich in seine Arme. *Puh, gerade noch mal die Kurve gekriegt. Das wäre fast ein Streit geworden.* Wir haben noch nie gestritten. Bisher lief es immer so wie jetzt, und ich gebe zu, ich habe Angst davor, dass alles, was wir haben, zerstört wird. Das mit ihm ist eh viel zu toll, um wahr zu sein, ich warte nur darauf, dass ich mit meinen Launen alles kaputt mache.

„Wir müssen raus!", ruft er, und wir springen auf.

Wir rennen lachend aus der Bahn und schaffen es in letzter Sekunde, bevor die Türen wieder schließen.

„Na, das wäre ja was geworden. Dann wären wir locker noch 'ne halbe Stunde später angekommen. Hast du die Adresse?"

Ich hole mein Handy aus der Handtasche, um nach dem Straßennamen zu sehen.

„Oh, Katja hat geschrieben."

„Meckert sie, weil wir zu spät sind? Lass mich raten, sie kündigt dir deswegen die Freundschaft?"

Nun kann ich meinen vernichtenden Blick doch noch anwenden. Ich finde, ich habe jetzt definitiv das Recht dazu. Dann erst lese ich vor.

„Nachricht eins: Wo bleibst du? Nachricht zwei: Juuuleee. Nachricht drei: Das Essen reicht nicht. Kannst du noch was besorgen? Nachricht vier: Hat sich erledigt, wir haben jetzt Pizza bestellt. Schön, wie man sich auf dich verlassen kann. Nachricht fünf: Hättest ja wenigstens absagen können, wenn du schon nicht kommst." Ich kicke einen Bierdeckel auf die Gleise. Wenn Jakob klug ist, spart er sich jetzt ein: Ich hab's dir ja gesagt. „Diese blöde Kuh. Ich glaub echt, ich les nicht richtig."

„Tut mir leid." Gute Antwort. Er kennt mich wohl doch schon ziemlich gut. „Und jetzt? Wollen wir umdrehen?"

„Wir sind extra von der Couch hoch und eine halbe Stunde gefahren, also: nö. Diese Genugtuung geb ich ihr nicht. Wir gehen da jetzt hin." Ich laufe die Treppen hoch, um aus dem S-Bahnhof zu gelangen.

„Schatz?" Er folgt mir.

„Ja?"

„Die Adresse."

„Ach ja." Ich drücke ihm mein Handy in die Hand. „Steht im Chat mit Katja." Ich guck mir das bestimmt nicht noch mal an. Die Gefahr, dass ich platze, ist zu groß.

Nachdem uns Google Maps geärgert hat, und wir in der Kälte zwanzig Minuten hin- und hergelaufen sind, finden wir die Party dann doch noch und stehen vor dem kleinen Häuschen in Köpenick. Laute Musik schallt heraus, und grölende Menschen drängen sich an den offenen Fenstern. *Vielleicht sollten wir doch umdrehen?* Die Lust ist mir gewaltig vergangen (na ja, genaugenommen hatte ich die nie). Aber diese Bestätigung will ich Katja nicht geben. Auch wenn das nicht die beste Voraussetzung für eine Party ist. Was bin ich für eine Freundin, dass ich so denke?

Jakob klingelt. „Wollen wir eigentlich so tun, als würden wir doch was trinken, oder stehen wir dazu, dass wir alkoholfrei unterwegs sind?", fragt er.

„Hm?"

„Gehen wir den leichten Weg oder den mit Diskussionen?"

„Den mit Diskussionen", erwidere ich kampfbereit. *Mögen die Kriege beginnen. Ich will meine Wut loswerden, da kommen mir Diskussionen gerade recht.* Auch wenn ich mich manchmal für schizophren deswegen halte, aber bei manchen Menschen versuche ich alles, um Streit zu vermeiden, und dann wieder renne ich auf eine Bekloppten-Party und will pöbeln. *Ich bin komisch.*

„Heeey!", grölen zwei hüpfende Typen, oberkörperfrei, im Chor. Sie halten sich dabei gegenseitig an den Schultern und mit der jeweils anderen Hand einen Becher, dessen Inhalt auf den Boden schwappt.

Wir treten ein und wundern uns nicht, warum der Boden klebt. *Die armen Leute, die das sauber machen müssen. Hoffentlich muss das nicht Katja machen. Obwohl, eigentlich sollte ich mir genau das wünschen. Damit sie mal weiß, wie das ist, den Dreck von anderen wegzuputzen.*

Neben der Eingangstür steht ein Tisch mit leeren Bechern.

Die besoffenen Siamesen suchen nach einem vollen Becher für uns.

„Scheiiißeee, da is ja schon allet ausjetrungen."

„Wir trinken eh nicht."

„Sie sin schwanger. Whooohooo!" Wieder hüpfen die beiden Schwachköpfe auf und ab.

„Nein, sind wir nicht!", fauche ich.

„Ahhh, wir habn eijn Geheimnis. Bei uns ist eua Geheimnis gud aufgehoben." Sie hüpfen auf uns zu und umarmen uns. Ich will mich wehren, doch kann ihren Armen nicht entkommen. Jakob hält sie ein bisschen auf Abstand.

„Wir sind nicht schwanger", stelle ich noch mal klar.

„Jaaa, wir sind do nich blöd. Wir verstehn schon." Sie halten je einen Finger auf den Mund des anderen und sagen: „Pssst." Dann hüpfen sie grölend davon in die Masse.

„Na das geht ja gut los", meckere ich.

„Ziel erreicht, wir werden nicht zum Trinken gezwungen." Jakob lacht.

Ich hingegen finde das nicht so lustig. Wir legen unsere Jacken im Flur ab. Überall Schuhe. Meine

Socken kann ich nach dem Abend sicher wegschmeißen. Wie eklig.

„Früher hat man doch immer verschiedene
Schuhe zusammengeschnürt. Habt ihr das auch
gemacht?"

„Ihr habt Schuhe zusammengeschnürt? Warum
das denn?" Jakob schüttelt ungläubig den Kopf.

„Also manchmal, um Leute zu verkuppeln …
und manchmal einfach so."

„Nee, also so was haben wir nicht gemacht."

„Und was habt ihr auf Partys getrieben?"

„Das Übliche. Wer abkackt, wird angemalt und
so."

„Ja, das kenn ich auch. Leider bin ich öfter ab-
gekackt." Ich lache, doch in mir brodelt es, als ich
daran denke. Es war damals wirklich nicht lustig.
Für meinen achtzehnten Geburtstag hatte ich einen
Raum gemietet. Da fand jedes Wochenende eine
andere Geburtstagsfeier statt, und es hat fast nichts
gekostet, wenn der Besitzer mitfeiern und mittrin-
ken durfte. Ich habe ewig für den ganzen Alkohol
gespart. Jedenfalls war ich damals in einen Typen
verknallt, wollte cool sein und hab an einem Joint
gezogen. Und dann hat sich alles nur noch gedreht,
und ich konnte nur noch liegen. Ich war so unfassbar müde, dass ich meine eigene Geburtstagsfeier
verschlafen habe. Am nächsten Tag wachte ich dort
auf der Couch auf und musste aufräumen. Ich war
ganz allein. Katja hatte versprochen, mir zu helfen,
aber wie sich später rausstellte, hatte sie meinen Typen abgeschleppt. Als ich nach Hause lief, völlig
fertig und traurig, lachten mich dann auch noch ein
paar Leute aus. Ich fragte mich ewig, warum, hatte

Angst, dass was passiert sein könnte, wovon ich nichts mehr wusste. Vielleicht hatte ich ja nicht nur geschlafen. Zuhause angekommen ging ich duschen und dann sah ich es im Spiegel: Sie hatten mein Gesicht bemalt. Es hat ewig gedauert, das weg zu schrubben. Mein Gesicht brannte noch tagelang und leuchtete rot. Aber mit einem Penis im Gesicht zur Schule zu gehen war keine Option. Katja hat abgestritten, das mitbekommen zu haben, aber auf einem der Fotos, die irgendjemand natürlich bei StudiVZ hochgeladen hatte, stand sie lachend daneben, als ich angemalt wurde. Und das mit dem Typen kam dann auch schnell raus. Tja, was soll man sagen. Ich hab ihr schon viel verziehen. Wobei verzeihen nicht das richtige Wort ist. Ich hab ihr eigentlich nie wirklich verziehen, sondern nur nicht die Freundschaft gekündigt. Ich weiß, dass sie nur ein armes Würmchen ist, das um jeden Preis versucht, geliebt zu werden. Kein Wunder bei ihren Eltern. Sie war schon immer ein Mensch, der viel Bestätigung brauchte. Genau wie meine Mutter. Aber den Gedanken an die beiden schiebe ich beiseite, als wir das Wohnzimmer betreten.

In der Mitte des Wohnzimmers steht eine Tischtennisplatte. Becher, Bier und Tischtennisball amüsieren einen Haufen Betrunkener – sie spielen Bierpong. Dahinter sitzen andere auf der Couch.

„Hey, seid ihr auch schon da. Toll, unsere Antialkoholiker sind am Start." Jörns *nette* Begrüßung prallt an mir ab.

Ich hab nur Augen für Katja, die ich gerade in die Küche laufen sehe. Sie hat mich genau gesehen und rennt weg. *Jetzt sollte sie wenigstens den Arsch in der Hose haben, sich zu entschuldigen. Aber was erwarte ich hier eigentlich …*

„Ich hab euch Saft gekauft, aber der wurde wohl für die Mischen verwendet. Wir haben kaum noch was da."

„Ist schon gut, ich hab alkoholfreies Bier für uns dabei."

„Aber dann füllt es wenigstens in einen Becher, damit sich das hier keiner mitansehen muss."

„Warum sind wir noch mal hier?", flüstert Jakob mir zu.

Um ehrlich zu sein, weiß ich die Antwort darauf nicht. Ich zucke mit den Schultern.

„Ach Mensch … dann könnt ihr ja nicht mal Bierpong mitspielen. Was machen wir denn nur mit euch?" Jörn legt je einen Arm um uns.

„Mach dir mal keine Sorgen, wir kommen schon klar", sagt Jakob.

Wir entwinden uns seiner Umarmung.

„Na gut, Digger." Er klopft Jakob auf die Schulter und verschwindet ebenfalls in die Küche.

Wir gehen Richtung Sofa, das leider besetzt ist.

„Was machen wir jetzt?" Ich schaue Jakob hilflos an.

„Am besten, du schnappst dir Katja, sagst, was du zu sagen hast, und wir verschwinden wieder?"

Ich nicke. „Kommst du klar hier allein?"

„Ich bin schon groß." Er gibt mir einen Kuss, und ich hole tief Luft, um Mut zu sammeln. Aber das hätte ich lieber lassen sollen, denn es stinkt nach Kippen und Bier. *Wofür hab ich mir eigentlich die Haare gewaschen? Ich stinke wahrscheinlich schon jetzt wie ein Aschenbecher.*

In der Küche sehe ich Katja und Jörn. Sie streiten, verstummen jedoch, als sie mich sehen. Ich konnte nicht mitbekommen, worum es ging.

„Hey, Jule." Jörn klopft mir auf die Schulter. „Du schon wieder."

Ich grinse verunsichert, habe keine passende Antwort auf seine Aussage.

„Ich geh dann mal." Er verschwindet aus der Küche. Katja und ich sind nun allein. Sie ist gerade dabei, einen Drink zu mischen. *Wahrscheinlich einer dieser preisgekrönten Jörntails.*

Meine Augen suchen die Theke ab, doch da ist kein Essen mehr zu sehen. Ich öffne den Kühlschrank. Nur Alkohol.

„Hat jemand gesagt, du sollst dich wie zu Hause fühlen?", fragt Katja mahnend.

„Was?"

„Na, du guckst einfach in fremde Kühlschränke?"

„Dein Ernst?"

„Ja, natürlich. Was meinst du, warum ich hier stehe. Ich bin die Barfrau."

Ich unterdrücke ein Lachen und frage sehr sarkastisch: „Und wo, liebe Barfrau, finde ich noch etwas zu essen?"

„Ist schon wieder alle. Wir warten gerade auf den Pizzalieferanten."

„Und kam das Essen wenigstens gut an?"

„Ja, danke. War nur viel zu wenig."

„Und wieso schreibst du mir schon wieder so einen Bullshit, nachdem ich mir den ganzen Tag den Arsch für dich aufgerissen hab, obwohl ich eigentlich in Ruhe malen wollte?"

„Ich war halt wütend. Musste hier alles allein machen, Jörn ist stinksauer, weil das Essen nicht reicht und ich zu spät war."

„Ja, dafür kann *ich* wohl am wenigsten."

„Ich weiß, aber ich dachte, du lässt mich im Stich."

„Ich wusste nicht, dass ich hier eingeladen wurde, um mit dir zusammen Barfrau zu spielen."

Sie zuckte mit den Schultern.

„Katja, ich bin deinetwegen zu spät. Zu Hause, in meinen Haaren und auf meinen Klamotten war überall Blut. Was meinst du, wer die Scheiße saubergemacht hat? Du hättest mir Danke oder Entschuldigung schreiben können, aber doch keine Vorwürfe!" Ich werde lauter, als ich es geplant habe. Ich wollte doch meine Fassung bewahren.

„Entschuldigung dafür, dass ich mir in den Finger geschnitten habe?"

„Nein, dass du sogar zu dumm bist, Salat zu machen, ohne die Küche unter Blut zu setzen. Ich meine, wieso schüttelst du das durch den ganzen Raum?"

„Ich stand unter Schock."

„Ja, das werde ich jetzt auch immer als Ausrede nutzen. Als hättest du dich noch nie geschnitten. Ist doch bescheuert, Mann."

Sie fängt an zu heulen. *Na klasse. Jetzt tut sie mir wieder leid.*

„Ich weiß, dass ich nicht so oberklug bin wie du."

Oh nein, die Tour wieder.

„Dir kann es einfach keiner Recht machen", jammert sie weiter.

Scheiße. Ich hasse es, wenn sie damit anfängt. „Es tut mir leid, dass ich gerade etwas ungehalten bin, aber ich finde, du solltest dich auch für deine bescheuerten Nachrichten entschuldigen."

„'Tschuldigung." Sie lässt die Getränke einen Moment in Ruhe, steht ans Küchenfenster gelehnt da und nimmt einen großen Schluck aus ihrem Becher.

Na das war ja leicht. „Frieden?", höre ich mich fragen.

„Frieden."

Jörn kommt schon wieder in die Küche.

„Sind die fertig?" Er zeigt auf die vollen Becher.

Katja nickt. Er schnappt sich ein Tablett, stellt die Getränke darauf und bringt sie ins Wohnzimmer. Nach ein paar Minuten, in denen wir schweigend in der Küche standen, kommt er zurück. „Na, Mitbewohnerin, wann bekomm ich mein Zimmer?"

„Bitte was?"

„Na, ich zieh doch bei euch ein. Meine Koffer stehen doch schon in Katjas Zimmer." Er gibt ihr einen Kuss.

Hatten die nicht gerade noch Streit?

„Deine Koffer stehen schon bei uns?" Ich schaue zu Katja, doch sie guckt mich nur ängstlich an.

„Klar, ist doch geil. Wir sind jetzt alle Mitbewohner. Aber ich brauch trotzdem auch ein bisschen Privatsphäre, also wenn du bald ausziehen würdest, wäre das schon fantastisch."

„Wer sagt denn, dass ich ausziehe?"

„Na, du willst doch sicher keine Dreier-WG, oder?"

Ich ringe um Fassung, versuche etwas zu sagen, bekomme jedoch keinen Ton heraus. Dann lasse ich die beiden einfach stehen, gehe ins Wohnzimmer und suche Jakob, der sich gerade angeregt mit einer blonden, schlanken Gazelle unterhält. *Auch das noch.* Ich sehe die beiden, werfe ihm wieder einen vernichtenden Blick zu und verschwinde in den Flur, um meine Jacke zu holen. *Soll er doch rumflirten mit wem er will, ich geh heim. Ist mir scheißegal, wenn ich jetzt kindisch bin.*

Er sieht mich und rennt mir hinterher. Im Flur ziehe ich meine Jacke an, da steht er schon hinter mir und küsst mich.

„Lief nicht so gut?"

„Nein."

„Deine Schuhe sind hier in meinem Rucksack."

Verwundert schaue ich ihn an.

„Ich wollte nur sicher gehen."

Ich gucke zu dem Haufen Schuhe und sehe, dass sie alle falsch miteinander verbunden sind. Ich kann nicht mehr und muss laut anfangen zu lachen.

„Ich war fleißig." Er grinst stolz. „Komm, lass uns gehen, bevor das einer merkt."

Lachend verlassen wir die Party und laufen zur Bahn.

„Wir müssen heute bei dir schlafen … vielleicht sogar für den Rest unseres Lebens."

„Fänd ich schön." Er küsst mich auf die Wange und stolpert dabei fast.

„Ich meine das Ernst."

„Ich auch."

Etwas verwundert übergehe ich seine Anspielung, dass ich zu ihm ziehen kann.

„Jörn ist bei uns schon eingezogen und fragt mich, wann ich denn endlich ausziehe. Er brauche schließlich seinen Freiraum."

„Nicht dein Ernst!?"

„Hab ich auch gefragt. Leider hörte es sich nicht nach einem Scherz an. Ich glaub, die haben den Schuss nicht gehört."

Wir kommen am Bahnhof an und müssen laut S-Bahn-Anzeige vierzehn Minuten warten. *Mist.* Ich setze mich auf eine Bank und schließe die Augen.

„Hey, Schatz, du bekommst das schon hin."

„Aber wie? Die vertreiben mich aus meiner eigenen Wohnung, und woanders zu wohnen, kann ich mir nicht leisten."

„Weißt du doch gar nicht. Vielleicht gibt es ja WGs, die nicht so teuer sind."

„Am Arsch der Welt vielleicht."

„Guck erst mal im Internet, ob du nicht vielleicht doch was Günstiges findest. Meistens ist so was auch Glückssache." Er setzt sich zu mir und holt sein Handy raus.

„Was machst du?" Ich schiele zu ihm rüber.

„Ich lade mir eine Immobilien-App runter. Probleme sind da, um sie zu lösen."

Ich lehne mich zu ihm, und wir gucken gemeinsam dem Downloadstreifen zu. Als er verschwindet und die Displayanzeige verkündet, dass die App nun genutzt werden kann, loggt er sich ein.

„Welches Passwort möchtest du?"

„Sumsebiene."

„Das ist aber kein sicheres Passwort."

„Ich weiß, aber ich kann es mir merken."

Er schaut mich prüfend an, entscheidet aber, nichts weiter zu sagen.

„Also, was suchst du? Einraumwohnung, Zwei-Zimmer-Bude, wie teuer maximal? Fenster im Bad? Badewanne?"

Ich lehne mich zurück und schweige.

„Was ist?"

„Das überfordert mich. Mit genau solchen Fragen wollte ich mich eben nicht auseinandersetzen müssen. Ich kann mir überhaupt nicht vorstellen, auszuziehen. Ich will nicht, dass sich das ändert, und eigentlich will ich, dass es mit Katja und mir wie früher ist."

Jakob nimmt mich in den Arm. „Schatz ... Alles ändert sich. Und jetzt ist es nun mal scheiße geworden. Du kannst es ertragen und weiterhin ständig schlecht drauf sein deswegen, oder du nimmst dein Leben in die Hand, wie du es ja mit deinem Buch tust, und machst es dir wieder schön – so schön, wie du es eben magst."

„Ich weiß ja, aber es überfordert mich."

„Was ist denn die nächste Lektion in deinem Buch, vielleicht bekommst du da eine Aufgabe, die dir wieder mehr Lebensmut einhaucht."

„Ich hab noch nicht geguckt. Ich hänge ja noch bei dieser Katja-Sache."

„Dann machst du das, sobald du zu Hause bist."

„Ich hab das Buch sogar dabei."

„Umso besser. Dann guck gleich nach."

Ich hole den E-Book-Reader aus meiner Tasche und schalte ihn an.

Lektion 12

Ich hoffe, es geht Ihnen gut.

Stellen Sie sich vor, wie viele nervige Gespräche Sie nun nicht mehr führen müssen und wie viele tolle Unterhaltungen stattdessen in Ihr Leben kommen können. Tun Sie sich selbst einen Gefallen, und suchen Sie sich online eine geführte Meditation mit dem Thema Loslassen. Hören Sie sich diese an und entspannen Sie.

Lassen Sie los!

„Wow." Jakob nimmt meine Hand.

„Was?"

„Dieses Buch ist echt ein bisschen gruselig."

„Wieso gruselig?"

„Es weiß genau, was du brauchst."

„Ja, deswegen tut es mir wohl auch so gut."

Wir starren beide in den Himmel.

„Wenn du willst", beginnt Jakob vorsichtig, „kannst du erst mal bei mir wohnen … so lange, bis du eine Wohnung gefunden hast oder Katja und Jörn getrennt sind."

„Bis sie getrennt sind?"

„So lange wird das ja wohl nicht dauern. Die beiden in einer Wohnung?" Er lacht.

„Na, ich bin mir nicht so sicher. Er hat sein sicheres Netz, geht weiterhin fremd, lässt sich bedienen. Katja wird sicher unglücklich sein, aber Trennung wird keine Option sein, das kann ich mir nicht vorstellen. Sie ist in die Falle getappt und wird da nicht mehr rauskommen."

„Liegt aber auch nicht in deiner Verantwortung. Denk dran. Hab jetzt nicht wieder Mitleid."

„Das sagst du so leicht."

Die Bahn kommt, und wir steigen ein. Sie ist komplett leer – der einzige Vorteil, wenn man sich am Arsch der Heide befindet.

„Und was sagst du sonst so zu meinem Vorschlag?", fragt er.

„Ich weiß nicht. Ich bin gern bei dir, aber wir wollten doch gerade ein paar Pausen einlegen, um mehr Zeit für uns selbst zu haben. Und jetzt ziehen wir zusammen?"

„Vorübergehend."

„Ich muss darüber nachdenken. Aber danke für dein Angebot."

„Wir funktionieren gut zusammen. Wir finden sicher auch eine Lösung für den Freiraum. Ich habe ja die Zeit zwischen meinem und deinem Feierabend. Montagabend hätte ich ganz frei. Ich gehe zwei- bis dreimal die Woche zum Sport, da hast du dann Zeit. Ich habe mich nämlich im Fitnessstudio angemeldet."

„Du scheinst das alles schon durchdacht zu haben."

„Ja, aber ich war nicht sicher, ob ich dir das anbieten soll. Doch jetzt tritt ja nun mal die Extremsituation ein. Ich bin auch unsicher, aber ich glaube, das kann funktionieren."

„Ich hab nur solche Angst, dass sich dann alles ändert. Auch zwischen uns." Ich nehme seine Hand und lehne meinen Kopf auf seine Schulter.

„Ich auch. Aber muss Veränderung denn was Schlechtes sein? Wir gehen jetzt erst mal schlafen, und morgen früh sieht die Welt schon wieder besser aus. Und dann machst du deine Meditation.

Vielleicht mache ich gleich mit." Er lacht. „Wann müssen wir eigentlich zu deinen Großeltern?"

„Ach du Schreck, die hab ich ganz vergessen! Kurz vor zwölf sollen wir da sein."

„Dann haben wir genug Zeit zum Schlafen und Frühstücken."

Da ist er wieder, mein Jakob, dem nichts heiliger ist, als sein Frühstück am Wochenende. Vielleicht wird es gar nicht so schlimm, mit ihm zusammen zu wohnen. Bisher hat es wirklich gut funktioniert. Ich muss mit ihm viel weniger im Haushalt machen als zu Hause – da mache ich nämlich *alles*. Bin gespannt, wie Katja das hinbekommt, wenn sie selbst aufräumen muss, denn Jörn wird ihr sicher nicht helfen. Und bei Jakob bekomme ich sogar immer Frühstück. Im Gegensatz zu meiner baldigen Exwohnung, da koche ich bisher für uns. Vielleicht wird es gar nicht so schlecht. Wir wohnen sowieso schon fast zusammen. Seinen Schlüssel habe ich schon lange, es ist nur der offizielle Charakter, der mich erzittern lässt, und der Gedanke daran, dass sich mein Leben wirklich ändert. *Es ist leichter, sich zu beschweren, als loszulassen,* stelle ich in diesen Minuten fest und lasse mich von der S-Bahn in einen leichten Schlaf schunkeln.

Sonntag

Ich erwache und rieche gebratene Zwiebeln. Wahrscheinlich zaubert Jakob gerade sein geliebtes Rührei. Gleich darf ich mir wieder anhören, wie wichtig gute Ernährung ist, wenn man sportlich vorankommen will. Wenn er darüber philosophiert, könnte ich ewig zuhören. Ich muss schmunzeln, stelle ihn mir in der Küche vor, wie er Radio hört, leise mitsingt und völlig in seinem Element ist. Ich liebe das. Ich ziehe flink Schlafshirt und Höschen aus und schleiche mich nackt in die Küche.

„Guten Morgen, Schatz." Ich grinse ihn verführerisch an.

„Wow." Er sieht aus, als würde er seinen Augen nicht trauen, schaltet den Herd aus und stellt die Pfanne auf eine andere Herdplatte. „Guten Morgen, Schatz", erwidert er und küsst mich leidenschaftlich. Wir streicheln uns, landen auf der Couch und haben noch besseren Sex als sonst.

„Sorry, dass ich deine Frühstücksroutine durcheinandergebracht habe", sage ich seinen Kopf streichelnd, während wir nackt auf dem Sofa kuscheln.

„Hätte ich gewusst, dass ich ab sofort jeden Morgen mit Sex starte, hätte ich dir schon viel früher angeboten, hier zu wohnen."

Wir lachen. Sein Magen knurrt und gibt uns das Zeichen, nun doch endlich zu frühstücken. Ich ziehe mir sein Shirt über, hole mir ein frisches Höschen aus dem Schrank und setze mich zu ihm. Als erstes schnappe ich mir den frisch aufgebrühten Kaffee, dessen Duft sich mit dem von frischen Brötchen und Rührei vermischt. So könnte jeder Morgen riechen.

„Was muss ich eigentlich tragen, wenn ich bei deinem Opa einen guten Eindruck machen will?" Jakob schaufelt sich einen großen Happen Rührei rein.

„Total egal. Sei nicht so nervös, das sind ganz normale Menschen."

„Ich und nervös? Niemals!" Sein zuckendes Auge verrät mir, dass er lügt.

„Jaaakooob."

„Na ja … vielleicht ein ganz kleines bisschen."

Ich beuge mich zu ihm vor und gebe ihm ein Küsschen auf die Wange.

„Die beißen nicht. Wirklich. Meine Oma kannst du ignorieren, die redet eh nur von sich, und mein Opa ist ein ganz Lieber. Wenn ich dich liebe, tut er das auch."

„Okay." Ein weiterer großer Löffel Rührei landet in seinem Mund.

Ich bin bei diesem Anblick noch immer etwas irritiert – wer isst denn bitte Rührei mit dem Löffel?!

„Ich wollte noch mal kurz ins Fitnessstudio, bevor wir losgehen, dann hast du hier deine Ruhe und kannst die Meditation machen."

„Ach, die hatte ich gar nicht mehr auf dem Schirm. Danke." Ich habe versucht, alles Negative zu verdrängen und ganz in dem Moment zu sein. Hier bei Jakob, beim Frühstück, ohne Probleme.

Und bis gerade hat das sogar ganz gut geklappt, aber jetzt habe ich wieder die Wohnungssituation im Kopf. „Stell dir vor, Katja muss jetzt zum ersten Mal Frühstück machen, weil Jörn ein fettes Rührei oder gekochte Eier erwartet."

„Bloß nicht." Er lacht. „Nachher schneidet sie sich einen Arm ab."

„Oh nein. Und er kann jetzt in Ruhe im Stehen pinkeln und alles vollpissen, ohne dass ich das entdecke und ausraste."

„Boah, Jule! Ich esse noch."

„Sorry. Aber ist doch wahr. Die Bude ist wahrscheinlich schon nach einem Tag völlig hinüber."

„Na, erst mal müssen sie ja das Haus in Köpenick saubermachen, bevor seine Eltern zurückkommen."

„Wahrscheinlich hat er 'ne Putzfrau engagiert."

„Er hat doch Katja."

„Eben." Ich ziehe einen Flunsch.

„Schatz, jetzt kein Mitleid. Sie hat es sich so ausgesucht und dich damit quasi aus deiner eigenen Wohnung geschmissen."

„Ja, du hast ja recht. Wollen wir nachher noch ein paar Sachen holen? Ich will mein Zeug retten, bevor es kontaminiert wird."

„Ja und schließ dein Zimmer ab."

„Wieso?" Mit weit aufgerissenen Augen starre ich ihn an.

„Wer weiß, mach es einfach. Noch wohnst du da und hast keine andere Wohnung. Sie können nicht erwarten, dass du nach einer Woche schon ausgezogen bist, also nimm dir die Zeit, die du brauchst."

„Iiih, dann schläft der nachher noch in meinem Bett."

„So direkt wollte ich das nicht sagen, aber … ja."

„Ich kotz gleich." Ich schiebe mein angebissenes Marmeladenbrötchen von mir weg, um zu signalisieren, dass ich satt bin.

„Er scheint ein super Diättipp zu sein." Jakob muss schon wieder lachen, doch mir gelingt nicht mehr als ein schiefes Grinsen.

„Mh … scheint so." Ich stehe auf und räume alles in den Geschirrspüler. Jakob kommt dazu und will mir helfen. „Lass mal. Geh zum Sport, damit wir nicht zu spät kommen."

Er beißt mir in mein Ohrläppchen. „Grrrr. Du bist echt eine Traumfrau."

„Und du spinnst. Jetzt verschwinde." Ich gebe ihm einen Kuss und räume die Küche weiter auf. Während ich hantiere, höre ich die verschiedenen Geräusche: Er ist im Bad, macht sich fertig, ist im Schlafzimmer, packt wahrscheinlich sein Sportzeug zusammen. Zum Abschied gibt er mir noch einen Kuss, und dann knallt die Tür ins Schloss. Allein. Ich atme auf. *Wow. Jetzt bin ich zum ersten Mal allein hier, seit ich hier wohne. Keine vierundzwanzig Stunden – das ging schnell. Kann es nicht immer so schön sein wie jetzt?* Ich weiß, dass es nicht so bleiben wird, und das macht mich traurig, deshalb verdränge ich den Gedanken. Ich mache das Radio aus und hole mein Handy hervor, um das Lied abzuspielen, das ich gerade im Gesangsunterricht übe. Ich singe laut mit und tanze (soweit es meine Kondition zulässt) durch die Wohnung, räume dabei ein wenig auf, wische sogar Staub, sauge. Keine Ahnung, was mit mir los ist. Als würde ich das Nest, in das ich gezogen bin, reinigen … obwohl ich ja sonst auch immer hier bin. *Gut, dass ich schon im Frühjahr ausgemistet habe, so muss ich nicht so viel Kram verpacken, wenn ich denn wirklich für immer ausziehe. Könnte Jakob vielleicht auch nicht schaden. Vielleicht gebe ich ihm mein Buch.*

Ach ja, das Buch. Ich schaue auf die Uhr. Ich weiß nicht, ob ich es noch schaffe, zu meditieren. Ich glaube, das letzte Mal hat die Meditation eine halbe Stunde gedauert. Aber ein bisschen Zeit ist noch, also klebe ich einen Zettel an die Schlafzimmertür: „Meditiere gerade" und lege mich ins Bett. Es dauert eine ganze Weile, bis ich die Meditation von damals gefunden habe, aber eine andere will ich nicht ausprobieren. Die war schließlich gut, ich mochte die Frau, Mojo Di, denn sie hat eine so tolle Stimme. Damals hatte ich mir vorgenommen, bald ein wenig auf ihrem YouTube Kanal zu stöbern, aber wie auch das Buch habe ich es vergessen. *Ach, hier ist sie ja.*

Die beruhigende, engelsgleiche Stimme säuselt mir zart ins Ohr. Erklärt mir, wie ich liegen soll, dass alles sein darf. Ich soll loslassen, was ich nicht ändern kann, sagt sie, und schon muss ich weinen. Der Übermut von eben wird von meinen Tränen weggespült, die in letzter Zeit ja ständig fließen. Ich soll mir die Gefühle und die aktuelle Situation ganz genau vorstellen und fühlen. Endlich mal nicht nur verdrängen. Ich weine und weine, als wollte ich den Durst der Menschheit stillen, und dann soll ich immer wieder sagen, dass ich die Wut los- und für immer freilasse.

„Ich lasse los und akzeptiere, was ist", höre ich mich sagen. „Ich lasse los, was ich nicht ändern kann." Ich höre, wie die Haustür aufgeht, versuche aber, mich nicht davon ablenken zu lassen. Es klebt ja ein Zettel an der Tür. Nun soll ich mich der Traurigkeit widmen. Ich soll sie zulassen, aber mir selbst Mut machen, indem ich mir sage, dass alles in Ordnung ist. Ich soll die Traurigkeit bewusst spüren, akzeptieren, und dann soll ich mir erlauben, sie loszulassen und freizugeben.

„Loslassen verleiht dir Freiheit", sagt das Engelswesen. „Freiheit von Angst und Frustration, Wut und Trauer."

Mir wird klar, wie sehr mich meine Gefühle kontrollieren und dass ich dadurch tatsächlich nicht frei bin. Ich soll die Arme heben und beim Wieder-Sinken-Lassen meine traurigen Gedanken loslassen, ich wiederhole Sätze, die mir guttun, lasse los.

„Ich fühle mich stärker, gefestigter. Ich bin in Harmonie mit mir und meinem Leben", sage ich und fühle, wie mein Körper sich entspannt, sich warm anfühlt, lege die Hände auf mein Herz, und die Stimme verstummt. Nur noch ein paar schöne, beruhigende Töne kommen aus den Lautsprechern, und ich liege auf dem Bett, bin glücklich und erschöpft. Ich lächle. *Alles wird gut,* denke ich, und ich fühle es auch.

Ein Klopfen dringt wie aus weiter Ferne zu mir. Es wird lauter, vermischt sich mit dem Glockenläuten aus meinem Traum. Dort bin ich gerade auf der Hochzeit von Katja und Jörn, ich will sie daran hindern.

„Schaaatz?"

Ich öffne die Augen, realisiere, dass ich in Jakobs Bett liege, drehe meinen Kopf und höre ihn meinen Namen rufen. Ich schrecke hoch und schaue zur Tür, die leicht geöffnet ist. Jakobs Kopf steckt dazwischen.

„Sorry, ich wollte dich nicht stören, aber wir müssen los."

„Oh shit, ich bin eingeschlafen."

„Ja, das sehe ich. Dann hast du den Schlaf wohl gebraucht."

Ich taumle aus dem Bett und suche nach frischen Klamotten.

„Schaffe ich es noch, zu duschen?"

„Ich denke nicht. Ich wollte dir so viel Zeit wie möglich geben."

„Mist", murmle ich, ziehe mir was an (so viel Auswahl habe ich hier bei Jakob ja nicht) und husche ins Bad, um mir wenigstens den Schlaf aus den Augen zu waschen und die Zähne zu putzen.

Fünf Minuten später eilen wir aus dem Haus.

„Wollen wir noch ein Geschenk besorgen? Ich weiß nicht, einen Saft kaufen oder so?", fragt Jakob.

„Oh neeeein!"

Er bleibt vor Schreck stehen.

„Haben wir was vergessen?"

„Ich. Ich hab was vergessen! Ich wollte einen Kuchen backen und habe total angegeben damit. Oh nein, meine Oma wird den ganzen Tag nur bescheuerte Sprüche von sich geben. Dass ich das geliefert habe, wird sie nie vergessen."

„Dann gehen wir einfach noch schnell zum Bäcker. Ist doch nicht so schlimm. Du bist schließlich spontan umgezogen."

„Glaub mir, es *ist* schlimm. Allerdings nur für mich – sie wird sich ihr restliches Leben daran aufgeilen."

Etwas ratlos steht Jakob vor mir und überlegt, wie er mich nun aufbauen kann.

„Zum Bäcker müssen wir trotzdem. Wir können ja nicht ohne was kommen."

Wir gehen weiter, organisieren Kuchen und fahren in den Garten.

„Ooopaaa!", rufe ich, als ich die Gartentür öffne.

Ich entdecke ihn in den Kartoffelbeeten. Er richtet sich auf und sieht mich. Dieses warme Lächeln, ich liebe es so sehr. Meine ganze Kindheit über hat es mich aufgebaut und am Leben gehalten. Wir waren jeden Tag hier im Garten, als Oma noch als Kassiererin arbeitete – ein Job, über den sie sich nach Feierabend permanent beschwerte.

Ich will ihm in die Arme rennen, aber da stürmt auch schon der kleine Giftzwerg dazwischen. Den Namen gab ich Oma insgeheim vor vielen Jahren. Ihr grauer Dutt hat einen Grünstich, ihr Gesicht ist mager, und eingefallene Wangen zeigen, dass sie ihr Leben lang Diät gehalten hat. Auf ihrem T-Shirt bilden Glitzersteine die Aufschrift: „Die Handtasche muss lebendig sein." Ein Spruch von jemandem aus dem Fernsehen, von dem sie jedem vorschwärmt. Einmal habe ich den Fehler gemacht und sie auf das Shirt angesprochen, dabei weiß ich es doch besser: Nur Fragen stellen, wenn ich ganz dringend ablenken will, was oft genug vorkommt.

„Hallo Juliane, schön, dass du da bist."

„Hallo Oma Gertrud", sage ich und drücke sie kurz.

„Und wer ist der Herr?"

„Hallo, ich bin Jakob." Er will sie ebenfalls umarmen, doch sie reicht ihm nur die Hand. Etwas peinlich das Ganze. Zum Glück kommt Opa dazu, wir umarmen uns herzlich und drücken uns so lange, bis Oma schimpft.

„Und Sie sind also der Mann, der unser Julchen glücklich macht." Opa strahlt Jakob an, der ihm die Hand reicht. Nun ist es Opa, der die Hand ignoriert und ihn umarmt.

Jakob, nun sichtlich verwirrt, scheint sich jedoch darüber zu freuen. Bei meinem Opa kann man sich nur wohlfühlen. Er strahlt eine Wärme aus, die auf jeden übergeht – außer auf Oma. Die ist immun gegen alles Positive.

„Mensch, Juliane, was stehen wir denn hier so ewig rum. Setzt euch doch, Männer, wir holen das Essen."

Hier bedienen die Frauen nämlich die Männer, bla, bla ... Wenn sie wüsste, dass ich jeden Morgen Frühstück ans Bett gebracht bekomme, würde sie wohl einen Herzinfarkt bekommen. Diese Info werde ich ihr vielleicht mal in einem Notfall geben.

„Gertrud, Julchen ist unser Gast, jetzt lass sie doch in Ruhe an den Tisch zu ihrem Jakob setzen. Die beiden arbeiten schließlich die ganze Woche."

„Ist schon gut, Opa." Ich gebe ihm einen Kuss. Nicht so viel Unmut wegen so was – das habe ich inzwischen gelernt. Außerdem bin ich gut drauf, und die beiden können ruhig einen Moment allein reden.

Oma und ich gehen in den Bungalow und holen das Essen. Sie hat sich richtig Mühe gegeben: ein Riesenpott Kartoffeleintopf mit Würstchen und einen Bohnensalat.

„Wow, wie das duftet." Ich trage den schweren Topf raus und stelle ihn auf den Tisch. Oma folgt mir mit dem Bohnensalat und einer Schüssel voll Semmeln, die herrlich riechen.

Opa und Jakob unterhalten sich angeregt, was mich schmunzeln lässt. Als ich das Besteck und die Teller rausbringe, zeigt mir Opa heimlich einen Daumen hoch und zwinkert mir zu, was Jakob nicht mitbekommt, weil Oma ihm gerade etwas zu trinken einschenkt. Hier gibt es immer Kirschbrause – der Geschmack meiner Kindheit.

Wir setzen uns an den Tisch, und ich teile das Essen aus.

„Das ist der Eintopf meiner Kindheit", erkläre ich Jakob. „Das gab es jede Woche, und ich konnte nie genug davon bekommen, weil Oma ihn so lecker macht." Am Anfang kleine Komplimente streuen kann nie schaden.

„Ja, hat man ja auch an deiner Kleidergröße gesehen", sagt sie.

Jakob verschluckt sich an seiner Kirschbrause, und Opa wirft Oma einen bösen Blick zu, aber von mir prallt das ab. Ich kenne diese Sprüche schon mein Leben lang, es ist mir nur etwas unangenehm vor Jakob, ich bin nicht diejenige, die sich schämen sollte. Inzwischen weiß ich das.

„Oma erzähl doch mal, was mit deinen Knien ist", sage ich stattdessen, um die peinliche Stimmung aufzulösen. Der Eintopf ist wirklich herrlich.

Schmeckt wie früher, und ich gebe Jakob, dem es genauso gut zu schmecken scheint, noch eine Ladung.

„Ja, essen Sie ruhig", sagt Oma. „Sie können das gut gebrauchen."

Ich nehme mir ebenfalls noch ein bisschen und greife zur zweiten Semmel.

„Juliane, meinst du nicht, du hattest genug?"

„Nein", antworte ich und entscheide, noch eine weitere Kelle auf meinen Teller zu laden. Als Protest. Ich weiß doch, wie ich Oma zur Verzweiflung treiben kann.

Sie verdreht die Augen, als sie sieht, wie Opa und ich uns zuzwinkern.

Dann beginnen wir gleichzeitig: „Es war einmal ein Krokodil, das fraß und fraß unheimlich viel. Es schmatzte und schmatzte." Wir unterbrechen für Schmatzgeräusche. „Bis es dann platzte". Wir klatschen in die Hände und lachen, bis uns der Bauch weh tut.

„Ihr seid unmöglich", schimpft Oma und wendet sich beleidigt an Jakob. „Was machen Sie denn eigentlich?"

„Ich mache gerade eine zweijährige Ausbildung als Fachkraft im Gastgewerbe bei der BSR." Er schiebt sich einen Löffel voll Eintopf in den Mund.

„Sie sind noch in der Ausbildung? Wie alt sind Sie denn?"

Jakobs Stimme klingt ein wenig höher als sonst. Wahrscheinlich ist er nervös.

„Vierunddreißig", antwortet er pflichtgemäß.

„Und da gehen Sie noch in die Lehre?"

„Mensch, Gertrud, heutzutage machen die jungen Leute doch mehrere Ausbildungen. Da legt man sich nicht mehr mit sechzehn fest", kommt Opa ihm zur Hilfe.

Jakob nickt und kaut auf seinem Brötchen.

„Ja, aber mit vierunddreißig ist man ja wohl nicht mehr jung."

Wow, der saß. Nun beginnt sie schon, meinen Freund zu attackieren.

„Ich denke, wir sollten abräumen." Ich habe mir vorgenommen, dass es heute schön wird, deshalb werde ich alles Gemeine von Oma ignorieren und dafür sorgen, dass wir Spaß haben. Ich lasse mir nicht meine Laune versauen, schon gar nicht von ihr.

„Jakob isst doch noch", sagt Opa.

„Nein, nein, schon fertig." Er schlingt den Rest hinunter, verschluckt sich und läuft rot an.

„Mensch, Sie sind ja ganz ausgehungert. Bekommen Sie von Juliane nichts Gescheites zu essen?"

„Oma …", beginne ich, entscheide mich dann aber dagegen, noch mehr zu sagen, und bringe den Topf in die Küche.

Opa bringt die Teller nach.

„Opa, wie hältst du das bloß aus?", frage ich schnell, bevor Oma schimpfend hinterherkommt, weil Opa aufgestanden ist.

Er zeigt auf sein Hörgerät und geht schnell wieder nach draußen. Das war ein lang erprobtes Sekundenspiel. Wenn Oma redet, braucht sie genau fünfundvierzig Sekunden, um zu begreifen, dass ihr Mann selbst im Haushalt aktiv wird. Für sie ist es eine Schmach, das zu erkennen, und noch schlimmer ist es, wenn Gäste das mitbekommen.

„Haaans, du sollst doch nicht immer aufstehen! Dein Herz!"

„Ich wollte nur deine Knie schonen."

Uh, gut gekontert.

Oma rennt in den Bungalow, als wäre das ganze Kniedrama vergessen, und macht Kaffee. Hier gibt's Kaffee und Kuchen immer direkt nach dem Mittagessen, denn nur dreimal am Tag zu essen macht nicht dick, und damit gehört der Kuchen eben einfach zur Mittagsmahlzeit. Als Nachtisch quasi. Vielleicht hätte ich das Jakob vorher sagen sollen, der hängt schon ziemlich satt auf seinem Stuhl.

„Juliane, wo ist denn der Kuchen?"

„Den hab ich doch im Bungalow auf den Tisch gestellt."

„Aber da ist eine Bäckerstüte drum, ich dachte, das sind Brötchen."

„Nein, Oma." Jetzt brauche ich Mut. Ich schlage eine Mücke weg und stelle mich meinem Schicksal. „Ich habe Kuchen kaufen müssen."

„Ich wusste es doch. Als ob unsere Juliane backen kann."

„Kann sie", mischt sich Jakob ein. „Sie hat mir neulich einen Schoko-Bananen-Kuchen gebacken, das war der beste Kuchen, den ich jemals gegessen habe."

Ich bedanke mich mit einem Blick und schicke ihm Luftküsschen.

„Ja, und warum hast du dann heute keinen mitgebracht?"

„Ich hab es vergessen."

„Vergessen, Herrgott noch mal!" Sie stemmt die Hände in die Hüften. „Und nun sollen wir so ein Fertigzeug aus einer fremden Bäckerei essen?"

Opa nutzt seine Chance und steht schon wieder auf. Wenn Oma meckert, hat er sogar bis zu einer Minute Zeit, bevor sie es bemerkt. Während sie noch im Bungalow steht und zu uns rüberbrüllt, schnappt Opa ihr den Kuchen vor der Nase weg und bringt ihn raus.

„Haaans, was machst du denn da?"

„Na, ich hab Hunger. Und wenn du dich nicht beeilst, bekommst du kein gutes Stück mehr ab." Er nimmt sich ein Stück Kuchen und beißt direkt herzhaft hinein – wer braucht schon einen Teller. „Mensch, ist das lecker. Gertrud, nun komm schon."

Jakob und ich versuchen, uns das Lachen zu verkneifen, doch es gelingt nur mäßig.

„Erzählen Sie mal, mein Junge, was macht man als Fachkraft bei der BSR?"

Ich freue mich, dass Opa so daran interessiert ist, Jakob näher kennenzulernen.

Oma kommt mit der Kaffeekanne, ich hole schnell die Tassen, Teller und Besteck für den Kuchen.

„Ich bin da im Gastgewerbe. Das heißt, ich arbeite in der Kantine und kümmere mich ums Essen."

„Und um was für Essen kümmern Sie sich?"

„Sie können mich ruhig duzen", traut er sich nun endlich zu sagen.

„Sehr gern. Du mich natürlich auch. Also, um was kümmerst du dich genau?"

„Also ich brate Fleisch oder Fisch, belege Brötchen, richte Salat an. So was halt."

„Also können Sie Julchen gut versorgen."

„Oja, das kann er. Opa, du müsstest mal sein Risotto probieren", sage ich.

„Na, vielleicht ladet ihr uns ja mal ein, dann werde ich es gern kosten." Er grinst.

Oma schenkt uns Kaffee ein und schüttelt den Kopf.

„Ein Mann, der kocht. So was hat es früher nicht gegeben. Furchtbar, die Jugend von heute."

Ich spare mir den Kommentar, dass wir nun doch wieder die Jugend sind.

Jakob kaut an seinem Kuchen, doch ich kenne ihn gut. Sein Gesicht verrät mir, wie sehr er damit kämpft, weil er längst satt ist.

„Auaaa …", jammert Oma und fasst an ihr Kreuz.

„Setz dich doch endlich mal in Ruhe hin", schimpft Opa.

Sie folgt seinen Anweisungen, und so sitzen wir wieder alle gemeinsam in der Sonne.

„Dieses Kreuz macht mich fertig." Oma nimmt sich ein kleines Stück vom Pflaumenkuchen und beginnt zu essen. Ich warte auf einen entsprechenden Kommentar.

„Na, der ist aber nicht selbst gemacht", gibt sie mir, worauf ich gewartet habe. „Das schmeckt ja furchtbar süß und trocken ist der auch. Wer weiß, wie lange der schon steht."

„Die Bäckerei macht noch alles selbst", beschwichtigt Jakob.

Nun erinnere ich mich wieder, woher ich meinen berühmten, vernichtenden Blick habe. Jakob scheint dieselbe Erkenntnis zu haben und lehnt sich ein Stück zurück, als würde ihn der Abstand vor ihr retten. Ich kann ihn verstehen. Wie oft habe ich im Hochsommer dieses Frösteln gespürt, wenn sie wieder mal voll in ihrem Element war. Ihre Blicke können sich anfühlen, als würde man in Eiswasser geworfen, wohingegen ein Lächeln von Opa wie Sonnenstrahlen auf der Haut ist. Vielleicht passen sie deswegen zusammen. Yin und Yang. Auch wenn ich bis heute nicht verstehen kann, wie er es schon so viele Jahre mit ihr aushält.

Opa beschließt gerade, Sonnenstrahlen zu versenden (oder Oma zu ärgern – ich bin mir bei ihm nie ganz sicher).

„Also ich finde den Kuchen köstlich. Könnt ihr nächstes Mal gern wieder mitbringen."

„Hans!", schimpft sie ihn.

„Ist doch gut Gertrud. Julchen hatte wahrscheinlich eine stressige Woche. Erzähl doch mal, wie es dir geht, Kindchen. Jetzt haben wir deinen Freund so ausgefragt, dass wir noch gar nichts Neues von dir erfahren haben." Opa stützt den Kopf auf die Hände und schaut mich an. Wir saßen uns schon früher immer gegenüber, damit wir uns heimlich vor Oma versteckte Blicke zuwerfen konnten.

„Ach, diese Woche war ganz schön turbulent. Auf Arbeit werde ich ab nächster Woche endlich ein wenig weiterkommen. Herr Maier will mir beibringen, wie man Schriftsätze schreibt."

„Dann wirst du ja vielleicht selbst irgendwann eine Anwältin." Omas Augen leuchten. Selten habe ich sie glücklich machen können, mit dem, was ich von mir gebe, also möchte ich sie eigentlich ungern enttäuschen, aber lügen kann ich auch nicht.

„Niemals", antworte ich also.

Omas Miene verfinstert sich. Ihre Lippen liegen wie zwei Streichhölzer aufeinander und lassen einen in Deckung gehen.

„Und was macht Katja? Die haben wir ja schon lange nicht mehr gesehen", fragt Opa um abzulenken.

Nun verändert sich auch mein Gesicht. Ich merke, wie meine Mundwinkel der Schwerkraft nachgeben und nach unten fallen. Die Euphorie von vor ein paar Sekunden schwindet.

„Aua, warum treten Sie mich denn?", schreit Oma auf.

„Entschuldigung, ich wollte eigentlich Jule mit meinem Bein aufmuntern." Jakob läuft feuerrot an.

Das habe ich bisher noch nie erlebt. Opa und ich müssen loslachen.

„Was gibt es denn da zu lachen? Mein Knie tut auch so schon weh genug!", schimpft sie.

Opa legt seinen Arm auf Jakobs Schulter. „Mach dir nichts draus."

Ich beschließe, schnell abzulenken und opfere mich für Jakob.

„Katja und ich verstehen uns momentan nicht so gut. Und jetzt ist auch noch ihr blöder Freund zu uns gezogen. Letzte Nacht, um genau zu sein. Deshalb bin ich vorübergehend zu Jakob gezogen. Wir holen nachher meine restlichen Sachen, und dann werde ich erst mal bei ihm bleiben, bis ich was Eigenes gefunden habe."

„Oder Jörn wieder ausgezogen ist", ergänzt Jakob.

Opa sieht etwas verwundert aus. „Ist es noch der, den sie damals mit hierhergeschleppt hat?"

„Nein, um Gottes willen, der ist schon lange nicht mehr Phase. Ihr jetziger Freund heißt Jörn, und sie sind schon ganz schön lange zusammen, also für ihre Verhältnisse."

„Und anscheinend wieder so ein Dummbeutel?"

Jakob prustet seinen Kuchen aus. Ich lache mit ihm. Auch wenn ich Opas Sprüche schon kenne, muss ich doch immer wieder lachen, wenn er Katjas Liebhaber Dummbeutel nennt.

„Eine bessere Bezeichnung könnte ich nicht finden", bestätigt Jakob.

„Und dann zieht der einfach zu euch?" Opa scheint ebenso entsetzt zu sein wie wir gestern.

„Ja, ich konnte es auch nicht fassen. Ich habe es gestern erst erfahren."

„Na, das kann ja nun wirklich nicht sein."

„Nein, das finde ich auch – ich hab mich total aufgeregt. Aber um ehrlich zu sein, hilft es mir vielleicht, endlich ein wenig Abstand zu Katja zu gewinnen. Ich glaube, das tut uns beiden gut. Wir streiten uns nur noch, und ich ertrage ihren Anblick nicht mehr. Seit Monaten verstecke ich mich vor ihr. Eine Weile lang ging es wieder, aber das Zusammenwohnen tut uns einfach nicht gut."

„Du bist traurig", stellt Opa fest.

„Ja, ich vermisse es, wie wir früher waren."

„Halt nicht zu sehr an früher fest. Es wird nie mehr wie früher. Und oftmals romantisieren wir früher sogar. Erinner dich mal – auch früher hattest du Probleme und Ärger mit ihr, und es war bei weitem nicht alles gut zwischen euch. Du entwickelst dich eben weiter oder in eine andere Richtung. Das ist gut."

„Hm. Wahrscheinlich. Es tut trotzdem weh, dass sie mich mehr oder weniger einfach rausschmeißt."

„Ach Julchen, dafür hast du nun mehr Zeit für deinen Freund."

Wie so oft habe ich alles um mich herum vergessen. Es sind nur Opa und ich anwesend, Oma und Jakob habe ich ausgeblendet. Erst, als er Freund gesagt hat, komme ich in die echte Welt zurück und betrachte Jakob. Er lächelt mich an und scheint fasziniert von Opas und meinem Gespräch. Wie ich ihn kenne, analysiert er unsere Worte ganz genau, weil er sieht, wie sehr mir Opa mit seinen Worten helfen kann, und er das auch können möchte. Ich lächle Jakob an und werfe in Gedanken ein paar Herzen zu ihm rüber.

„Also, wenn ich mich mal einmischen darf?", fängt Oma an.

Als würde dich das wirklich interessieren …

„Ihr zieht zusammen, obwohl ihr euch gerade mal ein halbes Jahr kennt?"

„Du willst doch immer, dass ich mir einen vernünftigen Mann suche, heirate, Kinder bekomme und nebenbei noch erfolgreich im Job bin."

„Ihr wollt heiraten? Seid ihr deswegen hier?"

„Nein, Oma, ich bin hier, weil ihr mir gefehlt habt. Ich bin nicht schwanger, werde nicht heiraten, bin immer noch die Alte und brauche auch kein Geld!" Ich rolle so deutlich mit den Augen, dass sie es sehen kann.

„Wollt ihr uns nachher noch ein wenig bei den Tomaten, Chilis und Pflaumen helfen? Dann muss Oma ihre Knie heute nicht mehr belasten."

„Na klar doch, Opa. Ich bin schon fertig. Darf ich schon anfangen?"

„Natürlich, Julchen."

„Jakob, komm mit, das macht Spaß."

Er nimmt einen letzten Schluck Kaffee, und wir gehen in den hinteren Teil des Gartens, wo Opa die Chilis angebaut hat.

Während der Arbeit erinnere ich mich wieder, wie ich hier früher stundenlang Unkraut gezupft und Kirschen gepflückt habe, und die Zeit vergeht dabei noch immer wie im Flug. Ich kann alles um mich herum vergessen. Auch Jakob scheint es Spaß zu machen, besonders, als sich Opa zu uns gesellt und seine Gärtnerweisheiten preisgibt.

Mit einem Eimer voll Pflaumen und ein paar Tomaten und Chilis verlassen wir am späten Nachmittag den Garten und machen uns auf den Weg zur WG, um meine Klamotten zu holen.

„Muss ich jetzt klingeln?", frage ich Jakob, als wir vor der Haustür stehen.

„Nein, noch wohnst du hier."

„Aber vielleicht will ich nicht sehen, was da gerade los ist."

Er verzieht das Gesicht. „Oh … ja, bitte klingle."

Nun muss ich lachen, klingle aber nicht. Wir gehen nach oben, und ich schließe die Tür auf. Es ist nicht abgeschlossen. „Hallo?", rufe ich laut, damit jeder genug Zeit hat, um sich gegebenenfalls anzuziehen.

Keine Antwort.

„Katja? Jörn?" Ich ziehe meine Schuhe aus und sehe, dass die Schuhe der beiden nicht da sind. Ein kurzer Gang durch die Wohnung bestätigt das.

„Ich hasse es, wenn sie nicht abschließt, nur weil sie glaubt, die Nachbarn passen auf", murre ich vor mich hin.

„Ich weiß, Schatz, am besten, du bringst alles Wertvolle zu mir."

Ich schnappe mir eine Reisetasche und leere meinen Kleiderschrank. So viel ist dank meiner Ausmistaktion ja zum Glück nicht mehr drin, daher geht es schnell.

„Kann ich dir helfen?"

„Du kannst den Kram nachher tragen."

„Soll ich noch irgendwas aus der Küche mitnehmen?"

Ich bringe meine Reisetasche in den Flur und betrete die Küche. „Oh Mann, und ich Depp hab die gestern noch stundenlang geputzt."

„Ärger dich nicht, dafür sind wir zu spät gekommen und hatten eine sehr angenehme Zeit auf der Couch." Jakob grinst mich schelmisch an.

„Du hast recht, positiv bleiben."

„Willst du noch Geschirr oder Essen mitnehmen?"

„Hm. Um ehrlich zu sein, hab ich darüber noch gar nicht nachgedacht. Meine Staffelei hätte ich gern dabei."

„Ach, das ist deine?"

„Ja, die habe ich mir gestern auf dem Heimweg gekauft. Eigentlich sollte mein Nachmittag so aussehen."

„Ich wusste gar nicht, dass du malst."

„Ich auch nicht mehr, aber ich wollte es mal wieder versuchen."

„Cool. Ich räum sie gleich in den Flur."

Ich stehe immer noch ratlos in der Küche. *Wird das jetzt ein Umzug für immer? Räume ich Tassen und Teller aus? Lass ich alles hier?* Ich habe keine Ahnung.

Jakob kommt zurück und stellt sich hinter mich, umarmt mich.

„Ich hab keine Lust, den ganzen Krempel mitzunehmen, und du hast ja alles da. Ich hänge hier an nichts." Ich entwinde mich ihm und öffne die Schranktüren. „Das war alles Zeug von unseren Eltern oder von Oma. Hier habe ich nie was selbst gekauft, und ich weiß auch gar nicht mehr, wem was gehört."

„Und im Wohnzimmer? Spiele oder alte Tagebücher, CDs, Bücher?"

„Hatte ich alles aussortiert. Meine Fotoalben könnte ich noch mitnehmen, aber dann fühlt es sich wirklich echt an."

„Du kannst sie theoretisch jederzeit holen, wenn du sie brauchst."

„Nee, ich glaube, ich will hier so schnell nicht mehr her. Ich fühle mich jetzt schon irgendwie unwohl und fremd, als würde ich eindringen."

„Es ist deine Wohnung."

„Ich weiß, aber geht es dir nicht auch so? Ist doch voll komisch. Die ganze Zeit denke ich: Hoffentlich kommen die nicht gleich."

„Ja, geht mir auch so. Ist aber nicht anders als sonst."

„Hast du auch wieder recht."

„Dann hol deinen Kram aus dem Bad."

„Weißt du was? Zieh doch bitte mein Bett ab. Ich mach das Zimmer jetzt sofort frei. Dann bekomme ich auch gleich Kohle, die ich dir für die Miete geben kann."

„Bist du dir sicher?"

Ich antworte mit einem energischen Gang ins Bad und packe meinen wenigen Kram zusammen. Dann eile ich ins Schlafzimmer, räume alles aus meinem Zimmer, was zum Glück in einen Koffer passt, und staune.

„Kein Wunder, dass ich mich hier nie besonders wohlgefühlt hab. Hier ist nichts Eigenes, Persönliches von mir."

„Warum eigentlich nicht?", fragt Jakob.

„Ich hab keine Ahnung, und jetzt es ist auch egal. Komm, wir hauen ab."

Jakob schnappt sich den Koffer und die Staffelei, ich die Reisetasche mit den Klamotten und den Eimer Pflaumen. Mein letzter Blick durch die Wohnung bleibt an einer Pflanze hängen.

„Gerda!", rufe ich.

„Gerda?"

Ich gehe noch mal in mein Zimmer und schnappe mir meine Topfpflanze. „Ich habe soeben beschlossen, dass meine Blumen Namen bekommen – im Copyshop haben die Drucker auch alle Namen. Und als ich die Blume sah, wusste ich, dass sie ohne mich sterben wird."

„Du bist verrückt."

Ich lege den Schlüssel im Flur auf den Boden.

Meine letzte Amtshandlung, dieses Kapitel ist hiermit geschlossen. Das Abenteuer „Zusammenleben mit dem Freund" kann beginnen. Meine Gefühle wirbeln durch meinen Körper wie ein Tornado, ich kann keins davon halten oder wirklich beschreiben.

Montag

Mein Wecker klingelt, und ich erwache mit Frühstück am Bett. Ein fettes Grinsen huscht über mein Gesicht. Ein Zettelchen liegt neben meinem Marmeladen Brötchen. „Guten Morgen Frau Mitbewohnerin, hab einen schönen Lieblingstag. Bis heute Abend. Du fehlst mir jetzt schon."

Ooph, wie süß er doch ist.

Aber was mich noch mehr freut als der Zettel ist mein E-Book-Reader, den er mir auf mein Frühstücksbrett gelegt hat. Endlich wieder Buchzeit. Ich hatte eigentlich gedacht, am Wochenende voranzukommen, aber das war wohl nichts. Ich schalte ihn an.

Lektion 13

Glückwunsch, Sie werden sich jetzt sicher um einiges leichter fühlen. Nun sind Sie bereit für die nächste Aufgabe.

Rechnen Sie zusammen, wie viel Geld Sie durch Ihr neues Leben im Monat sparen, und überlegen Sie sich, wie Sie mit dem Geld Ihrem Traum näherkommen können.

Haben Sie eine Möglichkeit gefunden, tun Sie es!

Krass … das kann doch nicht sein, dass dieses Buch immer genau Bescheid weiß. Ich spare durch mein neues Leben 300 Euro, weil Jakob nichts zur Miete will, und hadere noch mit mir, ob ich das annehmen kann. *Es ist ja auch nur vorübergehend, aber an sich könnte ich 300 Euro sparen. Und meinem Traum näherkommen? Was ist denn eigentlich gerade mein Traum? Ich will glücklich sein. Und mehr im Job lernen, was ich ab heute werde. Ich bin etwas nervös deswegen, obwohl ich versuche, die Nervosität beiseite zu schieben. Ich möchte singen, was ich jeden Montag tue. Ich möchte Zeit haben, die kann ich mir nicht erkaufen. Und von Katja weg, was ich bin. Eine eigene Wohnung wäre noch toll, aber da komm ich mit einem einmaligen Geldbetrag nicht weiter. Früher wollte ich wieder regelmäßig joggen – auch dabei hilft mir Geld nicht.* Ich beschließe, das Geld auf mein Sparbuch zu legen, für den Fall, dass mir später etwas einfällt. *Momentan kann mir Geld nicht helfen, sondern nur ich selbst.* Beängstigende Feststellung. Nun gut, auf zur nächsten Lektion.

Lektion 14
Hand aufs Herz: Wie gesund leben Sie?
Sicher haben Sie schon mal den Spruch „Du bist was du isst" gehört, und sicher wissen Sie bereits, wie wichtig eine ausgewogene, vitaminreiche Ernährung für ein glückliches Leben ist. Also, bringen Sie gesunde Ernährung in Ihr Leben! Inspizieren Sie Ihren Kühlschrank! Was darin tut Ihrem Körper wirklich gut, und was könnten Sie durch gesündere Alternativen ersetzen?

Misten Sie Ihren Kühlschrank aus und kaufen Sie gesunde Lebensmittel!

Hm. Das wird Jakob gefallen. Am besten wir machen das zusammen.

Ich durchstöbre mein Notizbuch und schaue, ob ich irgendetwas vergessen habe. Jakobs Song. Den werde ich heute Abend mit meiner Gesangslehrerin durchsprechen, vielleicht kann sie mir dabei helfen. Mit einem Lächeln auf den Lippen hüpfe ich aufgeregt durchs Bad. Dieser Tag wird super. Ich sehe mich im Spiegel und frage mich, wie ein Buch es schaffen konnte, dass ich mein komplettes Leben innerhalb einer Woche erneut über den Haufen geworfen habe und positiv gespannt in die Zukunft schaue. Das ist skurril. Am meisten freue ich mich aber gerade, dass ich den Tag im Copyshop starten werde, um den Rest der Akten zu kopieren. Viel wird es aber nicht mehr sein – ich denke, die letzten zwei Arbeitsstunden werde ich im Büro verbringen. *Wenn doch nur jeder Montag so starten könnte.*

„Guten Morgen, ihr Lieben", flöte ich, als ich den Copyshop betrete.

„Hey, guten Morgen." Helmuths Dreads wirbeln um ihn herum, als er sich zu mir dreht. Wir begrüßen uns mit einer festen Umarmung.

Dann räume ich meine Sachen in die Ecke, Helmuth bringt mir Kaffee – eine inzwischen feste Routine. Nur Franzi fehlt noch.

„Na, Jule, was macht der Songtext?"

„Ach, das Wochenende war viel zu kurz, da bin ich gar nicht zu gekommen, daran weiterzumachen. Aber heute Abend werde ich ihn mit meiner Gesangslehrerin durchsprechen."

„Wollen wir zusammen ein bisschen daran arbeiten, solange hier niemand ist? Montags kommt eh keiner vor elf her."

„Außer arme Schweine wie ich." Wir lachen.

„Ich habe meine Gitarre dabei. Du könntest deine Kopiererei daher etwas spannender gestalten."

„Ich weiß nicht." Ich schnappe mir meine Akte. „Ich muss mich schließlich konzentrieren, nicht dass ich alles noch mal machen muss."

„Ausrede."

Ich nehme die erste Seite aus der Akte, lege sie auf den Kopierer und drücke Kopieren. Ein Lichtstrahl gleitet von unten geräuschvoll über das Papier.

„Musst du nicht selbst arbeiten?"

„Ablenkung."

„Dich hat jetzt wirklich die Musik gepackt, oder?"

„Ich will wissen, wie dein Songtext aussieht. Ich gebe es ja zu."

„Neugierde." Auch ich kann dieses Spiel spielen. Warum will er denn unbedingt wissen, wie mein Text ist? „Wo ist denn eigentlich Franzi?" Mittlerweile müsste sie doch längst da sein.

„Die kommt heute nicht."

Verwundert gucke ich ihn an und halte inne.

„Ich hab ihr frei gegeben. Das mit Christian hat sie ganz schön aus der Bahn geworfen. Sie waren wirklich sehr verliebt damals, und sie wollte nichts sehnlicher als das Kind. Alte Wunden wurden aufgerissen und bluten jetzt."

„Und lief das Gespräch mit Herrn Baldo denn gut?"

„Na ja, er ist ein Arsch geworden. Daran wird sich wohl nichts mehr ändern. Manche Menschen ziehen ihren Schutzmantel nicht mehr aus – lieber tun sie anderen weh, als selbst noch mal verletzt zu werden. Er ist nicht mutig genug, ihn länger auszuziehen."

„Aber immerhin haben sie geredet?", frage ich mehr, als dass ich es sicher sagen könnte.

„Ja, das stimmt. Ein klärendes Gespräch ist immer gut. Auch wenn es zu nichts führt, führt es eben doch zumindest zu einer Erkenntnis."

„Für Franzi oder für Herrn Baldo?"

„Ich denke für beide. Sie tun sich einfach nicht mehr gut. Manchmal ist einfach zu viel passiert, dann hilft auch kein Reden mehr. Egal, wie sehr man sich mag oder mochte."

„Ja, das kenne ich."

„Hast du Streit mit Jakob?"

„Nein, mit Katja, meiner Mitbewohnerin. Ihr ätzender Freund ist Samstagnacht ohne Vorwarnung zu uns gezogen, und nun bin ich raus. Ich bin vorübergehend zu Jakob gezogen. Also wenn du von einer günstigen freien Wohnung in der Gegend hörst, gib Bescheid."

„Oh. Na ja, du hast ja schon öfter über sie geschimpft."

„Ich nehme mir immer wieder vor, dass wir es packen, dass ich mir nur mehr Mühe geben muss. Sie hat mir früher so viel bedeutet, aber irgendwie bekommen wir es einfach nicht mehr hin."

„Weißt du, es gibt eine einzige Frage, die man sich stellen sollte. Und wenn man die ganz klar mit Nein beantworten kann, sollte man etwas an der

Situation ändern und auch nicht traurig sein, wenn man die Person verliert."

„Und welche?"

„Tut mir das gut?"

„Hm. Die Frage stand auch in meinem Buch. Allerdings finde ich sie komisch. Meinst du nicht, dass das egoistisch ist?"

„Nein, wieso?"

„Damit geh ich davon aus, dass Menschen *mir* guttun müssen. Das ist doch egoistisch. Vor allem, da ich ihr anscheinend auch nicht guttue, was mega wehtut, weil es mal anders war."

„Wenn du ihr auch nicht guttust, ist das ein Grund mehr, dass ihr etwas verändern müsst. Und ein Stück weit egoistisch zu sein, ist gut. Auch sie hat nichts davon, wenn sie dich nur runterzieht, denn dann strahlst du das ihr gegenüber aus, und die Unzufriedenheit zieht zwischen euch hin und her."

„Aber woher weiß ich denn, dass mir jemand guttut? Ich hab sie ja schon noch gern, und manchmal haben wir auch Spaß und können reden. Samstagnachmittag hab ich ihr bei den Partyvorbereitungen geholfen, und wir hatten eine richtig schöne Zeit. Bis dann der Blutunfall kam."

„Der was?"

Ich schüttle den Kopf. „Nicht so wichtig."

„Also, wenn du dich zu Hause vor ihr in deinem Zimmer versteckst, jedes Mal mit einem mulmigen Gefühl die Tür aufschließt, schnell verschwindest, bevor sie nach Hause kommt, und wenn sie dir das Gefühl gibt, dass du ein schlechter Mensch bist, dann tut sie dir nicht gut."

Ich nehme ein neues Blatt aus der Akte und lege es auf den Kopierer. Wenn nur alles so einfach wäre wie Kopieren.

„Sieh es als Chance – du wolltest eine Veränderung, und nun bekommst du sie. Man kann sein Leben nicht verbessern, ohne aufzuräumen und loszulassen."

„Ja, manchmal freue ich mich darüber, und manchmal habe ich Angst, weil es so schnell geht. Mal will ich mein altes Leben wie eine Haut über mich stülpen, es festhalten und an mich tackern, damit es bei mir bleibt. Und dann wieder will ich es abreißen, in die Tonne werfen oder gar verbrennen, denn nichts mehr soll davon übrig bleiben."

„Ich kenne das. Das ist normal und gut so. Veränderung macht Angst, und deshalb schaffen es so viele Menschen nicht, ihren Arsch hochzubekommen und dem Jammern ein Ende zu bereiten. Weil es nun mal so viel einfacher ist, als die Dinge wirklich anzugehen."

„Aber es geht so schnell. Ich habe Angst, dass ich mich morgen gar nicht mehr wiedererkenne, dass ich mich verliere."

„Das ist normal am Anfang. Es ist ein Dominoeffekt: Kippst du einen Stein um, kippen alle anderen auch. Manchmal stockt es irgendwo, und dann muss nachgeholfen werden."

„Und wie schafft man es, nicht den Mut zu verlieren?"

„Ich habe in meinem Flur einen Spruch an die Wand gemalt: ‚Das einzig Beständige ist der Wandel.' Nichts ist schlimmer als Stillstand. Der Spruch hilft mir, nicht den Mut zu verlieren, erinnert mich an die Zeiten des Stillstands und lässt mich den Wandel schätzen."

„Das ist ein schöner Spruch."

Das Telefon unterbricht unser Gespräch, und Helmuth verschwindet eine Weile um zu telefonieren. Ich habe schon wieder das Gefühl, als hätte ich eine Therapiestunde hinter mir … zumindest stelle ich mir das so vor. *Aber lieber rede ich darüber, als dass ich mit ihm singe. Das ist doch wirklich zu viel des Guten.* Ich bin gerade mal eine halbe Stunde hier, und schon habe ich das Gefühl, ich muss mich erst mal zum Nachdenken zurückziehen. Manchmal denke ich, er hat mir mehr gesagt, als ich im gegenwärtigen Moment verstehe, und seine Worte wirken nach.

„Hurraaa!", brülle ich einige Stunden später durch den Copyshop.

„Hast du es geschafft?" Helmuth stürmt heran und hüpft mit mir durch den Raum.

„Ja, es ist vollbracht. Auch wenn ich etwas traurig bin, dass unsere Zeit nun erst mal wieder vorbei ist."

„Na, dann kannst du dich ja jetzt endlich um deine nächsten Ziele kümmern." Er zwinkert mir zu.

Ich packe mein Zeug zusammen und schnappe mir den Aktenwagen, der im Vergleich zum ersten Tag sehr leer aussieht. Helmuth und ich umarmen uns zum Abschied.

„Kommst du morgen vorbei? Ich höre mich bis dahin mal wegen einer Wohnung um, und vielleicht können wir noch mal über deinen Song sprechen."

„Haha, warum bist du so wild darauf?"

„Weil ich eine Band gründen will – ist das nicht offensichtlich?"

Ist es nicht. Oder ich bin zu blöd und hab es deshalb nicht geschnallt.

„Keine Sorge, ohne Christian und Frau Schuster. Eine neue Band. Eine zeitgemäße. Mit Franzi."

„Das klingt fantastisch. Gut, ich komm morgen vorbei."

Ob ich mich das aber wirklich traue, ist eine andere Frage, doch darum kümmere ich mich morgen. Nun widme ich mich erst mal der Höhle des Löwen. Vielleicht wird es gar nicht so schlimm? Frau Schuster wird jetzt sicher netter sein, Herr Baldo hat sich mir auch angenähert, und Herr Maier will mir was beibringen. Läuft doch.

„Guten Tag Frau Pieper, wieso hat das denn so lange gedauert?! Ich ertrinke in Arbeit."

Oh, zur Begrüßung ein Vorwurf. Klingt ja fast wie Katja.

„Hallo", sage ich und stelle den Aktenwagen an meinen Schreibtisch. „Wo ist denn Herr Baldo?"

„Der ist schon weg."

„Und wer bringt dann die Akten zurück zum Gericht?"

„Das ist doch keine ernst gemeinte Frage, oder? Sie natürlich."

„Aber … wie soll ich die denn da hinbekommen?"

„Na mit der Bahn – wie man sich hier eben fortbewegt. Ich dachte, Sie wären fertig, und nun das. Da können Sie gleich wieder los, damit das noch rechtzeitig dort ankommt."

„Aber …" Das Telefon klingelt, und Frau Schuster singt den üblichen Kanzleibegrüßungsspruch in den Hörer.

So viel zum Thema, dass alles besser wird und Frau Schuster jetzt nett ist. Dämliche Kuh. Damit habe ich meine Chance vertan, dass sie einen Termin für mich und Herrn Maier einträgt und ich endlich mal was lerne. Zornesröte steigt mir ins Gesicht, was ich an der Hitze auf meinen Wangen spüre, und ich verlasse das Büro, bevor ich explodiere. *Mit einem Aktenwagen in die Bahn. Ist ja nicht so, als würde man damit kaum die Treppen zur U-Bahn runter- und hochkommen. Und als würden die Fahrstühle so prima funktionieren. Und als hätte ich keine Angst, dass mir jemand die Akten stiehlt.*

Doch irgendwie schaffe ich es zum Gericht (sogar ohne überfahren zu werden, und zum Glück ohne den schmierigen Thomas von neulich). Auch hier stellt sich die Fahrstuhlsituation wieder als echt nervig dar. Von Ehrfurcht ist auch heute keine Spur vorhanden. Als ich endlich einen lieben Mitarbeiter finde, der mich samt Wagen zum Ziel bringt, atme ich erleichtert auf. Doch die Dame in dem Büro beäugt die Akten missmutig.

„Und was ist das?"

„Ihre Akten."

„Die sind doppelt."

„Ach Scheiße!" Mir geht ein Licht auf. Ich Depp habe die Kopien ebenfalls mitgebracht. *Wie dumm bin ich denn?! Och Menno.*

Ich ernte einen Blick, der mir sagt, dass ich mit meinen selbstkritischen Gedanken recht habe, entschuldige mich und schnappe mir die Ordner, die in die Kanzlei gehören. Damit balanciere ich die

Treppen hinunter, zurück über die gefährliche Straße. Ein bisschen wünsche ich mir, dass ich es nicht rüberschaffe, denn nun bin ich in einem großen Konflikt. Ich muss sie zurück in die Kanzlei bringen, dann sehen aber alle, wie dumm ich bin. Und außerdem schaffe ich es nicht mehr, etwas zu essen, bevor ich zum Singen gehe, geschweige denn, mich auf die Stunde vorzubereiten. Es ist zum Kotzen. Eben noch hatte ich Angst, dass alles besser wird, und nun sitze ich mitten in meinem alten Leben.

Als ich die Kanzlei erneut betrete, ist Frau Schuster zum Glück schon weg. Sie war meine größte Sorge, denn ihre Spitzen hätte ich nicht ertragen. Ich stelle die Ordner neben meinen Schreibtisch und setze mich kurz an meinen Arbeitsplatz. Ab morgen geht das normale Leben weiter, und Frau Schuster hat dafür gesorgt, dass ich einen vollen Tag haben werde. Neben meinem Computer türmen sich Aktenberge, die nach langweiligen Mandantenabschriften aussehen. Außerdem habe ich eine ganze Schütte voll Post, die ich wegheften muss. *Wenn ich die einen Tag liegenlasse, bekomme ich immer Anschiss, aber Frau Schuster darf sie mir natürlich hinlegen. Grrr … Ich will so nicht mehr weiterarbeiten. Wirklich nicht.* Deshalb schnappe ich mir einen Post-it und schreibe Frau Schuster, dass ich einen Termin mit Herrn Maier brauche und das abgesprochen sei. Den klatsche ich an ihren Bildschirm und gehe befriedigt in den Feierabend. Endlich kann ich mal Fahrstuhl fahren, ohne jemandem zu begegnen. Ich steige ein. *Vielleicht sollte ich erst um diese Zeit anfangen und nachts arbeiten. Dann hat man wenigstens seine Ruhe vor Kollegen und Anwälten und dem ständig klingelnden Telefon.*

„Halt!", schreit jemand.

Oh nein.

„Warten Sie!" Nun erkenne ich die Stimme. Baldo springt durch die Kanzleitür.

Ich drücke den Knopf, damit der Fahrstuhl geöffnet bleibt, und Herr Baldo betritt den Fahrstuhl.

„Ich dachte, Sie sind schon weg?", frage ich verdattert.

„War ich." Seine Antwort ist mal wieder kurz und knapp.

Wozu auch mehr erzählen? Er ist mir schließlich keine Rechenschaft schuldig, und ich bereue, dass ich ihn überhaupt angesprochen habe. Es geht mich schließlich wirklich nichts an. Sein Aftershave breitet sich aus, und ich könnte schwören, ich rieche einen Hauch Alkohol. Er blickt starr zur Fahrstuhltür, mein Herz klopft, meine Hände schwitzen. *Merk dir eins,* mahne ich mich, *steig niemals in den Fahrstuhl, auch nicht, wenn du dich sicher fühlst.* Ich hasse dieses Schweigen fast noch mehr als dummen Smalltalk. Ich fühle mich fehl am Platz. Und mein Gegenüber tut so, als wäre ich gar nicht hier. Furchtbar. Als die Fahrstuhltür aufgeht, murmelt er ein „Auf Wiedersehen", und weg ist er. *Komischer Mann. Daran hat auch das gemeinsame Kopieren nichts geändert. Aber wieso auch, ist ja nicht so, als hätten wir Blutsbrüderschaft geschlossen. Kopierbrüder fürs Leben hat wohl weniger Wert.* Nun muss ich über mich selbst lachen und eile zur Bahn.

„Wegen eines Polizeieinsatzes ist die Fahrt auf unbestimmte Zeit unterbrochen", tönt es aus den Lautsprechern am Bahnsteig.

Ist doch nicht euer Ernst, Leute. Das kann doch nicht sein. Letzte Woche lief alles wie am Schnürchen, und plötzlich geht wieder alles schief, was schiefgehen kann.

Ich könnte gerade noch rechtzeitig ankommen, wenn ich laufe (und mich vor allem nicht verlaufe). Also schließe ich meine Jacke und verlasse die U-Bahn-Station wieder. Auf in den Kampf. Ich wollte ja wieder mehr Bewegung.

Obwohl der Herbstwind kalt ist, schwitze ich und bin völlig durchnässt. Trotz Sprint bin ich fünf Minuten zu spät.

„Ach, ich dachte schon, du kommst nicht mehr." Maxi steht wartend in der Tür.

„Tut mir leid, die Bahn fiel aus."

„Sag doch nächstes Mal bitte Bescheid."

„Ich hatte Google Maps an für den Weg, weil ich gelaufen bin." Als würde das erklären, warum ich nicht angerufen habe. „Ich muss noch auf die Toilette", entschuldige ich mich, auch wenn mir das mehr als unangenehm ist, dass ich jetzt noch mehr Zeit vertrödle.

„Nur zu."

„Also, was hast du für heute vorbereitet?", fragt Maxi.

„Na ja." Ich merke die Hitze wieder aufsteigen. „Also ich wollte mich viel besser vorbereiten, aber leider ging alles schief …" Ich nehme den Block aus meiner Tasche. „Ich habe einen Song geschrieben." Verschämt halte ich ihr die Zeilen hin.

„Ach, ich wusste gar nicht, dass du das kannst."

„Kann ich auch nicht, aber ich hab es einfach mal gemacht und hoffe, dass du mir vielleicht helfen kannst."

Sie liest und verzieht keine Miene. Meine Hände schwitzen, und ich fürchte ihr Urteil.

Dann sieht sie mich an. Sagt keinen Ton, liest erneut. Ihr Auge zuckt ein wenig, und sie beginnt zu wippen. *Ob sie jetzt einen Schlaganfall bekommt, weil mein Text so schlecht ist?*

„Hast du schon eine Melodie dazu im Kopf?"

Ich nicke. Fühle mich wie ein Schulmädchen, das gleich zum ersten Mal ein Gedicht vor der ganzen Klasse aufsagen muss (und das ist kein gutes Gefühl).

„Sing es mal bitte so vor, wie du dir das vorstellst."

Mit zittrigen Händen greife ich nach dem Block. Ebenso zittrig klingt meine Stimme, als ich den Song singe.

„Hm …" Sie geht auf und ab. Nimmt sich die Gitarre, dann setzt sie sich ans Klavier. Sie steht wieder auf, liest den Text noch mal.

„Okay, pass auf, wir wärmen uns jetzt erst mal auf, und dann kümmern wir uns um deinen Text."

Toll, jetzt weiß ich immer noch nicht, ob er ein Haufen Scheiße oder ein kleines Stückchen Zucker ist, das den Kaffee süßer macht. Meine Nervosität wird durch die Ungewissheit noch gesteigert.

„Jule, schließ die Augen und hör auf meine Stimme."

Ich kenne das Spiel. Sie summt etwas vor, ich summe es nach. Wir beginnen mit tiefen Tönen und arbeiten uns hoch. Erstaunlicherweise werde ich so jedes Mal ruhiger. Es hat was, die Augen zu schließen. Ich wünschte, ich könnte das auch im echten Leben so machen, Augen zu und entspannen, wenn wieder alles zu viel wird. Ich schaffe es, meinen Alltag auszublenden und mich nur noch auf unsere Stimmen zu konzentrieren. Dabei schaukle ich hin und her, so, wie es sich für mich richtig anfühlt. Das ist eines der Dinge, die ich an meinem Montagabend so mag. Ich kann hier alles andere vergessen.

Nach dem Aufwärmen widmen wir uns endlich meinem Text.

„Also, ich denke, die Gitarre passt dazu am besten. Sing mir deinen Text bitte noch mal so, wie du ihn im Kopf hast", fordert sie mich auf.

„Ich traf dich,
völlig unerwartet.
Auf einmal warst du da.
Ich möchte dich
nie mehr vermissen,
du warst so süß, als ich dich sah.
Jeder Tag mit dir ein Fest,
fühlt sich nicht mehr an
wie ein Beziehungstest.
Ich kann es ganz klar sagen,
ich liebe dich so sehr,
du bist mein kleiner Kuschelbär.
Ohne dich sein, fällt mir schwer."

Nach der ersten Strophe unterbricht sie mich: „Okay, also entweder du stehst zu deinen Worten oder du änderst den Text."

„Was meinst du?"

„Jedes Mal, wenn du ‚Kuschelbär' singst, wirst du rot. Als würdest du dich für deinen eigenen Text schämen."

„Es ist mir unangenehm."

„Warum?"

„Ich bin eine erwachsene Frau und singe etwas von ‚Kuschelbär'."

„Hast du einen Bezug zu diesem Wort?"

„Wie meinst du das?"

„Nennst du deinen Freund so? Ich nehme an, es ist für ihn."

„Ja, es ist für ihn. Nein, es hat sich nur gereimt."

„Und genau da ist der Fehler. Wenn du ein Wort findest, das euch am Herzen liegt, das euch verbindet, dann kannst du zu dem Kosenamen stehen und ihn auch so singen, dass sich niemand unangenehm berührt fühlt."

Ich betrachte sie. Ein schwarz-weiß-gepunktetes Kleid umhüllt ihren Körper, sie steht wie immer barfuß in dem Altbauzimmer. Ihr blauer Bob lässt sie frech wirken, und sie strahlt viel Selbstsicherheit aus. Sie reicht mir einen Stift.

„Kann ich den Teil nicht einfach streichen und gar keinen Kosenamen nennen? Ich nenne ihn nur Schatz, und das klingt auch bescheuert."

„Es ist dein Text, du kannst tun und lassen, was du willst."

Ich streiche die Zeile.

Beim nächsten Durchgang fühle ich mich schon viel weniger bescheuert. So vergeht meine Gesangsstunde wieder wie im Flug, und ich fahre erschöpft, aber glücklich nach Hause. Ich bin so überwältigt.

Ich habe ernsthaft einen eigenen Song geschrieben. Ich, Jule Pieper, habe ein eigenes Lied komponiert. Wer hätte das jemals gedacht? Und dann noch nicht mal irgendein Song, sondern einen für meinen tollen Freund. Boah. Manchmal verstehe ich mein Leben nicht. Der Kanzleistress ist längst vergessen, und ich freue mich, Jakob zu sehen und mich mit ihm schlafen zu legen.

Dienstag

Es ist kalt, und ich ziehe die Bettdecke noch ein bisschen weiter über meinen Kopf. Ich habe keine Lust aufzustehen, wirklich nicht. Im Büro warten eh nur langweilige Sachen auf mich, und ich bin unfassbar müde. Die ganze Nacht habe ich mich hin- und hergewälzt, weil mir die Ereignisse der letzten Tage nicht aus dem Kopf gingen. Und wenn ich dann eingeschlafen bin, hatte ich merkwürdige Träume von Stecknadeln in meinen Händen und von meiner Oma.

Mein Magen knurrt so laut, als würde ein Braunbär in meinem Bauch sitzen, also gebe ich mich geschlagen und springe auf, um erst mal das blöde Fenster zu schließen. Eines der Sachen, bei denen Jakob und ich uns wohl nicht einig werden im Winter – ich schlafe am liebsten mit Schal und Heizung, während er bei jeder Witterung das Fenster offen haben will. *Also so bekomm ich sicher irgendwann eine Nierenbeckenentzündung.* Schnell hüpfe ich wieder ins Bett und esse zitternd meinen von Jakob zubereiteten Toast.

Mich nervt, dass ich genervt bin. Zur Aufmunterung blättere ich durch mein Notizbuch, das ich mir gestern Abend schon mal vorsorglich ans Bett gelegt habe. Das erinnert mich an das Babyvideo, und schon beim Gedanken daran muss ich grinsen, ich denke aber gleichzeitig: *Och nö, nicht schon wieder.* Ich starte es trotzdem und fühle mich ein wenig wie der Baldo. Ich will nicht lachen, doch es reißt mich einfach mit. *Muss ich jetzt für den Rest meines Lebens Babyvideos gucken, um besser drauf zu sein? Kann man von so was süchtig werden? Vielleicht komme ich dann zu Klaus auf die Entzugsstation.*

Da ich mit Jakob ausgemacht habe, dass wir uns heute Abend um die gesunde Ernährung kümmern werden, kann ich jetzt endlich weiterlesen. Nun wird es Zeit für die lebensverändernde Lektion des Tages, auch wenn ich das Gefühl habe, momentan genug verändert zu haben.

Lektion 15
Welche Baustellen gibt es noch in Ihrem Leben?
Gibt es Menschen, die Ihnen Ihre Kraft kosten, die Sie aber gernhaben? Man muss Menschen nicht immer gleich aus seinem Leben verbannen – manchmal hilft auch ein klärendes Gespräch, in dem Sie dem anderen deutlich machen, was Sie stört. Stehen Sie einfach zu sich selbst, zeigen Sie klar Ihre Grenzen auf und definieren Sie Ihren Umgang miteinander neu – das kann wahre Wunder bewirken.

Schon wieder so ein Menschen-loswerden-und-reden-Kram. So langsam nervt es. Das Babyvideo hat heute keine sonderlich gute Depotwirkung. Hm … keine Ahnung. Katja bin ich ja jetzt erst mal los. Da wird sich zeigen, ob wir wieder zusammenfinden. Aber momentan bin ich sauer und will nichts mehr von ihr hören. Ich werde mich ganz sicher nicht melden. Und sonst nervt mich Frau Schuster, aber die habe ich nicht gern, also zählt die wohl auch nicht. Ich lege das Buch entnervt weg. So ein Scheiß.

„Guten Morgen, Frau Pieper. Heute mal pünktlich."

Ich will ja höflich sein, aber ganz ehrlich, ich hab sowieso schon schlechte Laune, und dann kommt sie mir auch noch so. Ist doch zum Kotzen.

„Morgen", grummle ich zurück und setze mich an meinen Schreibtisch. Ich brauche wirklich dringend einen Kaffee, aber ich werde keinen machen. *Soll sie doch an Koffeinentzug sterben (falls ich es ihr nicht vormache). Tja, Frau Schuster, wären Sie mal netter gewesen.*

Den Vormittag über arbeite ich meine Aktenberge ab und finde sogar ein wenig Gefallen daran. Es hat mir schon ein wenig gefehlt und ist wenigstens einfach. Reine Fleißarbeit. Mittags kommt die Post, die ich direkt abarbeite und verteile. Da fällt mir ein neuer Fall auf. Die Gegenseite hat einen Schriftsatz aufgesetzt, den ich viel aufmerksamer lese als sonst. Ich stelle mir vor, was ich darauf antworten würde und überlege mir Formulierungen. Frau Schuster schleicht an mir vorbei. Ob sie schon nervös ist, weil es seit Stunden keinen Kaffee gab? *Hättest du dir besser mal einen mitgebracht, wie die letzten Tage. Blöde Kuh. Wirst wohl freundlicher sein müssen.*

„Wollen wir dann erst mal Mittag machen, wenn Sie mit der Post fertig sind?", fragt sie.

Ach, stimmt ja, Mittagspause. Ich bin mit Helmuth verabredet. Endlich nutze ich meine Stunde Pause mal sinnvoll. Das passt mir super in den Kram, denn so kann sich Frau Schuster nicht nur ihren Kaffee selber machen, sondern auch ihr blödes Essen selber holen. Ich bin doch kein Diener.

„Ich bin schon verabredet." *Hach, welch ein Triumph.* Ich koste meinen Sieg richtig aus und öffne die Post weiter, tue ganz normal. Doch innerlich feiere ich eine Party mit bunten Ponys.

„Aha." Sie setzt sich wieder an ihren Platz.

Ich kann es kaum erwarten, nach dem Postverteilen zum Copyshop zu kommen.

„Heeey, Juleee!" Franzi ist wieder da und umarmt mich. „Ich hab gehört, wir gründen eine Band?", fragt sie aufgeregt, als auch schon Helmuth dazukommt.

„Ja, hab ich auch gehört."

Franzi hakt sich bei mir ein. „Komm, wir holen was zu essen, und dann machen wir Bandbesprechung im Laden."

Ich merke, wie meine Laune schon beim Anblick der beiden steigt. *Wie schaffen die das nur? Hier ist immer alles gut, und sie haben jeder Zeit super Laune. Und wenn nicht, dann zieht es mich zumindest nicht runter. Wird wohl noch ein weiter Weg, da hinzukommen.*

„Na, was macht die Arbeit? Hast du schon Grenzen gesetzt und was gelernt?", fragt mich Franzi.

„Ich bin doch erst einen halben Tag wieder da."

„Eben, da kann viel passieren. Lass dich nicht gleich wieder ins Hamsterrad ziehen. Bleib dran."

Du hast gut reden.

„Und jetzt sing mir deinen Song vor."

„Och Mensch, wieso wollen jetzt alle meinen Song hören? Das ist total peinlich und sehr intim. Erzähl mir lieber, wie es dir geht."

„*Das* ist sehr intim." Franzi grinst.

Ich ziehe einen Schmollmund.

„Ist ja gut." Ihre Tonlage wird ein wenig tiefer. „Mir geht es ganz gut, ich bin etwas traurig. Das mit Christian hat alte Wunden aufgerissen, aber, um ehrlich zu sein, war es toll, dass wir endlich mal geredet haben. Für mich ist das Thema zwar schon lange abgeschlossen, doch das noch mal bestätigt zu bekommen, war wichtig. Jeder geht anders mit Schicksalsschlägen um, aber ich brauche keinen Mann, der mich im Stich lässt. Ich weiß, dass er mir nicht wehtun will, aber er tut es dennoch."

„Das klingt so einfach, wenn du es sagst." Wir halten beim Asialaden und schauen in die Karte.

„Zweimal die Dreiundfünfzig und ..." Franzi schaut mich an.

„Und die Vierundzwanzig, bitte", sage ich.

„Zum Mitnehmen", ergänzt sie.

Dann setzten wir uns und warten auf das Essen.

„Es ist heutzutage einfacher als früher. Ich habe das lange nicht verstanden, hatte immer eine Ausrede für sein Verhalten parat. Heutzutage habe ich die Ausreden zwar immer noch, setze mich aber an die erste Stelle. Ich möchte, dass auch *mich* jemand versteht und nicht ständig Ausreden finden müssen, warum jemand scheiße zu mir ist. Ich hab mehr verdient."

Sie klingt so klar bei diesen Worten.

„Das war ein langer Weg, glaub mir, aber eigentlich ist es wie mit allem im Leben. Verstehen, üben, und dann ist es gar nicht mehr so schwer."

Ich nicke.

„Weißt du, für mich passiert nichts ohne einen Sinn. Als wir das Baby verloren haben, war das das schlimmste Erlebnis meines Lebens, aber ich glaube, dass es einen Grund dafür gab. Mir hilft das, mit Schicksalsschlägen umzugehen, aber er hat mich dafür gehasst, dass ich an einen Grund für den Tod seines Babys glaubte."

„Kann ich irgendwie verstehen."

„Was?"

„Euch beide. Also dich, weil du nach vorne schauen wolltest, aber auch ihn, dass er damit nicht umgehen konnte."

„Ja … So, und nun weg von den traurigen Themen. Wie war denn dein Wochenende?"

„Ich denke, du wolltest weg von den nervigen Themen?"

Wir lachen, und ich erzähle ein wenig.

Zurück im Copyshop sitzen wir essend an dem großen Holztisch, auf dem sonst Locher, Tacker und der Papierschneider stehen.

„Also, Jule, welche Musikrichtung kommt denn für dich überhaupt infrage?", will Helmuth wissen und sieht mich fragend an.

Mit vollem Mund antworte ich: „Darüber habe ich noch gar nicht nachgedacht."

„Also für mich auf jeden Fall schon mal kein Hip-Hop", stellt Franzi fest.

„Nee, die Zeiten sind vorbei." Helmuth grinst bis über beide Ohren.

„Gut", antwortet Franzi und nimmt einen Schluck Wasser.

„Also?" Helmuth bohrt weiter.

„Wie wäre es denn mit so was wie MIA? Aber ich weiß gar nicht, welche Musikrichtung das ist", schlage ich vor.

„MIA?", fragt Helmuth.

Franzi und ich springen beide auf und singen laut: „*Lass deine Monster frei …*"

„Ach, MIA. Ja, das wäre was."

„Wann habt ihr denn immer Zeit? Wir könnten in diesem Raum proben – hier gibt es wenigstens keinen Ärger wegen der Lautstärke."

„Ich kann nur montags nicht."

„Ach, stimmt, da bist du schon Singen. Dann planen wir am besten noch einen Tag Erholung für deine Stimme ein und machen Mittwoch?"

„Prima", stimme ich zu.

„Super." Franzi ist auch begeistert.

Ich verpacke meinen Rest Asianudeln. „Na gut, Leute, ich muss langsam wieder zurück in die Kanzlei. Dann sehen wir uns morgen um Acht?", frage ich in die Runde.

Sie bestätigen die Uhrzeit und verabschieden sich, ich verlasse den Laden und hole mir beim Bäcker noch einen Kaffee. *Das muss ich auskosten. Ich werde mit meinem duftenden Kaffeebecher so oft es geht an Frau Schuster vorbeilaufen. Vielleicht stelle ich mich sogar zu ihr an den Tisch und lasse mir was erklären.* Innerlich grinse ich. Ich weiß, man soll kein Arsch sein, aber manchmal tut das einfach so gut.

Mit Kaffee bewaffnet gehe ich erhobenen Hauptes ins Büro.

„Hallo Frau Schuster", trällere ich.

Sie blickt mich strafend an, weiß genau, warum ich so gute Laune habe. Aber auch sie hat sich mittlerweile Kaffee geholt, also macht das alles nur halb so viel Spaß.

„Frau Pieper, wir müssen reden. Kommen Sie doch bitte gleich an meinen Schreibtisch."

Seit wann kommt der Knochen zum Hund?, will ich fragen, doch lasse es natürlich. Mein Herz rutscht mir in die Magengrube. *Reden bedeutet nie was Gutes.* Ich lege meine Tasche ab und gehe zu ihr. *Ich hätte nicht so ein Arsch sein sollen. Ich gebe es ja zu.* Meinen Kaffeebecher stelle ich neben ihren auf den Tisch, und so stehe ich neben ihr wie ein Schulmädchen am Lehrertisch.

„Guten Tag, meine Damen!" Herr Maier ist zurück aus der Mittagspause und eilt auf uns zu. „Oh nein, ist die Kaffeemaschine etwa kaputt?"

Wir schütteln den Kopf.

„Und warum haben Sie dann unterwegs welchen gekauft? Das ist ja nicht besonders umweltbewusst."

Ich zucke nur mit den Schultern. Auch Frau Schuster hat keine richtige Antwort darauf.

„Na ja, manche Dinge muss ich wohl nicht verstehen. Frau Pieper, haben Sie schon einen Termin für uns bei Frau Schuster ausgemacht?"

Ich blicke fragend zu ihr.

„Ich weiß von nichts", antwortet sie.

„Ich habe Ihnen doch gestern einen Zettel an den Bildschirm geklebt!" Ich klinge genauso vorwurfsvoll wie meine Mutter früher immer. Man wird seinen Eltern wohl doch ähnlich.

„Vielleicht ist er abgegangen, und die Putzfrau hat ihn entsorgt. Warum sagen Sie mir so was denn nicht persönlich?"

„Weil Sie nicht mehr da waren, als ich vom Gericht zurückkam."

„Nicht streiten, meine Damen. Dann wissen Sie es ja jetzt, Frau Schuster. Planen Sie diese Woche doch bitte eine Stunde für mich und Frau Pieper ein."

Ich mache Saltos in meinem Kopf. Ich liebe Herrn Maier einfach. Er verschwindet in sein Büro, und Frau Schuster trägt gleich einen Termin ein. Natürlich morgen früh um neun. Sie weiß genau, dass ich es nicht immer pünktlich schaffe und morgens noch nicht so gut drauf bin. Das ist doch Schikane.

„Ich hoffe, das passt – das ist sein einziger freier Termin."

Wie hässlich sie mich angrinst. *Manno. Aber ich hab es ja nicht besser verdient.*

„Frau Pieper!" Herr Baldo kommt aus seinem Büro.

Du hast mir gerade noch gefehlt.

„Machen Sie bitte fünf Latte Macchiato! Meine Mandanten kommen gleich. Und wir brauchen auch Kekse und Wasser!"

„Das stand gar nicht im Kalender, oder?" *Oder hab ich das übersehen?*

„Nein, deshalb sage ich es Ihnen ja jetzt. Ist das ein Problem?"

„Äh … Nein, natürlich nicht." Ich fühle mich gleich wieder wie vierzehn. „Sorry", nuschle ich zu Frau Schuster und ärgere mich, dass der Typ wieder alles durcheinanderwirft. Kann zwar sein, dass er mich vor Frau Schuster gerettet hat, aber ich hätte schon gern gewusst, was sie mir sagen wollte. Na ja, wenigstens habe ich jetzt einen Termin mit Herrn Maier.

Ich gehe in die Küche und mache Kaffee. Nebenbei bringe ich eine Kanne heißes Wasser, Teebeutel, Kekse, zwei Wasserkaraffen und Gläser in den Besprechungsraum. *Ich wünschte, wir hätten eine Azubine, die sich um diesen Scheiß kümmern könnte. Ich hab nicht umsonst einen Bürojob, statt in der Gastronomie zu arbeiten. Das nervt doch.* Die Mandanten klingeln, ich öffne die Tür, lächle, bediene sie, und schon ist wieder eine halbe Stunde um. Der Termin geht zwei Stunden, und immer wieder ruft Herr Baldo mich rein. „Kopieren Sie bitte dieses", „Bringen Sie bitte jenes." Ich hasse das. Meine Laune ist wie ein kleiner Kobold, der den ganzen Tag eine Leiter hoch- und runterklettert. Momentan befindet er sich knapp über dem Boden. Als der Termin endlich vorbei ist, räume ich alles wieder in die Küche, werde zur Putzfrau, und so ist wieder viel Zeit vergangen, ohne dass ich etwas geschafft habe. Denn konzentriertes Arbeiten kann man so vergessen.

Ich setze mich an meinen Schreibtisch und seufze erleichtert auf.

„Frau Pieper? Wollen wir es noch mal versuchen?", fragt Frau Schuster.

Ich unterdrücke ein Stöhnen, gehe zu ihr und entdecke meinen Kaffeebecher. *Das hat sich dann wohl auch erledigt. Kein Wunder, dass ich so schlecht drauf bin, mein Körper leidet unter Koffeinentzug.* Ich greife danach, um ihn vielleicht nachher noch in die Mikrowelle zu stellen, kreiere aber stattdessen einen beigen See. Der Kaffee läuft über weißes Papier, findet seinen Weg unter Maus und Tastatur, tropft auf den Boden.

Mir kommen die Tränen. Ich kann nichts machen, schaue einfach nur zu, wie es das kalte Getränk schafft, sich zu befreien und seinen Weg zu gehen. Meine Tränenflüssigkeit will sich mit dem Kaffee verbinden, als Frau Schuster mich zur Seite stößt und mich aus meiner Schockstarre reißt.

„Schauen Sie doch nicht einfach zu!" Sie rennt in die Küche, kommt mit Küchenpapier wieder und drückt mir davon etwas in die Hand. Wir tupfen den Kaffee zusammen auf. *Irgendwie traurig. Der Kaffee wollte doch einfach nur frei sein, und nun wird er eliminiert … Sag mal, spinne ich jetzt völlig?*

„Frau Pieper, was ist denn nur mit Ihnen los?"

Mir kommt das Buch wieder in den Sinn. „Gibt es Menschen, die Ihnen Ihre Kraft kosten … manchmal hilft auch ein klärendes Gespräch, in dem Sie dem anderen deutlich machen, was Sie stört. Stehen Sie einfach zu sich selbst, zeigen Sie klar Ihre Grenzen auf, und definieren Sie Ihren Umgang miteinander neu."

Wir hocken auf dem Boden, und ich sehe ihr tief in die Augen. *Was hab ich schon zu verlieren? Dieses ewige gegenseitige Ärgern kostet Kraft und führt nur zu Kaffee-Tsunamis.*

„Warum können Sie mich nicht leiden?"

„Was?" Sie wirft ihr Küchenpapier in den Mülleimer und stellt sich hin. Ich tue es ihr nach.

„Ich merke das doch. Es macht keinen Spaß, so zu arbeiten. Wir können so weitermachen, oder wir versuchen einen anderen Weg. Neulich im Coffeeshop waren Sie total anders, und hier ist alles wieder wie immer. Warum? Was mache ich falsch? Ich will so nicht mehr arbeiten. Das ist nicht schön." Tränen laufen über mein Gesicht. Ich glaube echt, ich drehe bald durch. Meine Hormone scheinen diesen Monat wirklich lustig drauf zu sein.

„Ähm ... Also ..." Sie wirkt etwas überfordert.

Ich versuche, die Tränen zurückzudrängen, doch das führt nur zu einem peinlich lauten Schluchzen. *Ich bin doch wie meine Mutter. Obwohl ... so was hätte die niemals gebracht.* Ein bisschen beruhigt mich das, auch wenn ich die Situation unfassbar peinlich finde.

„Kommen Sie!" Frau Schuster nimmt mich bei der Hand und zieht mich in den Besprechungsraum. Ich bin erleichtert, denn so soll mich keiner der Anwälte sehen. Ich bin schließlich stark und taff.

Wir setzen uns nebeneinander an den riesigen Holztisch.

„Ich möchte auch nicht so arbeiten, wie wir beide es tun", sagt sie dann.

„Aber warum sind Sie dann immer so gemein?"

„Nicht weniger als Sie!"

Da hat sie wohl recht, ich bin ja auch nicht ohne.

„Und ich kann mit Unpünktlichkeit nicht leben. Der Laden liegt mir am Herzen, und Sie schaffen es nicht einmal, pünktlich zu sein, und lästern über die Anwälte, die ich sehr gern hab. Außerdem haben Sie ständig schlechte Laune. Ich habe das Gefühl, Sie hassen hier alles, jeden von uns und jede Aufgabe. So macht das keinen Spaß."

„Aber wenn ich ein paar Minuten zu spät bin, arbeite ich das doch nach. Und ich mach das ja auch nicht mit Absicht. Ich wäre wirklich gern ein Mensch, der pünktlich ist, aber irgendwie liegt das nicht in meinen Genen und manchmal auch nicht in meiner Hand, wenn die Bahn nicht kommt. Außerdem hasse ich es, dass ich ständig die Bedienung für alle spielen muss, anstatt etwas zu lernen. Ich mache ständig nur Kaffee, räume Geschirr aus den Büros, hole Mittagessen für Sie und oft auch für die Anwälte, das kann doch nicht alles sein!"

„Woher sollen wir wissen, dass Sie das stört, wenn Sie nie einen Ton darüber sagen?"

„Ich denke, Ihnen ist meine Laune aufgefallen."

„Ja, aber woher soll ich wissen, dass Ihre Laune daher rührt, dass Sie mit den Aufgaben unzufrieden sind. Natürlich sind das nervige To-Dos, aber als Azubi macht man das nun mal."

„Ja, und das ist der Punkt: Ich bin kein Azubi mehr!"

„Nein, das nicht, aber wir haben nun mal keinen anderen."

„Aber warum nicht? Ich will auch weiterkommen."

„Ich wusste nicht, dass das nötig ist. Ich wusste nicht, dass Sie mehr wollen und sich für meine Aufgaben interessieren. Das haben Sie in keiner Weise geäußert oder gezeigt. Außerdem machen Sie Ihre Sache doch gut, warum sollten wir da ohne Ihren Wunsch etwas ändern?"

„Und Sie haben noch nie geäußert, dass ich meine Sache gut mache. Sie melden sich immer nur, wenn ich Mist gebaut habe."

„Hm … Das stimmt wohl."

Ich gehe zum Fenster, öffne es und setze mich wieder hin.

„Ich wurde sogar gefragt, ob wir wieder eine Auszubildende einstellen wollen. Aber für mich ist das anstrengend, wenn ich die einlernen muss", sagt sie.

„Aber das kann ich doch machen." Ich schnäuze mich.

Sie schaut mich eindringlich an.

„Na ja, also wenigstens die Sachen, die ich kann. Die einfachen Sachen halt."

„Und Sie meinen das ernst?"

„Ja, deshalb habe ich doch den Termin mit Herrn Maier morgen früh. Er will mir beibringen, wie man auf Schriftsätze reagiert."

Nun ist sie sichtlich überrascht, sagt jedoch nichts.

„Ich will nicht mehr die Kaffeeschubse sein. Und wenn wir schon dabei sind, warum machen Sie sich nicht selbst Kaffee?"

Sie verschränkt die Beine und legt ihre Hände darauf. Es sieht aus, als wollte sie jeden Moment meditieren. Sie holt tief Luft. „Also … Ich habe mich vor einigen Jahren schwer verbrannt, deshalb möchte ich nicht an diese Maschine. Sie macht mir Angst." Sie krempelt den Ärmel ihrer Bluse hoch, und eine große Narbe kommt zum Vorschein.

„Oh." Zu mehr Reaktion bin ich mal wieder nicht fähig.

„Ich bin auch nicht gern abhängig, und wenn Sie keine Lust mehr haben, mir Kaffee zu machen, bringe ich mir von nun an eben selbst welchen mit."

„Nein, nein, ist okay. Tut mir leid. Ich werde uns wieder Kaffee machen."

„Frieden?", fragt sie mich.

„Frieden." Ein Fels stürzt von meinen Schultern. Ich fühle mich so erleichtert.

„Ich rede mit den Anwälten, dass sie doch noch eine Auszubildende suchen sollen. Wir müssen nur schnell sein, weil ich glaube, die Berufsschule beginnt schon Ende September."

„Danke." Ich stehe auf und schließe das Fenster. Wir gehen aus dem Besprechungsraum, und ich eile zur Toilette, um mein Gesicht zu richten. *Wow. Habe ich gerade Lektion 15 gemeistert, ohne es geplant zu haben? Dieses Buch ist wirklich gruselig.* Meine Hände zittern, ich friere und schwitze zugleich. Ich spritze mir kaltes Wasser ins Gesicht. Alles geht so schnell, alles verändert sich. Wahrscheinlich zum Positiven, aber ich bin so aufgeregt, habe das Gefühl, ich verliere den Boden unter den Füßen. Als würde er immer mehr Risse aufweisen, und ich fühle dieses Beben, kurz bevor er unter mir nachgibt. *Geht das allen so, die ihr Leben in die Hand nehmen? Ich werde Helmuth morgen fragen, er hat das schließlich damals auch getan, und zwar viel krasser.* Er hat den Beruf gewechselt und seinen ursprünglichen Traum aufgegeben, um im Copyshop zu arbeiten, und er ist der glücklichste Mensch, den ich kenne.

Feierabend. Ich konnte mich die restlichen Arbeitsstunden schlecht konzentrieren, habe aber die wichtigsten Sachen erledigt. Auf dem Weg nach Hause laufe ich am Copyshop vorbei und sehe Helmuth, wie er lachend am Kopierer steht und sich mit einer Frau unterhält. *Ach, was solls, ich frage ihn gleich.*

„Hey."

„Jule, was machst du denn hier? Gleich zweimal am Tag das Vergnügen, was hab ich doch für ein Glück."

Ich muss grinsen. „Ich habe eine Frage. Hast du vielleicht kurz Zeit?"

„Na klar. Sie entschuldigen mich?", sagt er zu der rothaarigen Dame neben sich, die nickt.

„Franzi, ich geh mal kurz eine Runde mit Jule", ruft er nach hinten.

Franzi kommt nach vorn und umarmt mich. „Hey, bis morgen." Sie drückt mir ein Küsschen auf die Wange. „Und denk dran: Schön deine Gefühle aufschreiben, wir brauchen Songtexte", sagt sie zwinkernd.

Helmuth hakt sich bei mir ein, und wir laufen durch die Straßen.

„Wo drückt denn der Schuh?"

„Herr Maier hat neulich erzählt, dass du dein Leben wegen ein paar Schicksalsschlägen hingeworfen und einen anderen Weg eingeschlagen hast. Ich würde gern wissen, wie das war."

„Ui. Wieso, möchtest du auch alles aufgeben? Ist was passiert?"

„Nein, das nicht, aber ich hab das Gefühl, dass sich gerade alles ändert. Alles, worüber ich mich geärgert habe, verändert sich zum Positiven. Ich frage mich, was hab ich noch, wenn das nicht mehr zu meinem Leben gehört? Kann ich überhaupt glücklich sein und … *will* ich das überhaupt? Kann ich damit umgehen? Es macht mir einfach so eine

Riesenangst. Es ist, als wäre ich in den Pool ge-
sprungen, und als ich aus dem Wasser steige, hat
sich auf jeder Treppenstufe etwas in meinem Leben
verändert. Mir macht das solche Angst. Vorhin
dachte ich, dass ich zusammenbreche, anstatt mich
zu freuen. Völlig bescheuert."

Helmuth schweigt ein paar Minuten. Wir laufen
durch den Feierabendverkehr. Menschen in Busi-
nesskleidung und mit Aktenkoffern eilen uns entgegen, andere tragen ihre weinenden Kinder. Jeder
ist mit sich und seinem Leben beschäftigt.

„Es klingt, als würdest du nicht so recht glauben,
dass du es verdient hast, glücklich zu sein. Du
kennst das nicht. Vermutlich war in deiner Familie
niemand zufrieden, und deshalb glaubst du, dass es
normal ist und du es erst recht nicht sein darfst.
Aber das stimmt nicht! Du hast es verdient, glücklich zu sein!"

Ich kann es kaum glauben. Das ist genau der
Satz, den ich mir laut Buch sagen soll. Mit diesem
Satz habe ich das Buch damals beendet.

„Weißt du, Veränderungen machen einem immer Angst. Ich hatte es einerseits leichter, weil mir
das Leben wichtige Menschen nahm und mich
zum Anhalten und Nachdenken gezwungen hat.
Ich wusste, wofür ich das tue. Deshalb kann ich
dir nur sagen: Überleg dir, was du im Leben willst
– dann ist es einfacher, das Jetzt zu verändern. Es
gibt einen Spruch, der mir da geholfen hat. ‚Alles,
was du willst, ist auf der anderen Seite der
Angst.'"

„Wow. Das ist total schön." Noch ein schöner
Spruch, den ich mir unbedingt merken möchte.

„Ja, mir hat der immer geholfen, wenn ich mal wieder gezweifelt hab, beziehungsweise eher, wenn mir andere ihre Zweifel erzählt haben. Innerlich wusste ich immer, dass es die richtige Entscheidung ist. Aber manchmal bringen einen andere Menschen ins Wanken. Die einen haben mich für mutig gehalten, die anderen für dumm. Aber wichtig ist nur, wofür *du* es hältst … und das weiß man oft erst am Ende. Aber man kann es auf jeden Fall fühlen."

„Ja, das kenne ich auch. Seitdem ich mit dem Buch arbeite, habe ich oft dieses Gefühl. In jeder Faser meines Körpers spüre ich Veränderung, und das ist dann ein schönes Gefühl."

„Weißt du, Jule, Angst ist was Gutes. Früher hat sie uns vor den Säbelzahntigern beschützt. Doch heute haben wir Angst vor allem, besonders vor uns selbst. Jeder hat eine Meinung, wie man leben sollte, und drängt sie anderen auf. Die Menschen meinen es gut, sie wollen dich vor Fehlern schützen, damit du auf deinem Weg schneller vorankommst. Aber es geht doch eigentlich um all die Umwege, die dein Leben bereichern. Wenn jeder sagt, dass du dies oder jenes nicht tun solltest, hast du am Ende so viel Angst, dass du dich nicht mal traust, loszugehen. Und das Leben besteht eben daraus, deine eigenen Erfahrungen zu machen. Umwege zu gehen ist nicht schlimm, sie gehören dazu – nur durch sie weißt du, welcher Weg für dich falsch und welcher richtig ist."

Ich würde seine Gedanken so gern festhalten. Wie so oft, wenn wir reden, passiert etwas in mir. Irgendetwas macht klick, auch wenn ich es gerade noch nicht ganz greifen kann.

„Ich danke dir. Genau so ein Gespräch habe ich gebraucht."

Ich sitze in der Bahn auf dem Weg nach Hause (in mein neues Zuhause) und hole mein Handy aus der Tasche. Mist, fünf Nachrichten und zwei Anrufe in Abwesenheit.

Jakob: „Hey, wo bleibst du? Das Essen wird kalt. :-)"

Mutter: „Wieso besuchst du deine Großeltern, aber kommst mich nicht besuchen?"

Jakob: „Ich mach mir Sorgen, wieso gehst du nicht an dein Handy?"

Katja: „Notfall! Bitte komm sofort nach Hause!"

Jakob: „Schatz? Vielleicht brauchen wir doch diese Stalking-App."

Katja und Jakob haben auch angerufen, Jakob rufe ich sofort zurück.

„Hey Schatz, ich bin auf dem Weg. Sorry, ich hab vergessen, dir Bescheid zu sagen. Sorry, sorry, sorry."

„Mann, Jule, ich bin fast krank geworden vor Sorge. Erst dachte ich, du bist nur in der Kanzlei, aber dann hab ich irgendwie Panik bekommen."

„Du bist süß. Tut mir leid. Ich sitze schon in der Bahn. Ich erzähl dir später, was los war. Hat sich Katja zufällig bei dir gemeldet?"

„Katja? Nee. Sollte sie?"

„Sie hat mir geschrieben, dass ich nach Hause kommen soll. Es gäbe einen Notfall."

„Was denn für einen Notfall?"

„Das hat sie natürlich nicht geschrieben."

„Natürlich nicht. Am Ende ist einfach nur ihre Hose gerissen, weil sie ein Kilo zugenommen hat. Und, fährst du hin?"

„Ich weiß nicht."

„Na ja, ich esse dann schon mal."

Katja wird wohl immer ein wunder Punkt bleiben, weil sie ihn an seine Ex erinnert, überlege ich traurig.

„Bis später dann", unterbricht er meine Gedanken.

„Warte."

„Was?"

„Ich liebe dich!"

„Ich dich doch auch." Ich höre an seiner Stimme, dass meine Worte eine positive Wirkung hatten.

„Bis gleich oder später, ich schreib dir gleich noch mal."

„Bis gleich oder später."

Ich lege auf und frage mich, was ich tun soll. Bin ich ein schlechter Mensch, wenn ich eine Freundin, die mal wie meine Schwester war, hängen lasse? Hat sie so was je interessiert? Ich habe meinen Freund, der mir immer guttut und auf mich wartet … und ich habe sie. Ich will für sie da sein, aber wahrscheinlich bin ich am Ende wieder nur sauer auf mich selbst, dass ich es getan habe. Es fühlt sich an, als wäre es eine Entscheidung fürs Leben. Einer dieser Wendepunkte. Ich packe mein Handy wieder in die Tasche, gehe in mich, werde ganz ruhig. Ich gehe die letzten Wochen und all die Notfälle und deren Ende im Schnelllauf durch. Mir kommt eine Idee. Ich will die nächste Lektion lesen, auch wenn ich genau weiß, was dort steht.

Lektion 16
Sagen Sie sich in den kommenden Tagen immer wieder folgenden Satz:
Ich habe es verdient, glücklich zu sein!

Und dann weiß ich, was zu tun ist. Ich steige aus der Bahn und laufe zu der Wohnung, in der ich bis vorgestern noch mit Katja gelebt habe. Ich werde mir anhören, was sie zu sagen hat, aber ich weiß auch genau, was ich ihr entgegnen möchte (nein, entgegnen muss), weil es so nicht mehr weitergeht.

Ich erklimme die Treppen, als wäre das Treppenhaus der Himalaya – mir geht ganz schön die Pumpe. Aber nicht, weil das Treppensteigen so anstrengend ist, sondern weil ich Katja gleich ein paar Dinge sagen will, die mir nicht leichtfallen. Es interessiert mich fast gar nicht, um welchen Notfall es sich diesmal handelt, aber ich werde ihr zuhören. Sie reißt die Tür auf, als sie mich klopfen hört, starrt mich mit tränennassen Augen an.

„Oh Jule", bringt sie qualvoll hervor und umarmt mich.

„Was ist los?" Ich drücke sie, doch fühle in mir eine Distanz, wie ich sie bisher nicht kannte. Ich sehe, wie sie leidet, aber ich leide nicht mit. Ich halte sie emotional auf Abstand. Wie oft habe ich eine solche Situation schon miterlebt und mit ihr mitgelitten, ihr Trost gespendet, ihren Typen verflucht und sie wiederaufgebaut, nur um kurz darauf wieder von vorn anzufangen. Es lohnt sich einfach nicht. Manchen Menschen kann man einfach nicht helfen, denn sie wollen es eigentlich gar nicht. Sie wollen ein Ohr, das sie abkauen können und das war's. Es ist fast so, als wäre das Drama ihr Ziel.

„Jörn hat mich übelst beschimpft und mich dann hier einfach stehen lassen. Er ist einfach abgehauen und meinte, er ziehe wieder aus."

„Warum habt ihr euch denn gestritten?", frage ich und will es überhaupt nicht wissen.

„Wegen der Unordnung."

Ich laufe durch den Flur und betrete das Wohnzimmer. *Krass. Was ist denn hier passiert? Ich bin doch gerade erst hier weg.*

„Und wo will er jetzt hin?"

„Ich weiß es nicht. Kannst du wieder zurückkommen, falls er wirklich auszieht?"

Ich sehe ihr in die Augen und empfinde Mitleid, ohne mitzuleiden.

„Katja", sage ich und nehme ihre Hände. „Du hast selbst gesagt, wir tun uns gerade nicht gut, und wir sollten uns räumlich trennen. Ich denke es wird Zeit, dass wir auf eigenen Beinen stehen. Ich habe dir meine Meinung über Jörn schon tausendmal gesagt und bin es leid, dir immer wieder dasselbe zu erzählen. Wenn du wirklich etwas ändern willst, wenn du wirklich bereit bist, all diesen Dramamist hinter dir zu lassen, dann lies ‚Das Buch deines Lebens' und arbeite die Lektionen ab. Du hast es verdient, glücklich zu sein, genauso wie ich – aber ohne Veränderung wird das nichts. Ich kann das nicht mehr, und ich denke, eine Auszeit wird uns guttun. Es tut mir leid."

Dann umarme ich sie fest, gebe ihr ein Küsschen auf die Wange und verlasse mein altes Zuhause.

Es wird Zeit für mein neues Leben.

Ein Leben mit Jakob.

Ohne Drama.

„Ich habe es verdient, glücklich zu sein", murmle ich und schlendere nach Hause.

 Geschenk für dich

Ich freue mich so unglaublich, dass dieses Buch den Weg zu dir gefunden hat.

Das bedeutet in der Regel, dass es einen Grund gibt und ich hoffe sehr, dass dir Jule ein paar schöne Impulse geben kann.

Ich war wie Jule auch mal in einer Phase, in der es mir nicht gut ging und alles nur noch nervte. Leider fand ich im Gegensatz zu ihr kein Buch, das mir geholfen hat, und so endete mein Leben in einem Burnout. Um mich dort raus zu kämpfen und nun ein glückliches Leben zu führen, ja sogar meinen Traum zu leben, hat ein paar Jahre, Bücher, Gespräche und Menschen gedauert. Um dir vielleicht einen Ansatz zu geben, solltest du in so einer Phase stecken, und natürlich auch um mich selbst noch einmal zu erinnern, habe ich dieses Buch geschrieben. Außerdem, weil es Spaß gemacht hat und ich sehr viel dabei lachen konnte.

Da ich weiß, wie schnell Vorsätze und gute Ideen in Vergessenheit geraten können, habe ich mir ein Geschenk für dich überlegt. Du kannst dich gern für meinen Motivationsletter anmelden, um alle zwei Wochen einen Impuls zu erhalten. Auch das

Video für die gute Laune werde ich verschicken, damit du immer etwas zu lachen hast.

Hat dir das Buch gefallen, hat dir etwas gefehlt? Da dies nur der erste Band ist, kann ich auf deine Wünsche Rücksicht nehmen und sie bei einem der nächsten Teile mitaufnehmen. Schreibe mir doch gern über die sozialen Netzwerke, eine E-Mail oder vielleicht sogar einen Brief? Ich freu mich sehr über deine Rückmeldung.

Damit ein weiterer Teil jedoch zustande kommen kann, bedarf es auch deine Hilfe. Wenn dir das Buch gefallen hat, verschenke es, empfehle es, poste es in deinen sozialen Netzwerken und verlinke mich gern dabei und vor allem, schreib doch bitte eine Rezension. Ob bei Amazon, Thalia, lovelybooks oder einem anderen Portal ist völlig egal. Jede Bewertung hilft anderen Lesern, dieses Buch zu finden und somit mir, genügend Leser für einen zweiten Teil zu finden.

Ich danke dir von ganzem Herzen.

In Liebe
Jule Pieper/ Sandy Mercier

Jule Community

Meine große Vision ist es, dass wir eines Tages auf einer Plattform gemeinsam an unseren Träumen arbeiten und unsere Ängste vernichten werden. Hierfür arbeite ich hinter den Kulissen.

SEI ALS ERSTE DABEI!

Trag dich jetzt in die Warteliste ein, damit du nicht verpasst, wann es los geht. Sei eine der Ersten in einer Community starker Frauen, die gemeinsam ihr Leben aufräumen. Mehr dazu erfährst du auf der Warteliste:

https://sandymercier.de/community

Bis bald
Deine Sandy

Danke

Hier findest du mich:

Website:
www.schreibenumzuleben.de
E-Mail:
Sandy.Mercier@schreibenumzuleben.de
Instagram:
https://www.instagram.com/sandy_mercier_autorin/
Facebook:
https://www.facebook.com/schreibenumzuleben.de/
Newsletter:
https://sandymercier.de/landingpages/motivation-im-postfach
YouTube:
https://www.youtube.com/channel/UCbZQtXXurd9iF6apc27NmwQ
Pinterest:
https://www.pinterest.de/merciersandy7/

... und so geht es weiter ...

**Dieses Buch ist für all jene, die glauben,
dass sie nicht gut genug sind.**

„Mir ist einfach alles zu viel. Ich wollte ein guter
Mensch sein und versuche echt, an mir und meinem
Leben zu arbeiten, doch ich bekomm es einfach
nicht hin. Ich bin nicht gut genug für den ganzen
Scheiß."

Jule hat endlich ihr Leben in die Hand genommen.
Durch „Das Buch deines Lebens" haben sich
schon einige Dinge verändert. Alles könnte super
sein, wenn da nur nicht ihr viel zu hoher Anspruch
an sich selbst wäre, alles sofort perfekt umzusetzen.
Das Buch stellt sie vor jede Menge neue Heraus-
forderungen.

Wieso sind Veränderungen nur so schwer?

Hier findest du den direkten Link:

https://amzn.to/3UhFewh

Lektionstagebücher

Passend zu den Büchern kannst du in den Tagebüchern die Lektionen Schritt für Schritt durchgehen und damit dein eigenes Leben in die Hand nehmen.

Denn du hast es verdient, glücklich zu sein!

Lektions-Tagebuch-
Umbruch
findest du unter folgendem Link:

https://amzn.to/3yZxdB6

Lektions-Tagebuch-
Aufbruch
findest du unter folgendem Link:

https://amzn.to/3qQoNtm

Neues von Jule Pieper

Für diejenigen, die es satthaben, dass die Wunder immer anderen passieren und die ihr Leben endlich in die Hand nehmen wollen.

Persönlichkeitsentwicklung durch Tagebuchschreiben und nebenbei noch seine Wünsche erfüllen lernen? Das klingt viel zu schön, um wahr zu sein? Dann bist du hier genau richtig.

Dieser Ratgeber führt dich zwölf Wochen lang mit verschiedenen Tagebuch-Methoden Schritt für Schritt zu deinem Traumleben.

Hier findest du den direkten Link:

https://amzn.to/3RYUL2o

Für alle, die endlich etwas verändern wollen.

Betty Ulrich führt das langweiligste Leben aller Zeiten. Ihr Alltag besteht aus Arbeit, nervtötenden Telefonaten mit ihrer Mutter und dauerhafter Erschöpfung. Der krönende Abschluss jedes Tages ist das Einschlafen vor dem Fernseher, der ihr hilft, sich nicht so allein zu fühlen. Nie hat sie Zeit, darüber nachzudenken, was sie eigentlich will. Bis sie ohne ihr Handy in den Zug steigt und sich auf eine Reise nach Wien begibt, bei der sich ihr Leben komplett auf den Kopf stellt.

Ihre dortigen Abenteuer bringen sie dazu, sich den großen Fragen ihres Lebens zu stellen:

Woher weiß ich, was mich glücklich macht? Wie kann ich ein aufregendes Leben führen, ohne alles verändern zu müssen? Und wieso bin ich eigentlich auf der Welt?

Bettys Reise nach Wien wird zur Reise zu sich selbst. Jule Pieper hat wieder einen tiefsinnigen Ratgeber in eine humorvolle Geschichte gepackt, die ihre Leserschaft zum Nachdenken, Weinen, Lachen und letztendlich zum Wandel bringt.

Hier findest du den direkten Link:

https://amzn.to/3Sm6Crb

Der nächste beste Schritt

Kann man ein Leben noch einmal von vorne beginnen?
Falsche Entscheidungen rückgängig machen und mutiger sein, als man es jemals für möglich gehalten hätte?

Alex Schulze hat jahrelang eine Lüge gelebt. Die perfekte Beziehung entpuppt sich als unperfekte Freundschaft. Nachdem sie die Reißleine zieht, befindet sie sich nun im freien Fall.

Durch die Trennung verändert sich vieles in ihrem Leben, aber kaum etwas zum Positiven. Sie stürzt sich in ihre Arbeit und es dauert nicht lange, bis sich ihr Körper über dieses Pensum beschwert.

Schließlich erkennt sie, dass sie raus muss, um sich selbst zu retten.

Sie begibt sich auf eine Wanderung, die sie bis ans Ende der Welt führt, und findet dabei Schritt für Schritt zu sich selbst.

Überall erhältlich, direkter Link:
https://amzn.to/2VgRAYR

Weiteres von Sandy Mercier

Sandy Mercier veröffentlichte Ende November 2018 ihren ersten KrimiThriller **„Die Todesküsserin"**. Ihr Debüt landete in den Top 100 der Amazon Charts, sie erhielt den Titel „Krimi der Woche" und wurde für den „Skoutz Award" nominiert und schaffte es dank des Covers auf die Midlist.

„Wie du mir, so ich dir ..."
Ein Mann wird tot aufgefunden. Er wurde brutal gefoltert, und auf seiner Stirn prangt der rote Lippenstiftabdruck eines Kusses. Kommissarin Tanja Müller soll sich dem Fall der „Todesküsserin" annehmen, der sie schnell an die Grenzen ihrer Belastbarkeit bringt. Denn ins Visier der Medien gerät ausgerechnet ihre beste Freundin, und weitere Morde folgen.
Hat die psychisch kranke Emma tatsächlich etwas mit den grausamen Taten zu tun?
Plötzlich steht Tanja vor einer tödlichen Entscheidung.

Überall erhältlich, direkter Link:
http://amzn.to/2zwvBlk

„Ob sie fühlt, dass ich da bin? Ob sie darauf wartet, dass ich gleich unter ihrem Bett hervorkrieche?"

Nach den schrecklichen Erlebnissen mit der „Todesküsserin" will Emma ein neues Leben beginnen. Doch so turbulent hat sie sich das nicht vorgestellt.

Gleich am ersten Arbeitstag erhält sie die Kündigung. Dann zieht auch noch die Kollegin bei ihr ein, die sie nicht ausstehen kann. Emmas Alltag gerät langsam außer Kontrolle und sie droht zurück in alte Muster zu fallen. Dabei wäre sie so gern die neue Emma. Die, die sich wehrt, das Leben genießt und sich mit Männern verabredet.

Bei all dem **weiß sie nichts von der lebensbedrohlichen Gefahr, die im Dunkeln unter ihrem Bett lauert** und zuschlagen wird, sobald sie endlich wieder allein ist.

Denn Emma hat inzwischen nicht nur einen Verehrer …

Diesen Thriller kann man unabhängig von dem KrimiThriller „Die Todesküsserin" lesen, aber es wird das Ende von „Die Todesküsserin" gespoilert.

Außerdem enthält dieses Buch eine Triggerwarnung, die man im Vorwort nachlesen kann.

Überall erhältlich, direkter Link:
https://amzn.to/3CX29UR

Ich blinzle mehrmals, als könnte ich dadurch mehr sehen, doch es bleibt tiefschwarz. Meine vors Gesicht gehobene Hand ist nicht zu sehen, als hätte die Dunkelheit mich aufgefressen.

Katharinas Leben besteht aus One-Night-Stands und durchfeierten Nächten. Zur Frankfurter Buchmesse erhält sie eine Einladung von ihrer Verlegerin und kommt dabei ihrer Vergangenheit, die sie so verzweifelt vergessen will, gefährlich nahe.

Ihre beste Freundin Eva hat in Berlin eigene Probleme. Hochschwanger und betrogen verlässt sie Hals über Kopf ihre Familie, um Katharina in Frankfurt zu überraschen.

Doch Katharina ist unauffindbar.

Jede Spur führt zu weiteren Geheimnissen. Jedes Geheimnis tiefer in Katharinas Abgründe.

Leserstimmen:

„Nix für schwache Nerven" – Vanbels Blog

„Wieder mega gut und unglaublich spannend" – Lektorin Anke Müller

„Deine Art, wie du schreibst, fesselt mich. Das hatte ich noch nie bei einem Buch." – Buchbloggerin Ela Matzke

Überall erhältlich, direkter Link:

https://amzn.to/2X6bze5

Du hast die Wahl in fünf ... vier ... drei ... zwei ... eins ...

Die Influencerin Sabine fährt ihr Leben an die Wand und will den Tragödien, die ihre Freunde Emma, Tanja und John erleben, entkommen. Sie will atmen, ankommen, sich finden ...

Als sie zu einem spontanen Wandertrip aufbricht, wird sie entführt. Sabine findet sich in einem Lost Place wieder, wo sich Martha, eine alte Dame, um sie kümmert. Wieso trägt sie Dessous? Was wollen die Menschen von ihr? Kann sie fliehen, bevor sie es herausfindet?

Leserstimmen:

„Ein Psychothriller der dir den Atem raubt und dich von Seite zu Seite immer tiefer in seine Story einsaugt. Ein absolutes MUSS, wenn du Psychothriller gerne liest!" – Buchbloggerin Lesend_durchs_Leben

„Die Ereignisse im Lost Place sind einfach wahnsinnig brutal und sadistisch. Ich habe mitgezittert und mitgefiebert und konnte das Buch fast nicht mehr aus der Hand legen. Sandy Mercier hat mal wieder bewiesen, dass sie absolut vielseitig schreiben kann." – Rebecca

Überall erhältlich, direkter Link:

https://amzn.to/3DIwmdj